MÉMOIRES

D'UNE

CONTEMPORAINE.

TOME PREMIER.

SE TROUVE ÉGALEMENT

Chez PONTHIEU, Palais-Royal;

ET A LEIPSIC,

PONTHIEU, MICHELSEN ET Cie.

PARIS. — IMPRIMERIE DE RIGNOUX,
rue des Francs-Bourgeois-S.-Michel, n° 8.

MÉMOIRES

D'UNE

CONTEMPORAINE,

OU

SOUVENIRS D'UNE FEMME

SUR LES PRINCIPAUX PERSONNAGES

DE LA RÉPUBLIQUE, DU CONSULAT, DE L'EMPIRE, ETC.

« J'ai assisté aux victoires de la République, j'ai traversé les saturnales
« du Directoire, j'ai vu la gloire du Consulat et la grandeur de l'Empire:
« sans avoir jamais affecté une force et des sentimens qui ne sont pas de
« mon sexe, j'ai été, à vingt-trois ans de distance, témoin des triomphes
« de Valmy et des funérailles de Waterloo. » MÉMOIRES, *Avant-propos.*

TOME PREMIER.

Troisième Edition.

PARIS.

LADVOCAT, LIBRAIRE, QUAI VOLTAIRE,

ET PALAIS-ROYAL, GALERIE DE BOIS.

—

1828.

TABLE

PAR ORDRE ALPHABÉTIQUE

DES NOMS

CITÉS DANS LE PREMIER VOLUME

DES

MÉMOIRES D'UNE CONTEMPORAINE.

ALBERGATI (Odoardo), 350 et suiv. 360 et suiv. 372.
AMELOT, 292.

BARBERIMIO, 365.
BÉNIOWSKI, 12, 13, 16.
BERNADOTE, 272.
BEROWSKI, 25.
BERTIER (César), 292, 402.
BEURNONVILLE, 85, 111, 123.

CAPELLO, 351.
CHARLES (l'archiduc), 241.
CONTAT (mademoiselle), 215.

CORNIER, 158.

COURCELLES (le chevalier de), 118 *et suiv*..

DAENDELS (le général), 59.
DAMPIERRE, 202.
DELELÉ, 287.
DELMAS, 207.
DESSOLES (le général), 112, 122. 125.
DUMOURIEZ, 202.
DUVAL (Alexandre), 258.

ELLEVIOU, 258.

GAETANA, 294 *et suiv*.
GERONIMO, 404 *et suiv*.
GROUCHY (le général), 101, 112. 116, 123, 125, 154, 197.
GUISTI, 389.

HOCHE, 202.

KELLERMANN (le général), 84.
KLÉBER, 155.
KLINGLIN (le général), 146, 217.
KORMWITZ (Ida), 15.
KRAYENHOF (médecin), 145.

LAMBERTINI (le comte de), 310, 363 *et suiv*.
LAMBERTINI (madame), 293 *et suiv*. 296 *et suiv*. 346 *et suiv*.
LAPI, 365.
LATOUR, 241.
LEBEL (le général), 301, 390 *et suiv*.

Lecourbe, 207.

Lévey, 202.

Lhermite, 267, 382.

Luosi (le comte), 293, 349.

Marceau, 202.

Marescot, 76, 77 et suiv. 88 et suiv. 166, 181.

Marie, 91.

Meynier, 86, 155 et suiv. 195, 198.

Molé, 215.

Monti, poète, 280, 389.

Moreau, 132, 139 et suiv. 148 et suiv. 196, 201 et suiv. 208 et suiv. 216 et suiv. 234, 240 et suiv. 248 et suiv. 253 et suiv. 262 et suiv. 268, 270 et suiv. 339 et suiv. 344 et suiv. 375 et suiv. 378 et suiv. 391 et suiv. 403 et suiv.

Napoléon, 255.

Ney, 155.

Noomz, poète hollandais, 179 et suiv

Orosco (comtesse d'), 389, 395, 397 et suiv.

Orrigny (marquis d'), 68.

Orzio (duc d'), 321, 322, 326.

Orzio (Lavinie d'), 322 et suiv. 351 et suiv.

Penski (comte), 15.

Penski (mademoiselle), 16.

Pichegru, 130, 144, 148, 217, 382.

Richard, 329 et suiv. 377, 387, 399 et suiv.

Rivière (madame), 281, 287.

Saint-Aubin (madame), 259.
Saint-Cyr, 207.
Sainte-Suzanne, 112, 207.
Scherer (le général), 270, 377, 383.
Schimmelpinning, 222, 237 et suiv.
Schimmelpinning, 237 et suiv.
Solié, 284 et suiv.
Stael (madame de), 334.

Tallien (madame), 259 et suiv.
Talma, 214, 242.
Tolstoy (Léopold-Ferdinand de), 12 et suiv.

Van-Aylde-Jonghe (le baron de) 91 et suiv.
Van-Aylde-Jonghe (mademoiselle), 18 et suiv.
Vandamme (le général), 123.
Van-Daulen, 50, 53, 57.
Van-Derke (le baron), 130.
Van-Derke (Maria), 131 et suiv.
Van-Lover, 152.
Van-Perpowy (le comte de), 193, 195.
Vanl-Schaahepen, 219 et suiv.
Vinci (Cosimo), 313 et suiv. 352 et suiv. 360 et suiv

Willhem, 32.

York (duc d'), 53, 63.

FIN DE LA TABLE ALPHABÉTIQUE.

AVANT-PROPOS.

Ce sont ici plutôt des confessions que des mémoires. Cette déclaration que je m'empresse de faire au public me justifiera, je l'espère, de toute prétention à écrire l'histoire. Étrangère par l'inconstance de mon caractère, par la violence même des passions qui ont agité ma vie, aux froides combinaisons de la politique, j'aurais mauvaise grâce à retracer les grandes catastrophes dont les quarante années qui viennent de s'écouler nous ont offert le spectacle. Je n'ai voulu que raconter les étranges vicissitudes auxquelles mon existence a été soumise ; mais au récit de ces vicissitudes qui me sont toutes personnelles, se rattachent des souvenirs qui vivront éternellement dans la mémoire des hommes. Les situations singulières dans lesquelles le sort m'a placée m'ont mise à même, sans prendre une part directe au drame, de connaître et de juger tous les acteurs. Presque tous les personnages dont la fortune ou les revers, la gloire ou l'infamie, ont occupé l'attention de la France depuis l'époque où j'entrai pour la première fois dans le monde, passeront à leur tour sous les yeux du lecteur. Je m'abstiendrai de placer aucune réflexion au bas des portraits qu'ébauchera mon pinceau. Mes lecteurs jugeront chacun selon ses mérites, sans que je leur demande même de partager ma reconnaissance pour les amis qui me sont restés fidèles, ni de me venger par leurs dédains de ceux qui ont pu m'abandonner. Les faits parlent toujours plus haut que les raisonnemens. Je les raconterai tous, soit qu'ils m'accusent ou me justifient moi-même, soit qu'ils élèvent ou qu'ils abaissent les hommes au milieu desquels j'ai vécu. Ce principe me guidera dans la révélation que je vais faire des secrets de ma vie privée; il serait encore ma règle invariable, si j'avais à écrire l'histoire des rois, ou les annales des nations.

J'ai de grandes fautes à avouer : ce serait sans doute les aggraver encore que de leur chercher une excuse; on me saura peut-être quelque gré de ma franchise.

Du reste, cette franchise ne sera jamais propre à exciter le scandale. Mes Mémoires offriront, à côté des scènes et des événemens les plus simples de la vie commune, quelques unes de ces aventures extraordinaires qui semblent plutôt appartenir au domaine du roman qu'à celui de l'histoire; mais, je le répète, cette histoire, toute romanesque qu'elle pourra paraître, n'en sera pas moins toujours l'histoire de ma vie. Mes récits seraient, au besoin, fortifiés du témoignage unanime des hommes dont les noms figurent sur les pages de mon livre. Ces noms sont ceux d'illustres capitaines, d'hommes d'État, d'hommes de lettres et d'artistes célèbres qui, presque tous, sont encore vivans, dont quelques uns n'ont pas même encore atteint la vieillesse. Ce serait peut-être ici le lieu de parler de mon âge; mais j'ai intérêt à prolonger sur ce point les doutes du lecteur : il sera temps de les fixer plus tard, et ce sont là de ces aveux qu'une femme ne saurait faire deux fois. On me pardonnera de dire que j'ai été belle. S'il fallait prouver d'avance que je ne trompe pas le public en lui promettant le récit d'événemens peu ordinaires, j'ajouterais que, placée par ma naissance, mon éducation et ma fortune au premier rang de la société, j'ai vu pour la première fois, en 1792, cette France qui est devenue ma patrie, et qui recevra, je l'espère, mes derniers soupirs; je dirais que j'ai traversé les saturnales du Directoire, vu naître la gloire du Consulat et la grandeur de l'Empire; qu'enfin, sans avoir jamais affecté une force et des sentimens qui ne sont pas de mon sexe, j'ai été, à vingt-trois ans de distance, spectatrice des triomphes de Valmy et des funérailles de Waterloo.

MÉMOIRES D'UNE CONTEMPORAINE.

CHAPITRE PREMIER.

Mon père. — Sa famille. — Sa jeunesse. — Son mariage. — Ma naissance. — Mon éducation. — Mort de mon père.

J'AI toujours attaché peu d'importance aux généalogies, et j'apprécie à leur juste valeur les chimères de la noblesse : il faut cependant que je dise de quel sang je suis issue. Ce n'est point une fausse gloire qui me pousse à révéler à mes lecteurs le nom de ma famille ; en me présentant à leurs yeux telle que j'étais d'abord par ma fortune et ma naissance, je leur donne le droit de me juger plus tard avec une sévérité proportionnée aux fautes qui me firent déchoir de tant d'avantages. En faisant connaître quel fut mon père, je n'ai donc d'autre but que de dire la vérité, dût cette vérité me rendre moins excusable, lorsque j'aurai à avouer tant de fautes. Léopold Ferdinand de Tolstoy naquit en 1749 au château de Verbown, de la terre seigneuriale de Krustova en Hongrie; il était fils de Samuel Léopold de Tolstoy, duc de Cremnitz, et de Catherine Vevoy, comtesse de Thuroz; mon aïeule était mère du staroste [1] polonais Béniowski. A la mort de mon grand-père, que sa veuve suivit de près au tombeau, mon père eut pour tuteur un de ses oncles maternels,

---

[1] *Staroste*, seigneur polonais qui jouissait d'une *starostie*. On appelait *starostie* un fief faisant partie des anciens domaines de Pologne, cédé par les rois à des gentilshommes, pour les aider à soutenir les frais des expéditions militaires. Les rois se réservaient seulement le droit de nommer à ces fiefs, et ils chargeaient les starostes de payer le quart de leur revenu, qui était plus ou moins considérable, pour servir à l'entretien de certain nombre de cavaliers. Il y avait des starosties qui avaient une juridiction, et d'autres qui n'en avaient point.

au service d'Autriche : mon oncle, au lieu de songer aux intérêts de son pupille, ne s'occupa que de le spolier; il s'empara notamment d'une terre située dans le comté de Nitria, et qui faisait partie de l'héritage que mon père avait recueilli. Le jeune Léopold atteignait à peine sa dix-neuvième année, que déjà il avait vu les champs de bataille à côté de son grand-oncle maternel Béniowski, qui s'était attaché à la fortune de Charles de Lorraine. Béniowski, loin de calmer la tête ardente de son petit-neveu, lui promit de le déclarer unique héritier de sa starostie, s'il parvenait à se faire rendre justice de son tuteur. Les formes légales étant trop lentes, Léopold se résout d'atteindre par une autre voie le but qu'il se propose. Adoré des anciens vassaux de son père, il les rassemble, les harangue, attaque à leur tête le château qu'avait usurpé son tuteur, l'en chasse, et rentre de vive force dans le domaine de ses pères. Ce fut un beau jour que celui-là pour l'âme noble et fière du jeune Léopold; mais son triomphe lui devint bientôt funeste. Le tuteur, dépossédé du domaine qu'il avait si injustement envahi, ne manquait pas de crédit à la cour de Vienne. Mon père fut accusé d'avoir soulevé ses vassaux contre la puissance impériale, et condamné, comme rebelle, au bannissement. Il avait alors vingt et un ans. Irrité de se voir dépouillé de tous ses biens, et chassé de sa patrie pour un crime imaginaire, il ne songea plus qu'à se venger. L'occasion de provoquer au combat son persécuteur se présenta bientôt : ce combat fut heureux pour mon père, et fatal à son adversaire, qui tomba baigné dans son sang. Empressé de porter des secours au vaincu, Léopold oublia sa propre sûreté; et ce fut au moment même où il s'occupait de faire panser la blessure de son ennemi qu'il fut arrêté, et conduit, par ordre de la cour impériale, à la citadelle de Presbourg. Fortune, crédit, mon grand-oncle Béniowski employa toutes les ressources dont il pouvait disposer pour sauver un neveu qu'il chérissait comme un fils. L'ardeur même qu'il mit dans ses démarches le rendit suspect au gouvernement impérial, déjà maître à cette époque d'une partie de la Pologne. Il fut contraint de se réfugier en Russie, où l'impératrice l'honora d'une protection éclatante. Béniowski, tranquille à Saint-Pétersbourg, s'occupa aussitôt de relever la fortune de son neveu, en lui faisant contracter un brillant mariage. Le comte Pensky offrait de donner sa fille unique au jeune Léopold, en la dotant d'un million de roubles; déjà même ce seigneur avait entrepris de racheter à prix d'or la liberté de son gendre futur. Mais le sort en avait autrement ordonné, et les projets de Béniowski ne purent s'accomplir. Une jeune fille, Ida Kormwitz, nièce du gouverneur de la citadelle de Presbourg, n'avait pu voir le jeune prisonnier sans être frappée des rares avantages de sa personne, sans prendre le plus vif intérêt à ses malheurs. Elle trouva enfin le moyen de l'arracher à sa prison, et s'enfuit avec lui jusqu'aux frontières de l'Empire russe. Mon père n'avait plus d'autre patrimoine que le nom qu'il avait reçu de ses ancêtres; mais ce nom de Tolstoy était toujours riche de gloire; Léopold n'hésita point à l'offrir à sa libératrice. Ida n'accepta point cette offre, qu'elle regardait comme un sacrifice de la part de celui qu'elle avait sauvé. Une seule fois sa tête brûlante se posa sur le cœur du jeune homme à qui elle avait immolé toutes les affections de famille et de patrie; puis, s'arrachant aux illusions de l'amour, elle divorça pour toujours avec le monde, et courut s'engager à Dieu par des vœux éternels. Léopold ne put fléchir sa volonté ni changer la détermination qu'elle avait prise. Pour obéir à ses désirs, il la conduisit d'abord à l'abbaye de Novitorg, et arriva seul à Saint-Pétersbourg. Béniowski l'y accueillit avec tous les témoignages d'une tendresse paternelle; craignant de rencontrer encore quelque obstacle à ses vues, il présenta à son neveu le projet de mariage avec la jeune comtesse Pensky comme désormais irrévocablement fixé par sa promesse solennelle, et l'empressement du comte à s'allier à la famille Tolstoy. Léopold ne mit d'autre condition à son consentement que celle de voir et de connaître d'avance la femme dont on prétendait lui confier le bonheur. Habitué par une longue expérience à voir toutes les affections du cœur fléchir devant les calculs de l'ambition, le vieux staroste ne pouvait croire qu'un proscrit, sans fortune et presque sans asile, pût trouver de bonnes raisons pour refuser une alliance qui lui assurait des richesses considérables et toutes les faveurs de la cour, dans la nouvelle patrie qui lui offrait de l'adopter. L'entrevue de Léopold et de mademoiselle de Pensky eut lieu; mais, à l'aspect de la taille contrefaite et de la physionomie sans charmes de la jeune comtesse, l'héritier des Tolstoy sentit naître subitement dans son cœur une répugnance invincible au mariage projeté. En vain son grand-oncle le menaça-t-il de toute sa colère; prières, menaces, rien ne put fléchir le caractère indompté de mon père. Il quitta Pétersbourg, se rendit à Dantzick, d'où il s'embarqua pour Hambourg; d'Hambourg il vint à Amsterdam, et il arriva enfin à La Haye en 1774 : son nom lui rendit facile l'accès de la noblesse hollandaise et de la cour du stadhouwer [1]. Il avait alors vingt-cinq ans : il en avait trente-six quand mes regards enfantins se fixèrent pour la première fois, avec une attention réfléchie, sur son noble visage. Je n'ai jamais rencontré chez aucun homme la réunion de tant d'avantages. Sa taille majestueuse, l'élégance de ses formes, que dessinait le costume hongrois, auquel il demeura toujours fidèle; son regard de feu, que tempérait à

---

[1] Et non pas *stathouder*, ainsi qu'on le dit ordinairement à tort. Ce mot signifie *teneur des États*, comme étaient, depuis Guillaume Ier dans les Provinces-Unies, les princes d'Orange et de Nassau.

propos la bonté de son âme; tant de qualités si précieuses, rehaussées par la rectitude et l'élévation de l'esprit, justifient aisément la passion violente dont se sentit subitement enflammée, pour M. de Tolstoy, la jeune héritière d'une des plus riches et des plus nobles maisons de la Hollande.

Cette jeune fille, qui avait vu le jour à Maëstricht, avait reçu de la nature une beauté remarquable; la meilleure et la plus complète éducation avait développé les facultés heureuses de son esprit et les excellentes qualités de son cœur. Elle était appelée à recueillir une succession de cent seize mille florins de rente; une foule de prétendans se disputaient sa main. Son choix se fixa sur un homme trop modeste pour aspirer à une alliance aussi magnifique, pour croire même que mademoiselle Van-Ayl*** eût pu le distinguer dans le grand nombre des jeunes gens qui se pressaient autour d'elle : cet homme fut mon père.

Mademoiselle Van-Ayl*** avait une tante qui, n'ayant pu trouver dans sa jeunesse un nom digne de s'allier au sien, avait vieilli dans le célibat. Elle choisit sa nièce pour héritière unique de son immense fortune, à la condition de mourir fille comme elle, ou de n'accepter pour époux qu'un homme d'antique origine, qui consentirait, en se mariant, à échanger son propre nom contre celui de sa femme. A défaut d'accepter cette condition, mademoiselle Van-Ayl*** perdait tous ses droits à la succession, et le legs universel revenait aux hôpitaux. M. de Tolstoy était trop véritablement épris pour balancer entre le bonheur que lui promettait son mariage avec une femme dont il était adoré, et quelques considérations d'orgueil nobiliaire. Il épousa mademoiselle Van-Ayl***, et quitta le nom de sa famille pour prendre celui de sa femme.

Deux frères me précédèrent dans la vie et dans la tombe. Ma mère se désolait; sa santé se détériorait chaque jour davantage. Le changement de climat pouvait seul la rétablir; mon père éprouvait de son côté le vif désir de revoir l'Italie; ils partirent tous deux pour Florence. Au bout de deux mois de séjour en Toscane, mon père eut l'espérance de voir sa femme devenir mère une troisième fois, et, au terme fixé par la nature, je vins au monde dans l'une des plus charmantes campagnes des bords de l'Arno : c'était le 26 septembre 1778. Ma mère voulut me nourrir elle-même; je ne quittais son sein que pour passer dans les bras de mon père; je respirais la santé avec l'air pur du plus beau climat du monde.

Dès le berceau mon oreille n'entendit que des chants mélodieux; dès le berceau elle fut charmée par l'harmonie des strophes du Tasse. Quand mon intelligence commença à se développer, les fictions de l'Arioste vinrent étonner ma jeune imagination. La lecture de ce poète était la récompense qu'on m'accordait dans les heures de récréation qui interrompaient mes faciles études : je n'avais pas d'autres maîtres que mes parens. Ma mère parlait six langues : elle agitait quelquefois en latin avec mon père des questions de littérature; mais c'était en italien, en français, ou bien en langue hongroise qu'ils s'entretenaient des choses ordinaires de la vie. J'apprenais beaucoup, seulement en écoutant, et presque sans m'en douter. La seule étude sérieuse et suivie à laquelle on m'assujétit plus tard fut celle de la langue hollandaise, dont nous ne nous servions que rarement dans nos conversations habituelles.

Comme j'ai maintenant presque tout-à-fait oublié le latin, je puis dire, sans être taxée de pédanterie, qu'à l'âge de neuf ans je surpris mon père par l'application heureuse que je fis un jour à ma mère d'un hémistiche bien connu de Virgile : *Et vera incessu patuit dea.* Habile à tous les exercices du corps, mon père avait fait établir dans sa *villa*, qu'il ne quittait presque jamais, un manége, une salle d'escrime, un jeu de paume et un billard. Dès ma plus tendre enfance il m'avait habituée à rester sans frayeur assise devant lui sur le col de son cheval; nous faisions aussi de longues promenades, dans lesquelles ma mère nous accompagnait toujours. Je n'avais pas encore six ans que déjà je galopais avec intrépidité sur mon petit cheval hongrois, placée entre mon père et ma mère qui surveillaient de l'œil tous mes mouvemens.

Malgré les douces remontrances de ma mère, qui craignait toujours que je ne finisse par contracter des habitudes trop mâles, mon père me faisait prendre part à ses exercices les plus favoris, et il me donnait des leçons d'escrime. J'étais heureuse des petits succès que mon adresse me faisait quelquefois obtenir. Un jour entre autres ma joie alla jusqu'au délire ; ce fut celui où mon père me reçut *élève* aux ac-

clamations et aux applaudissemens de ses hôtes et de ses amis rassemblés pour cette fête : déjà armée de mon plastron, les mains couvertes de mes gantelets, et brandissant mon fleuret, je m'élançais vers ma mère pour qu'elle m'attachât le masque. En relevant les longues boucles de mes cheveux blonds, et les réunissant sous le ruban qui devait les retenir, elle laissa tomber une larme de ses yeux. Était-ce une larme de joie, ou bien ma bonne mère devinait-elle, par une prescience secrète, à quels malheurs m'exposerait un jour la facilité de mon âme à passer subitement du calme le plus profond en apparence au plus fol enthousiasme? Le bonheur sans mélange que j'avais goûté dans les années de mon enfance était déjà arrivé à son terme dès l'an 1787. Le jour même où je venais d'accomplir ma neuvième année, je vis ma mère venir à moi toute en pleurs, et m'annoncer d'une voix entrecoupée de sanglots que nous allions quitter peut-être pour toujours notre délicieuse habitation de *Valle-Ombrosa*. « Ah! m'écriai-je, où serons-
« nous jamais si bien? Maman, où allons-nous
« donc?—En Hollande, répliqua ma mère.—Eh
« bien! c'est ton pays; nous y serons heureux,

« n'est-ce pas? » dis-je en me tournant vers mon père.

Un regard plein de tristesse fut la seule réponse que j'obtins; et j'appris ainsi pour la première fois ce que c'était que le silence de la douleur..... On m'éloigna sous un léger prétexte. L'attitude profondément triste de mes parens me fit deviner que le regret de quitter l'Italie n'était pas la seule cause d'un chagrin aussi vif; et à la peine que me causait l'inquiétude peinte sur tous leurs traits, vinrent se joindre encore les tourmens d'une crainte vague et d'une curiosité bien excusable. Nous nous mîmes en route le 2 novembre de cette année 1787, que devait terminer pour nous une si épouvantable catastrophe. Nous voyagions très-rapidement et avec une sorte de mystère. Arrivés à Lyon, nous y séjournâmes quelques jours, pendant lesquels je vis venir chez mon père des hommes dont l'extérieur grave et sérieux suffisait pour entretenir ma tristesse; je n'étais point admise à leurs conférences avec mes parens. Enfin, ne pouvant plus résister à mes inquiétudes sans cesse croissantes, j'osai adresser une question à ma mère. J'appris alors quels événemens avaient forcé mon père à quitter sa patrie ; j'appris que le temps n'avait pas apaisé la haine de ses ennemis, que ses jours s'étaient trouvés menacés en Italie, et qu'il allait chercher à la cour du *stadhouwer* la protection qu'on lui refusait autre part. Vers le milieu du mois de décembre nous arrivâmes à Rotterdam. Le passage du *Waal* était difficile et dangereux : mon père voulut cependant le tenter dans un des batelets qu'on faisait louvoyer entre d'énormes glaçons que charriait déjà le fleuve. Après d'incroyables efforts nous parvînmes à la rive opposée : il fallait faire encore quelques pas sur la glace, que nous craignions de voir à chaque instant manquer sous nos pas. Mon père nous porta l'une après l'autre, ma mère et moi, sur le rivage ; nos deux femmes de chambre nous y suivirent sans accident. Restait un brave et vieux Hongrois, attaché à mon père depuis sa première enfance, et qu'il considérait moins comme un serviteur que comme un ami ; il avait voulu demeurer à la garde du bateau dans lequel se trouvaient tous nos bagages qu'on transportait peu à peu sur la rive. Déjà nous nous étions mis en marche vers l'auberge où nous devions loger, lorsque tout à coup un craquement horrible, suivi de cris de détresse, vient frapper notre oreille : nous détournons la tête, et nous revenons promptement sur nos pas. Quelle est notre douleur en voyant le bateau sur lequel était encore notre fidèle Berowski, entraîné vers le milieu du fleuve par un énorme glaçon ! la mort du vieillard paraissait certaine : l'or qu'offraient à pleines mains mon père et ma mère ne pouvait déterminer personne à hasarder sa vie pour sauver celle de notre malheureux domestique. Tout à coup mon père se dépouille des fourrures dont il était couvert; il jette loin de lui tous ses vêtemens, s'élance sur la glace qui se brise sous ses pas, et s'écrie, d'une voix forte, au moment de disparaître dans les flots : « Si je meurs, ma « femme donnera tout l'argent qu'on exigera « à celui qui m'aura aidé à sauver ce vieillard. »

Ma mère n'avait pas même essayé de le retenir; elle tomba évanouie : moi-même, égarée, hors de moi, je me fais jour à travers la foule, et je cours le long du rivage en suivant des yeux mon tendre père. Comment exprimer mes angoisses en le voyant contraint de disparaître volontairement par intervalles sous les flots, pour éviter les énormes glaçons qui suivaient le courant du fleuve ? Enfin il arrive au bateau; et, secondé par trois bateliers qui avaient suivi son noble exemple, il arrache à la mort et ramène au rivage le vieux Berowski. Hélas! quelle récompense attendait une pitié si courageuse! Exposé presque nu aux rigueurs d'un froid pénétrant, et trop occupé de celui qu'il venait de sauver pour songer à lui-même, mon père, dans les premiers momens, négligea les soins qu'exigeait la conservation de ses jours. Dès la nuit suivante, une fièvre ardente se déclara : nous ne pouvions pas aller plus loin; il fallut rester dans la chétive auberge où nous nous trouvions. Le onzième jour de la maladie, 27 décembre 1787, je n'avais plus de père! La mort de ce père adoré fut le premier malheur de ma vie : elle fut le présage de tous les maux qui m'ont accablée depuis bien des années; elle fut surtout la cause des fautes que je n'aurais jamais commises si j'avais eu près de moi l'ami de mon enfance, celui dont les conseils et la juste influence m'auraient préservée des écarts de ma fougueuse imagination. Le malheureux Berowski ne survécut que vingt jours à son maître; jusqu'à son dernier soupir, il supplia ma mère de lui pardonner la mort de son époux. Il fut inhumé près de celui dont il n'avait jamais voulu se séparer pendant sa vie.

Toute entière livrée à sa douleur, ma mère ne voulut pas quitter les lieux qui lui retraçaient de si chers et de si cruels souvenirs : elle acheta une maison modeste dans le village de Wal***, vis-à-vis même de celle où était mort mon père. Elle repoussait toutes consolations, et, dans l'amertume de ses regrets, elle négligeait également les soins de sa santé et ceux de mon éducation. Toutes mes études étaient interrompues; j'étais maîtresse du choix de mes lectures et de l'emploi de mon temps. Ma mère ne sortait plus de sa chambre : quelquefois elle m'attirait à elle pour me couvrir de caresses et arroser mon visage de pleurs; plus souvent elle me repoussait dans les transports d'un désespoir qui semblait égarer sa raison : elle m'inspirait alors une sorte de terreur qui me faisait éviter sa présence. Je regrettais pour ma part bien sincèrement mon noble père; mais tout en déplorant sa mort prématurée, j'étais bien loin de soupçonner encore toute l'étendue de la perte que j'avais faite. Les impressions de l'enfance sont vives, mais peu durables; ou plutôt leur trace effacée le plus souvent par les passions de la jeunesse ne se retrouve que dans l'âge mûr; la légèreté naturelle à un esprit pour lequel les moindres plaisirs ont toujours l'attrait de la nouveauté, rend souvent les enfans insensibles en apparence aux plus grandes douleurs. J'avais toute l'étourderie de mon âge, et quoique mes regrets fussent bien amers, je ne m'en livrais pas moins aux distractions que le hasard venait souvent m'offrir.

CHAPITRE II.

Première rencontre avec M. Van-M***. — Son amour. — Ma fuite. — Mon mariage.

Deux ans s'écoulèrent ainsi sans que ma mère pût prendre sur elle de surmonter sa douleur pour achever enfin mon éducation. Cependant je grandissais : mon imagination, déjà lasse de son oisiveté, s'élançait chaque jour vers des sensations nouvelles; je m'ennuyais de goûter toujours les plaisirs que j'avais connus dès ma plus tendre enfance. Je profitais de la liberté que me laissait ma mère pour faire, dans les environs de notre résidence, de longues courses à cheval. Je me dirigeais ordinairement et de préférence vers un beau château qui appartenait à une des plus riches familles d'Amsterdam; les propriétaires visitaient rarement cette terre, et ils n'y étaient pas venus depuis que nous habitions le pays.

Un domestique de confiance m'accompagnait seul dans mes excursions. Je n'avais encore que onze ans; mais j'étais assez grande et assez forte pour qu'on supposât généralement que j'avais atteint ma quatorzième année : pour la taille et la figure, j'étais déjà presque une femme; mais pour la raison, je n'étais encore qu'un enfant.

Par une belle matinée du mois de mai je parcourais, comme de coutume, le parc magnifique où je n'apercevais d'ordinaire que des paysans, lorsqu'au détour d'une allée je vis tout à coup devant moi un jeune homme d'une figure charmante, dont l'expression était pleine de grâce et de bonté. Nous nous saluâmes réciproquement, et lorsque nous eûmes surmonté, chacun de notre côté, l'embarras où nous avait jetés d'abord une rencontre aussi imprévue, le jeune homme m'aborda avec politesse, et j'appris bientôt qu'il était fils unique de M. Van-M*** d'Amsterdam, propriétaire du château, et qui y était arrivé la veille.

Avec la confiance et la simplicité de mon âge, je répondis aux questions qu'il m'adressa. En quelques minutes Van-M*** fut informé de toutes les circonstances qui avaient accompagné la mort déplorable de mon père; cette mort, dont la cause honorait si bien sa mémoire, était depuis long-temps l'objet de toutes les conversations dans le pays. On respectait la douleur de ma mère; mais, comme elle n'admettait aucune visite, et qu'elle se refusait obstinément à former les moindres liaisons de société, on l'accusait de bizarrerie; on avait commencé par la rechercher, on finissait par la fuir. Le spectacle de chagrins aussi amers que les siens aurait importuné les gens heureux. Il est d'ailleurs certains maux que les âmes vulgaires ne sauraient comprendre; elles aiment mieux les tourner en ridicule que de chercher à les adoucir. Dans l'avenue qui conduisait à notre demeure, on ne rencontrait donc ni ces équipages brillans, ni cette foule d'oisifs qui affluent d'ordinaire dans les maisons opulentes; on y voyait en revanche beaucoup de malheureux, qui ne venaient jamais en vain chercher un soulagement à leur misère.

Le jeune Van-M*** ne m'accompagna que jusqu'à l'entrée de cette avenue. Avant de me quitter, il obtint de moi la promesse que, le lendemain, nous nous réunirions à un endroit qu'il me désigna, et que nous ferions ensuite à cheval une longue promenade. J'acceptai sa proposition sans hésiter, sans songer même que je devais d'abord obtenir l'autorisation de ma mère. Nous nous séparâmes également satisfaits l'un de l'autre : depuis long-temps je n'avais vu les heures s'écouler aussi rapidement pour moi. Notre course du lendemain devait se diriger vers un village que je ne connaissais pas encore ; je me réjouissais d'une rencontre qui promettait de rompre la monotonie des distractions dont j'étais réduite à me contenter depuis deux ans. Sans me rendre compte de mes espérances, j'espérais un avenir moins triste que le passé.

Mes illusions furent de courte durée. Wilhelm, le domestique qui me suivait d'ordinaire dans mes promenades, n'était rien moins qu'un valet de comédie. C'était un brave Hollandais, fermement attaché à ses devoirs, et bien résolu à ne jamais tromper la confiance dont l'honorait sa maîtresse : « Madmoiselle ignore
« sans doute, me dit-il en m'aidant à descendre
« de cheval, que le village où elle doit aller de-
« main matin est à trois lieues d'ici. Il est dou-
« teux que madame sa mère lui permette une
« ausi longue promenade; et si madame ne juge

« pas convenable de vous accorder une telle « permission, je ne puis vous accompagner. » La franchise de Wilhelm excita en moi un dépit que je réussis cependant à concentrer. Je résolus dès ce moment d'employer la ruse pour arriver au but de mes désirs : je feignis de me repentir de mon étourderie; j'entrai en apparence dans les motifs de Wilhelm : « Il est inu-« tile, lui dis-je, de parler de tout cela à ma « mère; je ne veux lui causer ni le moindre « chagrin ni la plus légère inquiétude; je ne « dois pas non plus manquer aux lois de la poli-« tesse vis-à-vis de M. Van-M***, qui est notre « voisin. Demain vous monterez à cheval avec « moi. Nous rejoindrons M. Van-M*** dans le « bois : je lui dirai que l'éloignement du but « de notre promenade projetée contrarierait à « la fois mes habitudes et la volonté de ma « mère; puis nous reviendrons ici par le chemin « de la digue de Bommel. »

Wilhelm fut charmé de voir que je ne m'offensais pas de l'avis qu'il m'avait donné, et que je lui conservais mes bonnes grâces. A dater de ce jour ma vie prit une face toute nouvelle. J'étais encore une enfant; mon cœur ne pouvait donc sentir trop vivement le mérite d'aucun homme. La rencontre que j'avais faite du jeune Van-M*** semblait un incident romanesque; elle n'aurait cependant fait aucune impression sur moi, si je n'avais espéré trouver, dans une liaison d'amitié toute nouvelle pour moi, un dédommagement à la tristesse des deux années qui venaient de s'écouler, et une consolation à l'ennui qui m'attendait peut-être encore. Je n'éprouvais aucun amour pour Van-M***; cependant nous étions au mois de mai 1789, et, le 16 avril de l'année suivante, je devins sa femme. Je ne veux point anticiper sur les événemens, et je dois d'abord faire connaître les circonstances qui précédèrent et amenèrent mon mariage.

A peine m'étais-je assurée par ma dissimulation la discrétion de Wilhelm, que je songeai à faire de ce brave homme, sans qu'il s'en doutât, le premier instrument de mon projet. J'étais fort agitée : la vue de mon excellente mère redoublait mon malaise; à tort ou à raison je la trouvai ce jour-là plus triste que de coutume. Toutefois, je l'avouerai à ma honte, loin de chercher à adoucir par mes caresses l'amertume de ses chagrins, je la quittai avec empressement aussitôt que j'en trouvai l'occasion, et j'allai rêver à la prompte exécution de mon dessein.

Dès que je fus seule, je me hâtai d'écrire un premier, un imprudent billet, qui pouvait me perdre pour toujours, si je l'eusse adressé à un homme dont la délicatesse eût été moins éprouvée que celle de Van-M***; il m'aimait trop sincèrement pour trouver dans mon imprudence même autre chose que l'inexpérience de mon âge, l'innocence de mon cœur, surtout l'espérance de me voir payer de retour les sentimens qu'il m'avait voués. Voici en quels termes était conçu le billet que je lui écrivis :

« Je sais que je fais mal de vous écrire, car je
« me cache de maman, et je trompe un domes-
« tique qui aura le droit de me mépriser. Mais
« je vous ai promis d'aller me promener avec
« vous, et il faut bien que vous sachiez que je
« ne puis pas tenir ma promesse; vous avez
« l'air si bon, si doux et si gai; la douleur de
« maman rend notre vie si triste, que je n'avais
« pas cru mal faire en acceptant l'offre que vous
« me faisiez d'entreprendre avec moi une longue
« course. Wilhelm m'a fait voir que j'avais eu
« tort, et j'aime trop maman pour vouloir ja-
« mais ajouter à ses peines. Cependant je vou-

« drais bien goûter avec vous le plaisir de la
« promenade; ce désir n'a certainement rien de
« répréhensible. Au lieu de courir les grands che-
« mins, venez voir mes parterres, mes viviers,
« ma volière : je m'ennuyais de tout cela, mais
« je crois qu'avec vous je pourrai m'en amuser
« encore. Tous les matins je dessine pendant
« une heure dans le petit pavillon qui est à
« l'entrée de la grande prairie ; j'étudie ensuite
« un peu ou je fais de la musique; ensuite je
« déjeune avec maman, et je ne la revois plus
« depuis dix heures jusqu'à trois. Si vous voulez
« venir demain à la petite porte des marais, je
« peux l'ouvrir, et nous nous arrangerons pour
« nous voir tous les jours; cela me rendra un
« peu de gaîté, sans inquiéter ni chagriner ma
« bonne mère. »

On n'oubliera pas que j'avais seulement alors douze ans et quelques mois. L'amour n'entrait donc réellement pour rien dans le vif désir que j'avais de revoir le jeune Van-M***; mais la solitude m'était devenue tellement à charge que j'étais charmée d'avoir enfin trouvé le moyen, fort innocent selon moi, de me distraire par une société agréable.

Le lendemain, j'arrivai à l'heure convenue

au lieu du rendez-vous : Wilhelm m'accompagnait. Je sus glisser mon billet entre les mains de Van-M*** sans que l'honnête domestique s'en aperçût; un coup d'œil que je jetai sur lui mit Van-M*** au fait de tout avant même qu'il eût ouvert ma lettre. Je fondai mes excuses sur la santé de ma mère, qui ne me permettait pas de m'éloigner d'elle ce jour-là. Nous nous séparâmes, non sans exprimer de part et d'autre nos regrets de ce contre-temps; je fis avec Wilhelm une promenade très courte, et, en rentrant au logis, je courus sur-le-champ au petit pavillon, et à la porte qui donnait sur la campagne. Je n'avais indiqué ni cette heure ni ce jour pour un premier rendez-vous : il me semblait pourtant que je devais trouver là une réponse à ma lettre. Van-M*** me l'apporta lui-même.

Chez chaque nation l'amour offre un caractère différent : celui des Hollandais est généralement grave et froid. Van-M*** respectait mon âge et mon innocente sécurité; il ne tarda pas cependant à puiser dans nos rendez-vous, souvent répétés, une passion violente qui se trahissait chaque jour davantage. Pour moi, je n'avais pas d'amour, mais je me trouvais heureuse dans la société d'un tel ami. Van-M*** était loin d'avoir dans l'esprit la même élévation que mon père; la nature l'avait cependant doué de dispositions très heureuses, qu'une bonne éducation avait facilement développées. Comme tous les fils des riches négocians du Nord, il parlait plusieurs langues, l'italien seul excepté. Il me donnait des leçons de hollandais, et moi je lui apprenais l'idiome du beau pays qui m'a vu naître. Encouragée par lui dans mes études, j'avais repris tout le zèle dont j'étais animée avant la mort de mon père, mon premier, mon excellent instituteur.

Mes jours s'écoulaient ainsi paisiblement. Satisfaite de mon existence actuelle, je ne voyais, je ne désirais rien au delà. Il n'en était pas de même pour Van-M*** : il avait vingt-trois ans; il m'aimait avec passion, ses vues étaient honorables, et il sentait parfaitement le danger de nos longs tête-à-tête. Il songea donc le premier à s'assurer le droit de ne plus me quitter, et de me consacrer sa vie. Il m'en parla un jour en m'annonçant l'intention où il était de demander sur-le-champ ma main à ma mère.

Je ne saurais dire si l'effet que produisit sur

moi cette proposition subite fut la conséquence de mon caractère singulier. Ce qu'il y a de certain, c'est que le mot de mariage et l'image des liens indissolubles que j'allais peut-être contracter, effrayèrent ma jeune imagination. A douze ans l'espace de la vie est encore si long à parcourir! l'avenir est encore si immense! C'était la première fois que mon esprit admettait l'idée d'une union qui n'a de terme que la mort. Cette idée première en engendrait une foule d'autres, dont aucune n'était favorable aux prétentions de Van-M***: cependant l'estime qu'il m'inspirait, l'amour dont il me donnait chaque jour des preuves plus touchantes, m'empêchèrent de prononcer un refus. Nous convînmes ensemble que le lendemain je lui ménagerais l'occasion de rencontrer ma mère, et que, sans énoncer encore positivement ses projets, il essaierait dès ce jour de la prévenir en sa faveur. Il avait un extérieur agréable, d'excellentes manières : accueilli avec bonté, il se déclara bientôt tout-à-fait. Ma mère, touchée des sentimens qu'il témoignait et pour elle et pour moi, répondit qu'elle ne voyait, pour sa part, d'autre obstacle au mariage que mon extrême jeunesse. Elle demanda un délai de deux ans, et mit pour condition formelle à son consentement que Van-M*** obtiendrait d'abord celui de sa propre famille. Cette famille balança : la fierté de ma mère s'irrita d'une telle hésitation; de part et d'autre on commençait à s'aigrir, et peut-être marchions-nous à une rupture complète. Van-M***, déjà maître d'une fortune indépendante, venait d'atteindre sa majorité : il pouvait accepter les bienfaits de son père, mais ces bienfaits ne lui étaient pas indispensables pour assurer le bonheur de celle qu'il choisirait pour épouse. Il était exaspéré des retards qu'on lui faisait éprouver; il prévoyait avec effroi qu'un refus définitif de la part de son père pouvait retarder bien plus long-temps encore l'union qu'il désirait avec tant d'ardeur. Il me proposa de partir en secret tous les deux pour la Gueldre : nous devions nous y marier, et revenir bientôt après solliciter le pardon d'une démarche qu'on pouvait blâmer, mais qui devenait de plus en plus nécessaire.

Je n'exigeai de Van-M***, pour consentir à ce qu'il demandait de moi, que sa promesse solennelle de me ramener promptement auprès de ma mère. Le lendemain, avant le jour, je sortis de ma chambre avec précaution : je n'étais pas médiocrement émue en songeant que j'allais, pour la première fois, me séparer de celle qui m'avait donné le jour; j'étais cependant joyeuse et presque fière qu'on fît à une enfant comme moi l'honneur de l'enlever, et, par un retour vers les sentimens de la nature, j'exigeais que Van-M*** me promît encore une fois de me ramener au plus tôt.

En arrivant à Zutphen, Van-M*** me quitta sur-le-champ, et courut chez le seul ministre protestant qui se trouvât dans cette ville. Malheureusement ce ministre était près de rendre le dernier soupir; il fallut pousser plus loin notre voyage : nous fîmes encore huit lieues, et il était déjà bien tard quand nous atteignîmes l'auberge où nous devions passer la nuit. Après le souper, Van-M*** et moi, assis près l'un de l'autre, nous disions de ces riens qui ont si peu d'importance apparente, et qui tiennent cependant lieu de tant de choses. Il y avait des momens où je ne comprenais plus rien au trouble passionné de Van-M***; ce trouble n'était déjà plus sans charmes pour moi, et je commençais à le partager; pour la première fois mon oreille était agréablement frappée des éloges qu'il donnait à ma beauté. Van-M*** était lui-même d'une figure charmante; sa taille était élevée, bien prise et pleine de noblesse. Je ne sais quel instinct me révélait en cet instant tous ces avantages que j'avais comme ignorés jusqu'alors. En rougissant, je fixais mes regards sur son œil plein d'expression et de feu, et qui me disait mieux encore que sa bouche combien il me trouvait belle : d'une voix émue, il louait la richesse de ma chevelure, et, sans y penser, je roulais entre mes doigts les boucles épaisses de ses cheveux blonds comme les miens. Tout à coup l'hôte effrayé s'élance dans la chambre : « Pour l'amour « de Dieu, s'écrie-t-il, si c'est vous que l'on cherche, « dites bien que je ne savais rien, et que vous ne « m'avez fait aucune confidence. » A peine avait-il prononcé ces mots, que le père et l'oncle de Van-M***, suivis du secrétaire du bourgmestre et de quatre témoins, paraissent à mes regards effrayés. Ces messieurs ordonnent au jeune homme de me remettre entre leurs mains. Van-M*** s'avance aussitôt vers eux, et d'un ton ferme et respectueux tout ensemble : « Made-« moiselle, dit-il, en consentant à quitter la « maison de sa mère, a cru suivre son époux;

« elle s'est confiée à mon honneur, et m'a rendu
« l'arbitre de son sort; demain nous devons être
« unis devant Dieu et devant les hommes. Si
« vous donnez, dès ce moment, par écrit, votre
« consentement à notre mariage, nous retour-
« nerons sur vos pas à Waarlery, où notre union
« sera célébrée : sinon, nous n'y reparaîtrons
« qu'époux, pour nous jeter aux pieds de ma-
« dame de Van-Ayld***, et lui demander pardon
« de la douleur que nous avions dû lui causer;
« je pourrai alors réclamer de ma famille la
« part de fortune à laquelle j'ai des droits : en
« un mot, il n'est plus au pouvoir de personne
« de nous désunir. »

Frappé de la noble attitude et de la fermeté du langage de son fils, monsieur Van-M*** et son frère promirent tout ce qu'on voulut. Nous nous apprêtâmes à repartir sur-le-champ; mes larmes et ma confusion n'obtinrent pas un seul regard indulgent de ces juges sévères. Van-M*** avait déclaré qu'il ne me quitterait pas, qu'il me reconduirait lui-même chez ma mère; il tint parole. En entrant dans l'avenue qui conduisait à notre habitation, la première personne qui s'offrit à mes regards fut cette mère chérie que désolait mon départ, et qui n'osait encore espérer mon retour. Je courus me jeter dans ses bras : « Ma fille, dit-elle d'une voix entre-« coupée de sanglots, tu n'as donc pas songé à « la douleur dont tu allais m'accabler ! » Aucun autre reproche ne sortit de sa bouche. Van-M*** obtint son pardon en répétant mille fois le serment de me rendre heureuse.

Le consentement qu'il avait enfin arraché plutôt qu'obtenu de son père donnait plus de liberté à nos relations : il ne me quittait presque plus. Un mois s'écoula très agréablement au milieu des préparatifs de notre mariage ; au bout de ce temps, toutes les formalités ayant été remplies, toutes les lois de l'étiquette hollandaise scrupuleusement observées, nous nous rendîmes à Amsterdam, et là nous fûmes mariés dans l'église neuve.

Je n'avais pas encore treize ans accomplis ; mais ma taille, déjà entièrement formée, me donnait toutes les apparences d'une personne de quinze ans. J'ai maintenant cinq pieds un pouce et demi ; je les avais dès lors, car depuis mon mariage je n'ai point grandi. Malheureusement ma raison était encore bien loin d'être formée ; j'aurais eu besoin d'un guide plus ferme et plus sévère que l'époux auquel les lois et ma propre volonté venaient de confier le soin de ma destinée. Pourquoi se reposa-t-il si aveuglément lui-même sur la prudence d'une enfant ? Je n'aurais pas eu, depuis plus de vingt-cinq années, tant de malheurs et tant de fautes à déplorer !

CHAPITRE III.

Opinions politiques de mon mari. — Il m'amène à les partager. — Le duc d'Yorck en Hollande. — Mon mari captif dans sa propre maison. — Je le délivre.

Les six premiers mois de notre union s'écoulèrent dans un bonheur parfait pour mon mari et pour moi. Les voyages d'agrément qui succèdent immédiatement en Hollande les solennités du mariage étaient terminés, le calme commençait à remplacer dans notre intérieur le tumulte des fêtes, lorsque des bruits de guerre, et les progrès chaque jour croissans de la révolution française, vinrent donner une nouvelle direction à nos idées, et décider à la fois du sort de mon époux et du mien. Van-M*** avait de grandes possessions en Belgique; il était en Hollande du parti opposé à la cour. Il était naturel qu'il embrassât avec ardeur les principes de la révolution française. Ma mère, qui, depuis la mort de son mari, ne pouvait plus être heureuse que du bonheur de sa fille, aurait voulu que son gendre restât étranger à la crise qui se préparait : elle voyait notre avenir se charger d'orages auxquels une retraite absolue pouvait seule nous soustraire. La suite des événemens n'a que trop prouvé combien ses craintes étaient fondées; prières, raisonnemens, elle mit tout en usage pour calmer l'exaltation politique de mon mari. En vain lui représenta-t-elle que les dangers de la guerre étaient les moindres de ceux auxquels il allait m'exposer; que mon âme encore si candide, et déjà cependant avide d'émotions violentes, pouvait se laisser égarer au delà du point où il voudrait s'arrêter lui-même; tout fut inutile. Van-M*** était plein de respect et d'attachement pour ma mère; cependant il resta ferme dans la résolution qu'il avait prise, de servir de tous ses moyens une cause dont le triomphe semblait à ses yeux devoir assurer pour toujours le bonheur et la liberté de sa patrie. Dès lors il mit tous ses soins à me faire partager ses sentimens, à m'échauffer du feu de son enthousiasme. Ma conversion ne fut pas difficile; je n'avais encore aucune opinion arrêtée : j'éprouvais seulement une répugnance assez forte pour cette égalité absolue que rêvait mon mari, et que je trouvais entièrement opposée aux idées aristocratiques dans lesquelles j'avais été nourrie. J'avais de plus trouvé encore vivant en Hollande le souvenir des excès commis par les troupes françaises dans les guerres de Louis XIV; ces troupes étaient cependant celles d'un grand roi, modèle de courtoisie et de politesse, et que ses lieutenans s'efforçaient sans doute d'imiter. Que ne devions-nous pas attendre de ces chefs révolutionnaires, arrachés subitement par la tourmente politique à l'obscurité de leur profession ou de leur origine, pour guider au combat des bandes fanatisées, et sans cesse obligés d'acheter à tout prix la victoire qui seule pouvait légitimer aux yeux de leurs soldats leur fortune subite?

Van-M*** répondait à mes objections par la nécessité de conquérir promptement une liberté dont les bienfaits devaient bientôt s'étendre sur tous les peuples; avant tout il voulait soustraire la marine hollandaise, jadis si florissante, à l'influence britannique qui ne tendait qu'à la ruiner. L'amour de la patrie qui respirait dans tous ses discours, la chaleur qu'il mettait à défendre les théories qu'il avait adoptées, firent bientôt passer dans mon âme la conviction qui remplissait la sienne. Les représentations de ma mère furent perdues pour moi comme elles l'avaient été pour lui; et je lui promis de le suivre partout où il conviendrait de me conduire. Toute notre famille se dispersa; ma mère se retira dans une terre qu'elle possédait près de Leyde; les parens de mon mari se rendirent à Haarlem, et nous allâmes nous-mêmes habiter notre domaine de Sgravsand, situé sur la route que nous devions suivre s'il nous convenait de quitter la Hollande. La douleur que j'éprouvai en me voyant forcée de quitter ma mère fut extrême : les événemens politiques au milieu desquels je me trouvais placée vinrent bientôt m'arracher à mes peines personnelles, en me faisant participer aux émotions violentes qui commençaient à agiter notre nation.

Van-M*** avait d'abord le projet de ne passer que quelques jours à Sgravsand; il m'avait priée de n'y recevoir que peu de monde, et j'avais sans peine acquiescé à sa prière, car le flegme des dames hollandaises, la gravité de leurs habitudes et de leur maintien contrastait singulièrement avec la vivacité de mon humeur toute italienne. Tandis que Van-M***, renfermé dans son appartement, s'occupait à dépouiller les dépêches que lui apportaient sans cesse de nombreux exprès, je faisais de longues promenades à cheval, je m'abandonnais à mon goût pour la lecture, ou bien je m'entretenais par écrit avec ma bonne mère. Cette manière de vivre me plaisait : si j'avais par intervalle quelque retour de coquetterie, alors j'allais trouver mon mari jusque dans son cabinet, je lui reprochais l'abandon dans lequel il me laissait, je feignais même de douter de son amour : il n'avait pas de peine à se justifier, et nos petites discussions se terminaient par des raccommodemens qui resserraient les liens de notre affection mutuelle.

Un soir que nous étions assis dans un des pavillons qui bordaient notre propriété du côté de la route, nous vîmes arriver à l'improviste M. Vandau***, l'un des plus intimes amis de mon mari. Van-M*** eut avec lui un entretien assez long, à la suite duquel il m'annonça que nous devions, dès le lendemain matin, quitter le pays pour n'y revenir qu'avec les libérateurs de la Hollande, les soldats de la république française. Le voyage que j'allais entreprendre, la petite importance à laquelle allaient sans doute m'élever les événemens au milieu desquels mon mari était appelé à jouer un rôle, tout cela donnait un nouvel essor à mes idées; je m'occupai sur-le-champ, avec une activité extraordinaire, des préparatifs de notre départ, et je ne négligeai pas, comme on le pense bien, les soins toujours si importans de ma toilette. Pendant que je me livrais avec ma femme-de-chambre à ces graves occupations, la sonnette de notre grille s'agita tout d'un coup avec violence, et un domestique vint m'apprendre que j'avais à recevoir plusieurs officiers de l'état-major du duc d'Yorck, auxquels on avait assigné notre château pour logement. A l'instant parurent cinq ou six militaires anglais. Je donnai ordre de les conduire au salon, de leur servir des rafraîchissemens. Je réparai promptement le désordre de ma toilette, et je me mis en mesure d'aller au devant de Van-M*** pour lui annoncer la visite importune que nous venions de recevoir : au moment même où j'allais sortir, on vint m'apprendre que mes hôtes demandaient à me parler; pour ne pas paraître intimidée, je descendis sur-le-champ au salon.

En entrant, je vis plusieurs officiers nonchalamment étendus sur les fauteuils et les canapés : le nombre des arrivans grossissait à chaque minute. Quelques uns élevaient très haut la voix dans l'intérieur de l'appartement; d'autres attachaient en dehors leurs chevaux aux superbes treillages verts et dorés, qui entouraient mes parterres de fleurs et mes magnifiques plates-bandes. Personne n'avait même fait mine de se lever en me voyant paraître; les uns me regardaient avec une attention tout-à-fait impertinente, les autres m'adressaient de fades complimens en mauvais hollandais : un seul voulut me prendre la main. Déjà deux domestiques, qui m'avaient suivie, s'apprêtaient, les poings fermés, à me défendre de toute injure, lorsque élevant la voix avec le ton du dédain : « Je ne comprends pas, dis-je, « votre langage : l'italien est ma langue natu- « relle; mais je préfère la langue française à « toutes les autres. Ainsi, répondez-moi en « français : où sont vos billets? » La fermeté de mes paroles avait d'abord frappé de surprise mes auditeurs. L'un d'eux, d'une assez belle figure, mais surchargé d'embonpoint et dépourvu de grace, m'invita poliment à m'asseoir. Il me fait exhiber l'ordre en vertu duquel j'étais obligée de le loger, lui et sa suite : cet officier était le duc d'York lui-même. A ce nom, un pressentiment secret vint me frapper d'effroi, et je tremblai dès lors pour la sûreté de mon mari. La coïncidence du jour où un tel personnage devenait notre hôte, avec celui que mon mari avait choisi pour aller rejoindre l'armée française, semblait le résultat d'un plan concerté d'avance pour arrêter l'exécution de notre projet. Dès le moment où cette idée s'offrit à mon esprit, je cherchai le moyen de sauver Van-M***. Le duc d'York tenta poliment de me retenir; mais je ne quittai pas moins à l'instant le salon sous le prétexte des ordres que j'avais à donner. Écrire à la hâte un billet laconique, ordonner au valet-de-chambre de mon mari d'aller, à quelque distance de la maison, attendre son maître, et de lui remettre mon message, tout cela fut l'affaire d'un instant. Cependant ma précaution fut inutile : au moment même Van-M*** rentrait dans la maison, suivi de son ami Van-Daulen, et escorté de soldats anglais qui le conduisaient devant leur général.

Aussitôt qu'il m'aperçut, Van-M***, qui depuis quelques minutes tremblait pour moi, poussa un cri de joie; moi-même, en dépit des soldats, je m'élançai dans ses bras. On nous mena devant le prince : Van-M*** répondit avec hauteur aux questions qu'on lui adressa; l'indignation se peignait sur ses traits et pétillait dans ses yeux : « Vous êtes les maîtres ici, « dit-il au duc, à la fin de son interrogatoire; « ma liberté est entre vos mains; vous pouvez « me jeter dans les cachots; mes vœux seront « toujours pour l'indépendance de mon pays. »

Le résultat de cet interrogatoire fut tel que nous devions nous y attendre. Le duc d'York déclara Van-M*** et son ami prisonniers d'État, et leur annonça qu'ils seraient conduits dès le lendemain sous bonne escorte au quartier général de l'armée anglaise, qui se trouvait à Amersford. On conduisit ensuite les prisonniers dans une des salles basses de la maison qui donnait sur le jardin; deux sentinelles furent placées à chaque porte. On voulut bien toutefois m'accorder la liberté de voir mon mari : j'étais loin sans doute d'être rassurée sur son sort; mais je ne désespérais de rien, et un secret pressentiment m'avertissait que je parviendrais à le sauver.

Le duc s'était, je crois, flatté d'avance de me voir ramper en suppliante à ses pieds. Il ne parut pas médiocrement étonné de la fermeté apparente que je conservais : ma présence d'esprit ne m'abandonna pas un seul instant. J'allais, je venais ; je donnais des ordres à haute voix, tandis que je rassemblais en secret tous les moyens de fuir au plus tôt. Nos domestiques nous chérissaient ; nous avions toujours été pour eux de bons maîtres : je comptais sur leur assistance. Le dévouement qu'ils me témoignèrent justifia la confiance que j'avais mise en eux : plusieurs fois dans la soirée j'allai visiter les deux prisonniers. Entourée de soldats et épiée comme je l'étais de toutes parts, je me gardai bien de communiquer à Van-M*** le projet que j'avais formé, dans la crainte que l'expression de sa physionomie ou de ses regards ne trahît le secret de nos espérances. Il put cependant deviner sur mon visage toute ma sollicitude pour lui, comme je devinai sur le sien qu'il était content de moi. Les officiers anglais et leur général lui-même se rencontraient partout sur mon passage : j'affectais de ne pas même les remarquer ; l'attention exclusive que je paraissais donner aux soins de

4.

ma maison ne servit pas peu à éloigner de nos gardiens toute défiance sur mon compte.

J'avais à peine quatorze ans; ma santé était excellente : l'éducation toute libérale que j'avais reçue avait développé de bonne heure mon intelligence; mais depuis mon mariage les conversations sérieuses que j'avais souvent eues avec mon mari, la chaleur qu'il mettait à m'inculquer ses principes de liberté générale, avaient de beaucoup élevé mon esprit et agrandi la sphère de mes idées. J'étais loin du fanatisme pieusement barbare des Judith et des Débora : pénétrée comme je l'étais alors de la sainteté des devoirs d'épouse, l'espoir même de sauver Béthulie n'aurait pas pu me faire agréer pendant deux minutes les lourds complimens de quelque Holoferne britannique. Mais ma tendresse pour mon mari m'élevait au dessus de moi-même, et me donnait une hardiesse supérieure à mon âge. En embrassant Van-M*** au moment de le quitter pour la dernière fois dans la soirée, je pus le prier à voix basse de ne pas s'endormir, et le prévenir qu'avant le jour nous serions hors du pouvoir des Anglais.

Il restait dans la maison trente soldats et

cinq officiers, sans compter le duc d'York, qu'on venait de porter sur un lit où il dormait dans l'ivresse la plus complète. Le nombre de bouteilles qui jonchaient le parquet du salon attestait les ravages de notre cave, et augmentait la confiance avec laquelle je combinais tous mes moyens d'évasion. Les soldats étaient ivres comme les chefs; un sommeil profond ne tarda pas à appesantir leurs yeux. Lorsque je n'entendis plus aucun mouvement dans la maison, je sortis sans bruit de mon appartement, et je gagnai rapidement un cabinet de bain, contigu à la salle où se trouvaient renfermés les deux prisonniers. Dans ce cabinet était une porte lambrissée communiquant à la salle, mais cachée de ce côté par une armoire remplie de porcelaines : je l'ouvris; les porcelaines furent rapidement enlevées, et peu de minutes après, mon mari, Van-Daulen et moi, nous traversions à grands pas, mais toujours dans le plus profond silence, les immenses jardins et la prairie qui les termine. Au bout de cette prairie, notre berline de voyage nous attendait avec quatre domestiques bien résolus et bien armés. Il restait encore dans la maison plus de douze de nos serviteurs à qui j'en avais confié la garde. Nous partîmes sans retard; mais la nécessité de suivre des chemins de traverse dans un pays marécageux ne nous permit pas d'avancer avec la célérité qui semblait la première condition de notre salut.

CHAPITRE IV.

Mon enlèvement. — Mes libérateurs. — Une famille d'émigrés français. — Je rejoins mon mari. — Départ pour Bruxelles.

Van-M*** était content de mon adresse et de ma fermeté : pour me témoigner sa reconnaissance, il ne trouva rien de mieux que de me confier entièrement ses projets. Celui de tous dont il était le plus préoccupé en ce moment, c'était de rejoindre l'armée française, dans laquelle servait son cousin le général Daëndels. Une lettre que lui écrivait ce parent, et que les Anglais avaient pu intercepter, était la cause des rigueurs qu'on venait d'exercer contre lui dans sa propre maison. Le ton d'assurance avec lequel Van-M*** parlait de ses espérances, qu'il croyait à la veille de se réaliser, sa ferme détermination de braver tous les dangers pour atteindre au but généreux qu'il se proposait, la délivrance de son pays, me le rendaient à la fois plus respectable et plus cher. Son ami ne partageait ni son enthousiasme ni ses illusions; il était triste, silencieux. Van-M*** soupçonna qu'il se repentait d'avoir pris part à l'exécution de ses projets; il lui offrit de le faire conduire et escorter jusqu'à sa terre par deux de nos gens. Van-Daulen s'y refusa.

A neuf heures du matin nous arrivâmes au petit bourg de Woerdorp, et nous nous y arrêtâmes quelques instans. Nous étions partis de Sgravsand à trois heures après minuit : il était naturel de croire qu'en ce moment seulement on pouvait s'y apercevoir de notre évasion. Mais nous avions quelques heures d'avance, et il était douteux que l'alerte eût été assez vive pour dissiper entièrement les fumées du vin, et donner aux soldats anglais l'activité nécessaire pour nous atteindre. Cependant, au moment où nous allions nous remettre en route, notre voiture est tout à coup entourée par un détachement de cavalerie anglaise. L'officier qui commande ce détachement s'avance vers nous, et invite poliment MM. Van-M*** et Van-Daulen à le suivre. Toute résistance devenait inutile; force nous fut de nous résigner à partir pour Amersford avec notre escorte, qui veillait

attentivement sur la calèche dans laquelle nous voyagions tous les trois. Arrivés à Amersford, nous allâmes descendre à l'auberge du Lion d'or. Quel fut mon effroi lorsqu'on vint chercher mon mari et son ami pour les conduire au quartier-général! En vain demandais-je qu'on me permît de les suivre; en vain m'écriais-je que, n'étant pas militaires, ils ne devaient répondre de leur conduite qu'à l'autorité civile. Les Anglais demeurèrent sourds à mes réclamations; il fallut obéir. Van-M*** s'arracha de mes bras, me recommanda avec instance à l'hôtesse, et partit. Cette hôtesse était, fort heureusement pour moi, une bonne et honnête Hollandaise, qui me prodigua toute sorte de soins. Elle ne voulut pas m'abandonner à ma douleur, et elle me tint assidue compagnie avec ses deux filles, grandes et belles personnes qui ne sortaient plus de la maison depuis que l'armée anglaise avait occupé Amersford. Après trois heures de mortelles angoisses, je reçus enfin un billet de mon mari : « Sois sans crainte, me disait-il; je
« ne cours aucun danger : par suite d'un mal-
« entendu ou d'une obstination que je pourrai
« bien faire punir plus tard, je suis obligé de

« partir sans toi pour Zutphen. J'ai donné ordre
« à Kluaas et à Sevret[1] de se rendre sur-le-champ
« auprès de toi; ils t'accompagneront avec une
« des parentes de l'hôtesse. Quand tu liras ce
« billet je serai déjà loin d'Amersford; pars sans
« délai, conserve tout ton courage, et sois sûre
« que nous serons bientôt réunis. » La lecture
de cette lettre ranima mes forces; je me conformai de point en point aux instructions de
mon mari : en moins d'une demi-heure tous
mes préparatifs furent faits, et je me mis de
nouveau en route avec mes domestiques à
cheval et bien armés.

Vers le soir nous avancions au milieu des
bruyères, lorsqu'un convoi de chevaux et de
caissons, qui venait droit à nous, nous força
de nous arrêter. Un officier anglais s'avance
pour regarder dans l'intérieur de la calèche;
mes domestiques veulent le repousser, il les
menace de son pistolet. Le combat allait s'engager si mes cris, en réprimant l'impétuosité
de mes défenseurs, n'eussent attiré l'attention
des soldats qui composaient l'escorte du con-

---

[1] Ces noms étaient ceux de deux domestiques qui nous avaient accompagnés.

voi. On se saisit de mes fidèles serviteurs, deux hommes m'enlèvent de ma voiture, et je me trouve tout à coup placée dans un fourgon, à côté de deux dames fort jolies et du duc d'York en personne. J'avais d'abord tremblé pour mes deux domestiques; mais je fus bientôt rassurée en voyant qu'on leur avait laissé leurs chevaux, et qu'on les faisait marcher à la suite de la calèche, dans laquelle était restée la cousine de notre bonne hôtesse d'Amersford, qui m'avait accompagnée conformément aux désirs de mon mari. La colère succéda bientôt chez moi à la frayeur; je me tournai vers le duc, et je lui dis qu'à moins d'avoir la certitude de dérober ma personne à tous les yeux, il devait craindre qu'on ne vengeât bientôt, et d'une manière éclatante, la honteuse et ridicule violence qu'il prétendait exercer sur moi. De tels attentats avaient pu rester impunis quand ils avaient eu pour objets des femmes d'une condition ordinaire; mais il n'en serait pas de même quand on saurait qu'il avait choisi pour victime la femme d'un homme distingué par sa naissance, sa fortune, et dont la famille était aussi puissante dans le pays. Le duc m'interrompit à ces mots, et me dit avec une politesse ironique que j'avais tort de compter si fermement sur le crédit et la protection d'une famille bien résolue désormais à mettre un terme aux extravagances de mon mari et à arrêter le cours de ses trahisons. Je ne répondis à de telles insinuations que par le silence du mépris. Une des deux femmes qui se trouvaient avec moi dans la voiture m'adressa alors la parole, et tenta d'adoucir ce qu'elle appelait mon humeur farouche. Je me tournai de nouveau vers le prince : « Monsieur « le duc, lui dis-je, s'il vous reste le moindre « sentiment des bienséances, défendez à ces « femmes de m'adresser un seul mot. » Il se rendit à mon invitation, et imposa silence à ces deux femmes. L'une d'elles lui fit en anglais une réponse qui couvrit mon front de la plus vive rougeur, et ne permit pas au duc de douter que je ne l'eusse parfaitement comprise.

Nous avancions toujours, escortés par vingt cavaliers environ; malgré la tranquillité que j'affectais, l'inquiétude la plus vive commençait à m'agiter intérieurement. Absorbée dans mes réflexions, je tenais mes regards fixés sur la route, à travers la petite lucarne qui donnait à la fois du jour et de l'air dans le fourgon.

Tout à coup j'aperçois à une assez grande distance une petite caravane qui s'avançait par le même chemin que nous, mais dans le sens opposé. Je crus reconnaître d'abord des émigrés français : il n'était pas rare de rencontrer alors sur les grandes routes des troupes de ces proscrits, qui venaient chercher l'hospitalité sur une terre étrangère, et rassembler des armes pour reconquérir les priviléges et les richesses dont les dépouillait leur patrie. Plus nous avancions, plus j'acquérais la certitude que je ne m'étais pas trompée dans mes conjectures. Mon plan fut aussitôt arrêté dans ma tête : avec adresse et précaution je défis les crochets qui retenaient le devant du fourgon ; je me tins prête à m'élancer, et quand nous fûmes assez voisins de la petite troupe, je sautai hors de la voiture en m'écriant : « Sauvez-moi, « si vous êtes Français. » Le duc tenta de me retenir par un geste fort indécent, auquel je ripostai par un soufflet qu'il reçut au milieu du visage. Je ne connaissais aucun de ceux dont j'implorais le secours ; mais le nom de ma mère, celui même de Van-M***, qui, bien que chaud partisan des doctrines de la révolution française, avait souvent soulagé leurs infortunes, devenaient autant de titres à la protection que j'invoquais. Ils me reçurent dans leurs bras. Malgré l'infériorité du nombre, quoiqu'ils n'eussent d'autres armes que des bâtons, ils se mirent en devoir de me défendre. Le combat allait s'engager sans espoir pour eux de remporter l'avantage, si une trentaine de paysans qui travaillaient dans le voisinage aux tourbes de bruyères ne fussent venus subitement avec leurs pelles, leurs fourches et leurs pioches, présenter un redoutable front de bataille à la cavalerie anglaise. La vue de ce renfort, qui arrivait à propos, calma tout à coup l'ardeur martiale de son altesse ; elle donna ordre à sa troupe de se remettre en marche, se renferma dans le fourgon, et bientôt le convoi disparut à nos yeux.

Mes libérateurs, au moment où ils venaient de me porter secours, se dirigeaient vers le village de Kiel. C'était là qu'ils devaient retrouver leur famille ; c'était aussi de là qu'ils devaient ensuite se rendre au Texel, pour s'embarquer pour l'Angleterre. Quand je les rencontrai, ils venaient de vendre, dans la ville voisine, quelques-unes des superfluités brillantes, restes de leur ancienne opulence, et qui leur devenaient chaque jour plus nécessaires pour soutenir une famille composée de trois femmes, de deux enfans et de cinq hommes, tant maîtres que domestiques : ils avaient pu ramasser, à force de sacrifices, une modique somme de 500 francs ; et c'était là toute leur ressource pour entreprendre leur voyage. Ces détails me furent donnés, à voix basse, par un vieillard dont j'avais pris le bras ; c'était l'ancien valet-de-chambre du marquis d'Orrigny de Toulouse : nous arrivâmes enfin à la ferme vers laquelle notre marche avait été dirigée.

En entrant, mes regards se fixèrent d'abord sur le groupe que formait auprès d'une fenêtre une dame âgée, assise entre deux très jeunes femmes : cette dame paraissait avoir au moins soixante ans ; les chagrins et les infirmités semblaient avoir aigri son humeur, que supportaient avec une douceur angélique ces deux jeunes personnes, l'une à peine âgée de vingt ans, mais déjà mère, et allaitant son enfant ; l'autre, plus jeune de quatre ou cinq ans, et de la plus ravissante beauté. Il fallait que cette beauté fût bien réelle pour briller encore sous les vêtemens délabrés que portaient ces dames, et qui offraient l'affligeant contraste de leurs habitudes passées avec leur destinée actuelle.

A ma vue, les trois dames se levèrent d'un air de surprise, tempéré cependant par cette politesse qui est l'attribut distinctif de la nation française. Aux premiers mots que je prononçai, on me prit pour une compatriote et une compagne d'infortune; je détrompai bientôt ces dames, et je leur dis que j'étais dans ma patrie, sur les terres même de mon mari, et que je m'estimerais fort heureuse de leur en faire les honneurs. Je les quittai ensuite pour aller parler à la fermière.

Le départ de la famille était fixé au lendemain. Je priai le vieux valet-de-chambre d'inviter son maître à changer son itinéraire, et à passer par Leyde, en annonçant que je lui donnerais des lettres de recommandation pour ma mère qui habitait cette ville. M. d'Orrigny accepta l'offre qu'on lui faisait de ma part : lui et sa famille ignoraient toute l'importance du service que je leur rendais en les plaçant sous la protection de mon excellente mère [1]. Seule,

---

[1] Ma mère reçut la famille d'Orrigny comme elle ne pouvait manquer d'accueillir les amis de sa fille chérie. Elle

j'avais la conscience du bien que je leur faisais ; ce sentiment me rendit presque joyeuse tout le reste du jour : je fis tous mes efforts pour leur rendre agréable le temps que nous passions ensemble, et je fus moins embarrassée des expressions de leur reconnaissance, par le pressentiment que ma mère y acquerrait des droits bien plus incontestables que les miens. Pour rendre plus facile à cette noble famille le trajet qu'elle avait à faire encore, je lui procurai une de ces voitures nommées *bolderwagen*, dont on se sert communément en Hollande. Le vieux valet-de-chambre reçut en se-

les garda tous pendant trois semaines dans sa maison, les combla de soins, d'égards et de témoignages d'amitié. Quand ils voulurent partir, après les avoir généreusement pourvus du nécessaire, elle subvint aux frais de leur passage en Angleterre, et remit au comte une traite de 5,000 florins. La jeune mère est la seule qui lui ait écrit constamment jusqu'au jour où elle fut enlevée par une mort prématurée. Vingt-cinq ans plus tard, je retrouvai en France un de ces nobles exilés ; je lui fis l'aveu de mes fautes et de mes malheurs : *Il est inconcevable*, me dit-il, *que, si bien née, vous ayez fait de telles folies*. Je n'en obtins pas d'autre consolation. Il était riche alors ; et moi je portais, à peu de chose près, le même costume que sa sœur, lorsque je les rencontrai dans leur fuite.

cret tout l'argent nécessaire pour subvenir aux besoins des voyageurs jusqu'à Leyde ; de cette manière ils conserveraient intacte la petite somme qu'ils s'étaient procurée par la vente des derniers bijoux qui fussent en leur possession.

A peine nos hôtes avaient-ils pris congé de moi pour se diriger sur Leyde, qu'un des domestiques qui m'accompagnaient lors de mon enlèvement vint à cheval m'apporter l'agréable nouvelle du retour de ma calèche ; la compagne de voyage que m'avait donnée ma bonne hôtesse n'en était pas sortie. Dès la veille, j'avais envoyé un exprès à mon mari, pour le prévenir de ce qui m'était arrivé, et dissiper l'inquiétude qu'aurait pu lui inspirer ma lenteur à le rejoindre. Dès que j'eus recouvré ma voiture, je partis : la journée se passa sans encombre, et le soir même je me trouvai réunie à Van-M*** et à son ami, qui étaient venus au devant moi. Mon mari apprit en détail, de ma bouche, toute l'obligation que j'avais aux émigrés français que le hasard avait envoyés à mon secours : il approuva hautement ce que j'avais fait pour leur témoigner ma reconnaissance ; il voulut écrire lui-même sur-le-champ à ma mère, pour la prier de leur rendre en son nom tous les services qui seraient en son pouvoir; et notamment il l'invita à leur remettre des lettres de recommandation pour l'une des maisons de banque les plus estimées de Londres.

Van-M*** m'apprit qu'en arrivant à Zutphen, où son escorte anglaise l'avait conduit, il avait été sur-le-champ mis en liberté, ainsi que son ami; aussitôt il était parti sans retard pour venir me reprendre, et continuer notre route vers Bruxelles. Il possédait aux environs de cette ville, sur la route d'Anvers, des terres considérables; son intention était d'y passer quelque temps. Nous arrivâmes promptement au but de notre voyage, et bientôt je me vis établie dans une superbe maison de campagne, au milieu d'un des pays les plus riches de l'Europe.

CHAPITRE V.

Départ pour Lille. — Notre séjour dans cette ville.

Née sous le ciel de l'Italie, accoutumée à me voir dès le berceau l'unique objet d'une tendresse exaltée, douée d'une âme ardente et d'une beauté qu'il m'était permis de croire remarquable, j'allais me trouver, dès avant l'âge de quinze ans, livrée sans guide aux séductions du monde, abandonnée à moi-même au milieu des plus terribles convulsions du corps social, jetée sans défense au milieu des camps; les qualités mêmes que je tenais de la nature, la présence d'esprit, la compassion pour les maux d'autrui, et un certain courage à supporter ceux qui me touchaient personnellement, devaient tourner à ma perte. Il me manquait une certaine défiance de moi-même, la réserve dont mon éducation première ne m'avait point fait une loi, en un mot tout ce qui peut garantir le bonheur et protéger la vertu d'une femme. On me pardonnera de me peindre telle que j'étais alors, telle que ma mémoire fidèle me représente encore à moi-même aujourd'hui. Le moment approche où je dois cesser d'être pure, où je vais perdre aux yeux du lecteur ce prestige d'innocence qui pare si bien une jeune femme; j'hésite à franchir ce passage si pénible dans ma vie, et je ne veux pas dérouler aux yeux du public le tableau de mes erreurs et de mes fautes avant d'avoir encore une fois invoqué son indulgence.

Nous passâmes deux mois dans la terre de Van-M***, aux environs de Bruxelles. Il y venait beaucoup d'hommes de la connaissance de mon mari, et qui tous partageaient son enthousiasme pour la révolution française. Malgré sa jeunesse, Van-M*** jouissait dans le monde d'une grande considération; il la devait moins à son immense fortune qu'à ses qualités personnelles, au dévouement dont il faisait preuve pour son pays, au désintéressement avec lequel il servait de ses ressources pécuniaires la cause qu'il avait embrassée. J'étais trop jeune encore pour partager dans toute son étendue l'exaltation politique de mon mari : j'avais long-temps été, sinon l'unique, du moins le principal objet de ses pensées, et je ne voyais pas avec grand plaisir la préférence qu'il accordait aux graves conversations de quelques personnages bien flegmatiques, sur les entretiens moins sérieux qu'il pouvait avoir avec sa femme. Pour peu que je l'eusse voulu, Van-M*** m'aurait admise aux mystérieuses conférences qui se tenaient chez lui chaque jour; mais je n'attachais aucune vanité à me mêler directement des affaires publiques. Je poussais au loin dans le pays mes courses à cheval; je jouais au billard, surtout je me livrais avec ardeur au plaisir de déclamer des vers. Quelques hommes, et des plus aimables de notre société, cherchèrent à me plaire; aucun n'y put réussir. Il a toujours fallu pour me séduire un mérite distingué, en quelque genre que ce fût : si je portais mes regards autour de moi, ils n'étaient frappés d'aucune supériorité; en revanche, les médiocrités abondaient dans notre cercle. Mon cœur resta donc libre, et je demeurai, sans pouvoir en tirer grande vanité, fidèle à mes devoirs d'épouse comme je l'avais été jusqu'alors.

Vers la fin d'août 1792, nous quittâmes notre belle demeure pour prendre la route de Lille. Mon mari voulait s'arrêter quelque temps dans cette ville, pour y recueillir des notions certaines sur le cours que prenaient les événemens avant de pénétrer plus loin dans l'intérieur de la France. Tout se préparait à Lille pour soutenir le siége dont on était menacé, et qui ne commença pourtant que vers la fin de septembre de cette même année. Nous ne pûmes d'abord entrer dans la ville; il fallut nous loger tant bien que mal dans une auberge, à l'entrée des faubourgs. Le général Van-Daulen, cousin de mon mari, vint nous visiter dans notre modeste asile aussitôt qu'il apprit notre arrivée. Il était accompagné de plusieurs officiers français : je n'en citerai qu'un seul, le jeune Marescot, déjà distingué dans l'arme du génie, où il ne servait encore que depuis peu de temps; il avait un extérieur aimable, et paraissait doué de toutes les qualités qui commandent l'estime et l'intérêt. Pendant le temps que dura la visite, les regards des officiers qui accompagnaient le général se tournèrent souvent vers moi. Dans cette foule d'admirateurs, je ne distinguai que Marescot : il semblait que l'attention mêlée de surprise avec laquelle il me considérait me fît sentir pour la première fois tout le prix de la beauté ; mes yeux rencontrèrent souvent les siens tandis qu'il était devant moi, et lorsqu'il fut parti je le voyais encore.

La fortune et le rang de mon mari, la détermination qu'il avait prise de renoncer pour un temps du moins à sa patrie, plutôt que d'abjurer ses opinions politiques, attiraient sur lui comme sur moi l'attention et la curiosité de tous. Mais, par un privilége bien rare, l'évidence dans laquelle nous plaçait notre position ne nous exposait pas à la censure, qui n'aurait pas manqué de s'exercer sur d'autres que nous. On savait tout ce que nous sacrifiions volontairement au triomphe des principes consacrés par la révolution française, et l'on nous pardonnait notre opulence en faveur de l'usage que nous en faisions. Nous ne tardâmes pas à trouver une preuve de l'intérêt que nous inspirions, dans l'empressement que mirent les officiers français à nous procurer un logement au centre de la ville, et à nous y installer eux-mêmes. En peu de jours, toutes les premières maisons de Lille nous furent ouvertes. L'ardeur de mon mari à servir la cause de la liberté dans les Pays-Bas le mettait journellement en rapport avec les officiers de l'armée française. Je rencontrais partout Marescot : il n'était alors que simple capitaine; mais son mérite déjà éprouvé, sa bravoure, et l'amabilité de son caractère, le faisaient considérer à l'égal de bien des officiers plus âgés ou plus avancés que lui dans la hiérarchie militaire. J'écoutais avec plaisir tout le bien qu'on disait de ce jeune officier, et mon imagination se plaisait à le parer chaque jour de qualités nouvelles. En sa présence, j'étais confuse, embarrassée; j'éprouvais un plaisir mêlé d'inquiétude; j'aurais voulu le voir sans cesse, et cependant je tremblais en entrant dans les lieux où j'étais certaine de le rencontrer.

La situation où était mon cœur avait tant de charme pour moi, que je m'y abandonnais tout entière dans la solitude, sans résister au penchant qui m'entraînait chaque jour avec une nouvelle force, sans me douter même du danger que je courais. La ville donna une fête à laquelle mon mari et moi nous fûmes invités. Je fus l'objet de tous les regards et de toutes les galanteries ; mais au milieu de tant de louanges et de complimens qu'on m'adressait, je ne sus pas cacher que je n'attachais d'importance qu'aux hommages d'un seul homme. Dès ce moment, il s'établit entre Marescot et moi une intelligence non avouée, dont les progrès furent d'autant plus rapides que je la croyais simplement fondée sur une sympathie parfaite entre nos manières réciproques de voir et de sentir. Sans trop soupçonner la violence de la passion qui me subjuguait déjà, je ne voyais dans nos rapports mutuels qu'une liaison d'amitié et de confiance ; cette confiance imprudente, j'en donnai bientôt une première preuve. Je touchais à peine à ma quinzième année ; j'étais loin de ma mère, mon mari ne s'occupait aucunement de ma conduite, et cependant j'étais bien jeune pour n'avoir d'autre guide que moi-même.

Il y avait à Lille plusieurs femmes qu'on recevait dans quelques sociétés fort honorables d'ailleurs, mais qui n'avaient point accès dans certaines maisons des plus estimées ; leur réputation équivoque, la position fausse qu'elles occupaient dans le monde, m'inspiraient pour elles une juste répugnance. Van-M***, au lieu d'encourager des scrupules qui n'avaient cependant rien d'exagéré, essaya de combattre ce qu'il appelait mes préjugés et mon injustice. J'avais une telle confiance en lui pour tout ce qui touchait aux convenances dont une femme ne doit jamais s'écarter vis-à-vis du public, que je me sentis d'abord ébranlée, et que je craignis en effet, pendant quelques instans, de m'être montrée trop scrupuleuse. Il s'en fallait de beaucoup cependant que Van-M*** m'eût entièrement convaincue; la faiblesse de ses objections était beaucoup trop sensible pour moi, et la candeur même de son âme diminuait à mes yeux la force des argumens qu'il employait pour me combattre. J'ai peu vu d'hommes moins disposés à soupçonner le mal : sur ce chapitre-là, il se rendait tout au plus à l'évidence; mais le fanatisme politique le conduisait à s'abuser sur le compte de quiconque paraissait l'ami de la cause qu'il avait si chaudement embrassée lui-même; nul n'avait plus de foi que lui dans la sévérité des mœurs républicaines, et toute femme dont les vœux appelaient la victoire sur les drapeaux de la révolution s'embellissait à ses yeux des vertus d'une Spartiate.

Cette crédulité d'une âme candide et pure était sans doute respectable; elle commença cependant à diminuer ma considération pour mon mari. Le jour même où ma sévérité venait d'encourir ses reproches et ses plaisanteries, je rencontrai Marescot. De jour en jour ces sortes de rencontres devenaient plus fréquentes, et, toujours sans m'en apercevoir, je perdais insensiblement avec lui la timidité qui m'avait si souvent rendue muette lorsqu'il était à mes côtés : mécontente de la petite querelle que m'avait faite mon mari, et persuadée que j'avais raison contre lui, je pris pour arbitre de notre différend l'homme que je regardais comme un juge infaillible en toute sorte de matières, et dont en secret j'étais le plus certaine d'obtenir gain de cause. Marescot parut vivement touché de cette preuve de confiance; il se rangea sur-le-champ de mon avis, et convint avec moi que Van-M***, dans cette circonstance, paraissait tout-à-fait dépourvu de la justesse d'esprit qui le distinguait ordinairement. J'étais fière de l'approbation de Marescot, et peu à peu je m'accoutumai à le prendre pour juge de toutes mes actions, ou plutôt pour confident de mes plus secrètes pensées.

Je ne voyais pas combien il est dangereux de dépouiller ainsi toute dissimulation vis-à-vis de celui qu'on aime sans oser se l'avouer encore ; il sonde bientôt mieux que nous-même tous les replis de notre cœur : et quel est l'homme assez généreux pour ne point abuser des secrets qu'il y découvre ?

Ainsi, dans une sécurité profonde, j'avançais à grands pas vers ma perte. L'incertitude de l'avenir, les maux de l'absence que je prévoyais déjà, surtout la crainte de voir l'homme que je chérissais ravi pour toujours à ma tendresse par la mort qu'il pouvait trouver dans les combats, tout cela ne faisait qu'irriter ma passion. J'aimais éperdument avant de savoir, pour ainsi dire, si c'était l'amour qui m'agitait. Lorsque je fis un retour sur moi-même, et que j'examinai l'état de mon âme, il était trop tard, et j'étais déjà perdue.

Je ne cherche point à me rendre intéressante aux yeux de mes lecteurs, et je n'affecte pas de frapper ma poitrine en signe de repentir : on me croira si je me borne à dire que la honte couvrit mon visage, et que le remords s'empara de mon cœur dès le moment où j'eus connaissance de ma faute : c'était en les violant une première fois que j'apprenais à connaître toute l'étendue de mes devoirs d'épouse. Ah! si lorsque je me trouvai en présence de mon mari, sans oser lever mes yeux sur les siens, il m'eût adressé un seul mot de tendresse, je sens que j'aurais embrassé ses genoux en m'avouant coupable. Un tel aveu n'aurait pas expié ma faute passée, mais il m'eût peut-être sauvée de moi-même pour l'avenir. Trois semaines s'écoulèrent dans ces alternatives d'un délire qui m'égarait chaque jour davantage, et d'un repentir qui ne portait aucun fruit. Marescot partit enfin; et je restai seule avec ma douleur et mes remords.

Cependant les troupes françaises étaient partout victorieuses. L'ennemi était contraint de rétrograder de toutes parts devant ces soldats de la république naissante, le plus souvent dépourvus de vivres, de chaussures et de vêtemens, mais qui n'en culbutaient pas moins, en chantant, des armées aguerries et pourvues de tous le moyens de vaincre. Van-M*** et le général Van-Daulen ayant été chargés d'une mission importante, nous partîmes sur-le-champ pour Paris. Au sein de cette grande capitale, je ne retrouvai pas plus de repos et de bonheur que je n'en avais trouvé à Lille. Je vis toutes les puissances du jour; je fus reçue dans les salons où l'égalité révolutionnaire étalait quelquefois le faste de l'ancien régime; mais rien ne me plaisait dans ces salons, parce que rien ne m'y semblait à sa place. Les hommages qu'on m'adressait m'étaient le plus souvent insupportables; autant que je le pouvais, je cherchais à vivre solitaire dans le vaste hôtel que nous occupions rue de Bourbon, et dont le jardin, donnant sur le quai, m'offrait une promenade agréable. Jeune, belle, riche, mariée à un homme dont je partageais la considération, j'étais un objet d'envie pour bien des femmes : je n'aurais pas manqué de faire pitié à quiconque aurait pu bien me connaître. Je passais toutes mes journées dans les larmes; je déplorais ma faute, et cependant je regrettais l'absence de celui qui m'avait égarée. Tour à tour repentante et coupable, je voyais en frissonnant arriver ses lettres, ou je les recevais avec tous les transports de la joie. Je n'avais pas une amie, je n'avais pas une personne qui pût me soutenir dans la résolution que je prenais quelquefois de l'oublier. Négligée par mon mari, qui se livrait tout entier aux affaires publiques, je comparais sa froideur avec la tendresse passionnée dont Marescot m'adressait les témoignages. Mes bonnes résolutions s'évanouissaient alors; je me trouvais presque excusable, et je ne songeais qu'au jour heureux qui devait me réunir à mon amant. Ce jour arriva enfin; le général Van-Daulen repartit, et nous ne tardâmes pas à le suivre.

Je revis Marescot à Dampierre-le-Château, où nous arrivâmes le 12 septembre 1792. Décidée à partager les périls de la guerre, auxquels Van-M*** venait volontairement s'offrir, j'avais quitté les vêtemens de mon sexe, et revêtu l'habit d'homme. J'assistai le 20 septembre au combat mémorable qui se livra dans les champs de Valmy. Il ne m'appartient pas de raconter les prodiges de valeur dont je fus témoin dans cette mémorable journée : l'infériorité du nombre, du côté des Français, pouvait faire craindre un revers; leur courage et l'habileté de leurs chefs leur assurèrent la victoire. Je vois encore le général Kellermann agitant son chapeau au bout de son sabre, et commandant de charger à la baïonnette sur les Prussiens. Un tel spectacle me mettait hors de moi : la violence de mes émotions me jetait dans une sorte d'ivresse; il semblait que je fusse pour quelque chose dans le gain de la bataille, tant je me réjouissais de la victoire. Les manœuvres toujours heureuses des troupes françaises avaient seules occupé mon attention pendant la journée, et je n'avais pas eu le temps d'avoir peur.

Le soir je revis Marescot, et je ne dirai pas combien je fus heureuse de le retrouver sain et sauf, après tous les dangers qu'il avait dû courir. Le hasard nous fut encore une fois favorable : Van-M*** était pressé de voir le général Beurnonville, qui était à Sainte-Menehould; je ne le rejoignis que quelques jours après. Nous restâmes à Sainte-Menehould jusqu'au mois de novembre : à cette époque nous vînmes à Mons sur les pas de Beurnonville. J'avais plu sans le vouloir à ce général : il avait imaginé de me faire la cour; mais j'étais choquée de ses airs de conquête : il passait pour un homme fort ordinaire. Je n'avais pas cette coquetterie insatiable d'hommages, qui flatte d'espérances ceux même auxquels elle ne veut rien accorder. Je repoussai donc les vœux du général; il en fut vivement piqué; je ne me mis point en peine de sa colère, et je conservai vis-à-vis de lui les égards que commandait sa position.

Au nombre des officiers de l'état-major-général était un aide-de-camp d'une figure distinguée, quoique peu agréable; il avait le ton de la bonne compagnie, et passait pour très brave entre tant d'officiers dont la bravoure n'était assurément pas suspecte. Gentilhomme de naissance, il appréciait à leur juste valeur les chimères de la noblesse, et il avait renoncé sans effort aux priviléges de sa caste. Il était toutefois grave et triste au milieu de l'enthousiasme et de la joie universelle; son cœur saignait alors des plaies d'un amour malheureux. Je paraissais prendre intérêt à ses peines, et, de son côté, Meusnier (c'était son nom) se sentait pénétré pour moi d'une amitié réelle et d'une compassion que je devinais, quoiqu'il se gardât bien de l'exprimer. Ami et confident de Marescot, il blâmait l'égarement dans lequel celui-ci m'avait entraînée. La sagesse indulgente se fait chérir de ceux-là même dont elle blâme les erreurs : j'aimais Marescot avec idolâtrie, je révérais Meusnier; il prenait chaque jour sur moi une autorité plus forte; si je n'avais pas été forcée de m'éloigner bientôt de cet ami prudent, peut-être aurais-je aujourd'hui moins de fautes à me reprocher. J'avais un autre ami dont les droits à ma tendresse étaient bien plus sacrés, et cependant je le voyais chaque jour avec plus d'indifférence. D'autres se fussent honorées de la confiance absolue qu'il me témoignait : dans la malheureuse disposition de mon cœur, cette confiance même me paraissait un argument contre l'amour de Van-M***, et quelquefois je m'abusais moi-même au point de croire que mes torts n'avaient pas besoin d'autre excuse. La nouvelle d'une maladie qui mettait les jours de ma mère en péril vint changer la nature des inquiétudes qui m'agitaient ordinairement. Mon premier mouvement fut de tout quitter pour voler auprès d'elle. Je partis accompagnée de Van-M*** et de Meusnier, avec une escorte de soldats français; ils me conduisirent jusqu'à la frontière, et ne me quittèrent qu'après m'avoir remise entre les mains d'amis dévoués. J'arrivai donc à Leyde sans éprouver d'autres retards que ceux qu'occasionait le passage des troupes qui traversaient le pays dans tous les sens.

CHAPITRE VI.

Marie. — Van-M*** rentre en Hollande avec les Français. — Projet d'une fête républicaine au *Doelen* d'Amsterdam. — Difficultés qu'élèvent les dames de la ville pour se dispenser d'y assister.

Je revis ma mère avec un sentiment de joie inexprimable. Avec quelle chaleur et quelle franchise je lui promis de veiller à ses côtés et de ne plus la quitter! Dans ce moment, en effet, je n'avais pas d'autre désir ni d'autre besoin. Elle sembla m'écouter avec délices, me pressa contre son cœur, et je me crus un instant revenue à ces jours de mon enfance, où un seul sourire de ma mère était pour moi la source du bonheur. La maladie fut longue et douloureuse : je ne quittais pas la malade; pour elle j'oubliais tout, et Marescot lui-même. Je me plaisais à prodiguer à ma bonne mère les soins les plus pénibles; assise jour et nuit à son chevet, j'épiais ses moindres paroles, j'étudiais ses moindres désirs, et je m'estimais heureuse quand j'entendais sortir de sa bouche un mot de remercîment.

On l'a souvent remarqué avec raison, l'exaltation la plus vive, en quelque genre que ce soit, ne saurait se soutenir long-temps au même degré, et l'habitude émousse les sensations les plus violentes. Tant que l'état de ma bonne mère avait exigé des soins non interrompus, ou fait naître de graves inquiétudes, je n'avais pas eu une seule pensée qui ne fût pour elle. Sa convalescence, plus longue encore que ne l'avait été sa maladie, rendit à mon imagination ardente toute son activité. Je commençai à trouver monotone la vie que je menais; l'absence de Marescot me devint d'autant plus pénible, qu'elle n'était plus même adoucie par le plaisir de recevoir des réponses aux lettres que je lui écrivais. La difficulté des communications, interrompues chaque jour par le mouvement des troupes, le désordre qui régnait dans un pays devenu le théâtre de la guerre, telles étaient les causes du silence que je déplorais.

On savait en Hollande que j'avais suivi mon mari à l'armée, habillée en homme : j'étais devenue, depuis mon arrivée à Leyde, l'objet de la curiosité générale, et le but vers lequel se dirigeaient tous les traits de la médisance ; les partisans du stathouwer ne parlaient de moi qu'avec le ton de l'indignation ou du dédain le plus prononcé. Je me mettais parfaitement au dessus des clabauderies et des murmures ; mais ces murmures affligeaient ma mère, toujours fidèle au parti de la cour, et qu'attristait de plus en plus la réaction politique dont son gendre s'était fait l'instrument. Pour me soustraire à l'amertume des propos dont j'étais l'objet, elle me proposa de quitter Leyde, et de nous retirer dans une terre qu'elle possédait aux environs de Wardenburg. C'était m'offrir de me rapprocher du centre de la guerre, et par conséquent de l'armée française. J'acceptai avec joie cette proposition : trois mois s'écoulèrent pour moi d'une manière assez triste dans notre nouveau séjour. Enfin je reçus en un même jour trois lettres à la fois : la première était de Van-M***, qui m'invitait à rester près de ma mère ; les deux autres étaient de Marescot, qui m'apprenait son départ de l'armée. Qu'aurais-je été faire là où il n'était plus ? Je me conformai à l'invitation de Van-M***; j'écrivis à Marescot; mais ma lettre resta sans réponse. Je dus me croire entièrement oubliée; je versai bien des larmes, et, après avoir donné un libre cours à ma douleur, je finis par l'oublier à mon tour.

Comme ma mère et moi nous étions presque continuellement seules, j'imaginai, pour la distraire, de lui faire faire en calèche de longues promenades dans les environs. Revêtue de mes habits d'homme, je devenais son cocher : habile dans l'exercice du cheval, je mettais une sorte d'amour-propre à conduire adroitement la voiture de ma mère : ces courses lui plaisaient autant qu'à moi ; elles rompaient l'uniformité de nos journées. Quelquefois nous nous promenions à pied, nous allions visiter d'humbles chaumières; partout de nombreuses bénédictions accueillaient ma mère et son jeune fils, le baron Van-Aylde-Jonghe : c'était sous ce nom que je me présentais ordinairement. Grâce à ma taille élancée, à ma tournure élégante, je pouvais aisément passer pour un fort joli garçon : mes cheveux coupés à la Titus, et naturellement bouclés, mes grands yeux bleus et mon teint animé me valaient bien des regards favorables de la part des femmes : le plus souvent j'en riais avec ma mère. Il m'arriva une aventure presque sérieuse avec une jeune et jolie femme que venait d'épouser le vieux bailli de Wordenbœrg.

Un jour que nous avions poussé notre promenade à pied plus loin que de coutume, nous entrâmes chez le bailli pour nous reposer, tandis que nous envoyions avertir nos gens au château de nous amener notre voiture. La gentille Marie se confondait en attentions de toute espèce pour M. le baron Van-Aylde-Jonghe. Le vieil époux savait à quoi s'en tenir sur le compte du joli jouvenceau qui plaisait si fort à sa femme : il ne chercha cependant pas à la détromper. Marie m'emmena pour me faire voir ses fleurs, sa volière, ses lapins, ses poissons dorés; ses yeux me dirent plus d'une fois pendant cette promenade combien elle me trouvait aimable. Le goût des espiégleries n'a jamais été un des traits distinctifs de mon caractère; cependant l'occasion était si belle que je ne pus résister au désir de m'amuser un peu de l'erreur de la jeune femme, en prolongeant cette erreur le plus long-temps possible : je soutins donc mon rôle, et je laissai deviner que je n'étais point insensible aux sentimens qu'on me faisait voir;

je comptais sur un dénoûment comique ; je supposais à Marie toute la légèreté de son âge et du mien, et je me trompais entièrement [1].

Avant notre départ, Marie me donna un bouquet qu'elle avait composé tout exprès pour moi. Ce bouquet me fut remis avec un certain air de mystère : je soupçonnai sur-le-champ qu'il pouvait bien contenir quelque message amoureux. Dès que nous fûmes montées en voiture, je fis part de mes soupçons à ma mère ; je déliai le bouquet, et j'acquis aussitôt la preuve que mes présomptions étaient fondées : Marie m'écrivait, et me donnait rendez-vous pour le lendemain, à trois heures, dans *l'allée des églantiers*. Ma mère, qui riait

---

[1] Ceux qui n'ont pas une idée des mœurs simples et de la parfaite innocence où vivaient, il y a encore trente ans, les habitans des campagnes de l'intérieur de la Hollande, auront peine à concevoir que Marie ait pu prendre ainsi le change, ou ignorer que la baronne était mère d'une fille et non pas d'un fils. D'abord ma mère vivait si retirée que personne ne connaissait, pour ainsi dire, l'intérieur de sa maison ou de sa famille ; et j'étais déjà mariée quand Marie vint s'établir au domaine. A cette époque, une habitante de la campagne, une Hollandaise, jeune et innocente, ne se doutait même pas qu'une personne de son sexe pût revêtir des habits d'homme, et se montrer sous un tel costume.

d'abord comme moi, devint tout à coup sérieuse : « Eh bien ! maman, lui dis-je avec gaieté, vous vantiez la sagesse des Hollandaises ? Convenez qu'une Française ne ferait pas mieux. » Ma mère s'affligeait de voir une jeune femme si prompte à oublier ses devoirs envers son mari ; la seule excuse qu'elle pût trouver en faveur de Marie, c'était qu'elle avait sans doute deviné mon sexe sous mes habits d'homme, et qu'elle se contentait de se prêter à une innocente plaisanterie. « Mais, s'il en était ainsi, repris-je à mon tour, pourquoi ce rendez-vous ? pourquoi surtout ce mystère ? — Que ferez-vous, ma fille ? » me dit ma mère. Je lui répondis que mon intention était d'aller au rendez-vous : elle voulait m'y accompagner ; je lui représentai que Marie ne pourrait s'empêcher de rougir lorsqu'elle serait désabusée, et qu'il pouvait lui être bien pénible de rougir devant deux témoins. Ma mère consentit à me laisser partir seule ; mais elle exigea que j'allasse au rendez-vous revêtue de mes habits de femme ; je promis avec intention de ne pas tenir parole. La journée du lendemain s'écoula lentement à mon gré, et j'attendis dans un trouble extrême le moment fixé par Marie. Ma mère me vit partir; mais je gagnai sans retard, par un détour, le pavillon écarté dans lequel j'avais fait porter ma parure masculine. En quelques minutes la métamorphose fut complète, et je pris le chemin qui devait me conduire à l'*allée des églantiers*. Marie m'y attendait déjà : sa toilette était encore plus soignée que la veille; son petit chapeau, orné d'une rose, était suspendu à son bras par un large ruban bleu; ses beaux cheveux blonds étaient bouclés avec élégance; son visage était coloré par une émotion très vive; ses yeux exprimaient tout ensemble l'inquiétude et la joie, la timidité et une naïve confiance.

Dès qu'elle me vit, elle accourut : « Oh! dit-elle avec un aimable sourire, je savais bien que vous viendriez; car vous avez l'air d'être aussi bon que vous êtes....... beau. » Ce dernier mot fut prononcé à voix basse, et elle posa sa jolie main sur mon bras.

« Chère Marie, lui répondis-je, ce n'est pas par bonté que je viens ici; j'y viens pour vous témoigner mon désir de vous plaire et d'obtenir une place dans votre cœur. »

Elle ne répondit pas. Nous allâmes, sans dire un mot, vers un banc de pierre placé à peu de distance; elle y prit place à côté de moi.

« Dès hier, en vous voyant, me dit-elle les yeux baissés, j'ai senti beaucoup d'amitié pour vous; mais vous, pourrez-vous m'aimer un peu? »

« Et pourquoi ne vous aimerais-je pas? » m'écriai-je; et je portai sa main à mes lèvres : elle la retira doucement.

« Je suis bien ignorante et bien simple pour être aimée d'un jeune homme de votre rang; vous me dédaignerez : cependant qui m'aimera, si ce n'est vous? et si vous ne m'aimez pas, que deviendrai-je? car je suis loin d'être heureuse. » Quelques larmes s'échappèrent de ses yeux; je me sentis émue, et je commençai à croire que je ne pourrais pas soutenir mon rôle. Marie était d'une candeur et d'une naïveté parfaite; elle me peignit l'intérieur de son ménage, le peu de plaisir qu'elle avait trouvé dans une union disproportionnée, et jusqu'à l'aversion que lui inspirait son mari. « Vous voyez bien, ajouta-t-elle en terminant, que j'ai besoin d'un ami à qui je puisse confier mes peines. »

« Oui, m'écriai-je à ces mots, c'est moi qui

t'aimerai, qui serai ta meilleure amie; car c'est une femme que tu vois devant tes yeux, » ajoutai-je en pressant ses mains dans les miennes.

Je ne saurais rendre l'effet que ces paroles produisirent sur la pauvre Marie : son visage se couvrit à l'instant d'une pâleur effrayante; d'une main elle me retenait, tandis que de l'autre elle semblait me repousser. « Vous, une femme! me dit-elle en me considérant d'un œil égaré, vous!........ mon Dieu, ayez pitié de moi. »

Aussitôt elle tomba à mes pieds, se couvrit la figure de ses deux mains, et d'une voix entrecoupée de sanglots : « Oh! combien vous devez me mépriser! » dit-elle, vivement émue de sa douleur. Je la relève, je la presse dans mes bras, et, tout en m'offrant de la calmer, je pleure avec elle. J'étais pour le moins aussi honteuse que Marie : à force de lui répéter qu'elle n'avait rien perdu de mon estime, et qu'elle avait acquis des droits éternels à mon amitié, je parvins à la consoler. Elle reprit enfin assez d'assurance pour lever les yeux sur moi; il y avait dans ce regard tant de douceur mêlée à l'expression du reproche, que je lui demandai grâce à mon tour. Elle me suivit au pavillon. Je repris mes vêtemens de femme; alors elle me sauta au cou, et me jura une inaltérable amitié. Ma mère ne s'était pas trompée sur le compte de Marie; elle sut mieux que moi la relever à ses propres yeux; elle lui prodigua les avis les plus sages, les caresses les plus tendres; et lorsqu'il me fallut la quitter, elle trouva dans la société de Marie une grande consolation au chagrin que lui causait mon départ.

Plusieurs mois s'écoulèrent encore avant que Van-M*** me rappelât auprès de lui. Lorsque je reçus la lettre par laquelle mon mari m'invitait à venir le retrouver à Breda, ma pauvre mère ne chercha point à retarder mon départ, quelque peine que lui causât cette séparation. « Va, mon enfant, me dit-elle; ta place est à présent près de ton époux; ses droits sont plus forts que les miens. »

Les adieux furent pénibles, et Marie ne fut pas celle qui versa le moins de larmes. Enfin je partis, et, le 20 janvier 1795, je rentrai à Amsterdam, dans un magnifique traîneau, au milieu d'un brillant état-major, d'un cortège composé de régimens entiers, au son de la musique militaire, et au bruit du canon. Le stathouwer était allé s'embarquer à Cheveling, et les États-Généraux avaient donné à tous les commandans de place l'ordre de recevoir garnison française. Van-M*** était au comble de la joie. La nation hollandaise était en général favorable à la révolution qui s'opérait; mais la différence des mœurs et des usages donnait une apparence de froideur à l'accueil que la Hollande faisait à ses vainqueurs ou plutôt à ses hôtes. Plusieurs généraux en prirent ombrage. Pour confondre toutes les nuances, et amener promptement entre les deux nations cette familiarité et cette confiance qu'on désirait faire naître, je conseillai à Van-M*** de proposer une fête publique, dans laquelle on réunirait ce qu'il y avait de plus distingué parmi les habitans d'Amsterdam et les officiers de l'armée française. Ce projet fut approuvé, et l'on décida que les vainqueurs donneraient un bal à la ville. La grande difficulté était de vaincre les scrupules qui arrêtaient en apparence les dames de la ville les plus recommandables par leur rang, leur fortune et leur beauté. Toutes mouraient d'envie de paraître à la fête; mais bien peu s'y seraient rendues si je n'avais eu l'heureuse idée de me charger moi-même des invitations. Dieu sait à combien de questions je me vis obligée de répondre sur le compte de ces Français que je devais connaître mieux que personne, puisque *j'avais fait la guerre avec eux.* Mes négociations furent couronnées du plus entier succès, et je revins bientôt chez moi. Lorsque je rentrai dans notre salon, il était rempli d'officiers qui attendaient mon retour avec une impatiente curiosité : on cherchait à deviner dans mes regards le résultat de ma mission. J'appris à l'assemblée que j'avais obtenu la promesse positive de soixante des dames les plus considérées de la ville : la joie éclata de toutes parts; on m'accablait de complimens. Je sentis pour la première fois peut-être toute l'importance de mon personnage; et avec la gravité convenable à la circonstance, je proposai de faire adopter à nos dames un costume uniforme et caractéristique. Cet avis fut adopté par acclamations, et on me laissa le soin de régler le costume. Je m'occupai sur-le-champ de fixer mes idées sur ce sujet.

CHAPITRE VII.

Le général Grouchy. — Nouvelles imprudences. — Lettre de ma mère. — Aveuglement de mon mari.

Parmi les officiers français qui fréquentaient habituellement notre maison, le général Grouchy était un des plus assidus. Les complimens qu'il m'avait adressés sur l'habileté avec laquelle je m'étais acquittée de ma mission auprès des dames d'Amsterdam avaient singulièrement flatté mon amour-propre : ces complimens ne portaient point le cachet de l'exagération ; ils acquéraient un grand prix dans la bouche de celui qui me les adressait. M. de Grouchy ne paraissait alors âgé que de vingt-six à vingt-sept ans ; sa figure n'avait rien de remarquable au premier abord, et sa taille était ordinaire ; mais sa politesse et la grace de ses manières le rendaient agréable à tout le monde : le général républicain avait conservé toute l'élégance du courtisan de Versailles. J'avais peu vu d'hommes aussi aimables que lui quand il voulait plaire, et il le voulait ce jour-là.

Avec la chaleur que j'ai toujours portée jusque dans les plus simples bagatelles, je lui fis la description du costume que j'avais arrêté pour nos dames. C'était une tunique grecque, sans manches, drapée et retenue sur les épaules par une agrafe; cette tunique devait être de mousseline de l'Inde; une large ceinture aux trois couleurs dessinerait la taille; dans les cheveux on devait porter une couronne de roses, et au côté une branche de laurier. Je comptais sur une approbation entière, et je ne m'étais pas trompée. Le général sollicita et obtint la permission de m'accompagner dans les nouvelles courses que j'allais entreprendre, pour communiquer à nos dames mon programme de toilette. Toutes me donnèrent également leur approbation. Les femmes n'ont point en Hollande les mêmes graces qu'en France; mais elles sont en général grandes, bien faites; elles ont le teint animé et la peau d'une éclatante blancheur. Le costume que je leur donnais était très propre à faire ressortir de tels avantages.

Quelle activité je déployai pendant tout le temps que durèrent les préparatifs de la fête ! Sans cesse je courais chez les marchandes de modes, chez les ouvrières de toute espèce; j'allais plusieurs fois par jour donner un coup d'œil aux travaux que nécessitait la disposition de notre salle de bal; j'accordais des audiences aux dames qui croyaient avoir besoin de mes conseils, ou j'allais chez elles pour leur donner mes avis. Partout le général Grouchy m'accompagnait comme mon premier écuyer, comme mon conseiller intime. Ces relations journalières et presque continues firent bientôt naître entre lui et moi cette confiance et cet abandon qui ne devraient jamais être que les fruits d'une longue liaison. Malheureusement je n'étais rien moins que prudente par caractère, et j'étais loin d'apercevoir les dangers auxquels j'exposais ma réputation. Enfin arriva le jour où je pus jouir du fruit de mes travaux : les salles, éclairées de la manière la plus brillante, étaient décorées de drapeaux, de trophées et de guirlandes de lauriers. Le salon du milieu figurait une vaste tente : on aurait peine à se représenter rien de plus agréable que ce spectacle d'une multitude de femmes, la plupart d'une grande beauté, que relevait encore la simplicité de leur parure, marchant appuyées sur le bras d'officiers, plus remarquables encore par leur bonne mine que par leur tenue militaire, et cet air de conquête qui sied si bien au militaire français. A cette fête succédèrent sans interruption des dîners, des parties de campagne, des divertissemens de tout genre. Plus que jamais livré aux affaires publiques, mon mari me laissait jouir d'une liberté bien dangereuse; notre maison était toujours pleine d'officiers français; je ne sortais jamais à cheval sans avoir pour escorte un état-major complet. Dans toutes les réunions, aux bals, au spectacle, j'étais accompagnée du général Grouchy. Tous les yeux étaient ouverts sur mes inconséquences; ma conduite était l'objet de justes censures. Le rang que j'occupais dans le monde, et la juste considération dont jouissait mon mari, me faisaient juger avec plus de sévérité.

Ma mère fut bientôt avertie par la rumeur publique; sa tendresse pour moi, et les alarmes que conçut son cœur maternel, lui dictèrent une lettre qu'elle m'adressa sur-le-champ. Cette lettre me fut d'abord désagréable : il me semblait absurde qu'on voulût exercer sur mes actions et mes démarches, après quelques années de mariage, la même surveillance que dans ma première jeunesse. J'ai relu bien souvent depuis cette époque les sages conseils que me donnait ma mère, et j'ai bien amèrement regretté de ne pas les avoir suivis. Je vais mettre cette lettre sous les yeux du lecteur.

22 : .... 1795.

« Ma chère enfant, mesdames Vandael*** et
« Verstraten sont venues me voir, et leurs dis-
« cours m'ont ôté repos et bonheur. Quoi ! ma
« chère Elzelina, ce que j'ai appris serait-il vrai ?
« Ton mari aurait-il donc entièrement oublié les
« soins de son honneur et de la réputation de
« sa femme ? Non content de t'avoir exposée
« aux plus terribles accidens de la guerre, aux
« orages d'une révolution, il ne te ramène au
« sein de sa famille que pour te livrer en spec-
« tacle à la malignité publique, et t'exposer

« aux traits de la médisance la plus motivée.
« De toutes parts j'apprends que les gens hon-
« nêtes blâment tes imprudences, surtout qu'ils
« plaigent ta jeunesse abandonnée sans guide
« à toutes les séductions d'un monde corrompu.
« Je ne te soupçonne pas, ma chère enfant;
« mais enfin on t'accuse, on désigne ton séduc-
« teur. Le temps est venu d'imposer silence à
« tant de bruits injurieux : mon Elzelina, écoute
« la voix de ta bonne mère; arrache-toi au
« tourbillon dans lequel tu te perdrais tôt ou
« tard; viens te jeter dans les bras de ta pre-
« mière amie. Que ton mari continue, s'il le
« veut, de se livrer à la politique, mais qu'il te
« laisse retrouver auprès de moi le repos et
« surtout l'obscurité dans laquelle ta réputa-
« tion peut seulement se rétablir. Au printemps
« nous irons ensemble revoir l'Italie; je te con-
« duirai à Val-Ombrosa. Là, au milieu des
« souvenirs de ton heureuse enfance, tu sen-
« tiras bientôt renaître en toi le goût des
« plaisirs purs. J'arriverai dans deux jours à
« Amsterdam; viens au devant de moi, ma
« chère fille, et que je lise d'avance dans tes
« regards la réponse que je voudrais entendre
« sortir de ta bouche. Songes-y, mon Elzelina;

« il y va du bonheur de ta vie et de celui de ta
« bonne mère.

« Alida Van-Aylde-Jonghe. »

Telle était cette lettre, dont le ton doux et bienveillant révoltait encore mon orgueil. Cependant je n'étais pas insensible au chagrin de ma mère, et, sans réfléchir que mon extravagance en était la seule cause, je m'affligeais intérieurement de sa douleur. Cette tristesse passagère fit bientôt place à l'impatience que m'inspirait l'idée qu'on prétendait restreindre ma liberté. Au lieu donc de méditer sur les conseils de ma mère, je ne m'occupai que des moyens à prendre pour calmer son inquiétude, sans renoncer aux plaisirs bruyans dont je ne pouvais plus me détacher. Je tremblais surtout qu'on ne m'obligeât de fuir un homme dont le commerce me plaisait bien plus que je n'osais me l'avouer à moi-même; il fallait aussi prévenir adroitement l'effet des conseils de ma mère sur l'esprit de mon mari, et c'est à quoi je songeai sérieusement.

Je rêvais aux moyens de parler à Van-M*** de la lettre de ma mère, sans lui en faire connaître le contenu, lorsque je le vis tout à coup entrer lui-même dans mon appartement; il voulait donner un dîner au général, et venait m'avertir du jour qu'il avait choisi. Ce jour était le même que celui de l'arrivée de ma mère. Je saisis aussitôt l'occasion qui s'offrait ; je parlai à Van-M*'* de la lettre que j'avais reçue, de la nécessité de faire des préparatifs dans le logement que devait occuper ma mère, de l'incertitude où j'étais de l'heure à laquelle elle arriverait; je conclus enfin qu'il me serait impossible de faire les honneurs du dîner en question. Van-M*** était naturellement très doux, mais il avait à cœur de ne jamais être contrarié dans les témoignages de bienveillance et de bonne amitié qu'il prodiguait sans cesse aux généraux français : « Tout cela peut « s'arranger, me dit-il avec un peu de vivacité : « ta mère arrivera sans doute le matin ; tu te « rendras de bonne heure auprès d'elle; tu « pourras y rester jusqu'à trois heures de l'après- « midi. Alors j'irai te chercher en sortant de « l'assemblée [1] ; j'embrasserai ta mère, mais « je me garderai bien de l'inviter à dîner avec « nous: nos amis, je le sais, ne sont pas les

---

[1] Cette assemblée était une réunion patriotique.

« siens, et sa présence jetterait parmi nous une
« grande contrainte. Je voudrais cependant bien
« connaître le motif de sa brusque arrivée. »

Je feignis aussitôt de chercher la lettre de
ma mère, mais Van-M*** me retint en me disant : « Ne cherche point cette lettre; j'en de-
« vine le contenu par le sens de celle que j'ai
« reçue moi-même. » A ces mots je tressaillis
involontairement, et mes joues se couvrirent
d'une rougeur subite : « Ta mère, continua
« Van-M***, me parle de t'emmener pour quel-
« que temps loin de notre pays; elle veut te con-
« duire avec elle à Florence : mais elle, qui m'a si
« fortement blâmé naguère de t'avoir emmenée
« avec moi dans un pays voisin de celui que
« nous habitons, comment peut-elle supposer
« que je t'exposerai à voyager dans une contrée
« lointaine, qui est actuellement le principal
« théâtre de la guerre ? Et toi, ma chère amie,
« voudrais-tu me quitter pour suivre ta mère
« en Italie ? »

En me voyant détourner la tête d'un air
confus, Van-M*** crut qu'en effet j'éprouvais
le désir de me séparer de lui. Il s'approcha
de moi, me serra dans ses bras, et, me pressant contre son cœur, il me prodigua les

témoignages de la plus vive tendresse. Je ne saurais décrire ce que j'éprouvais en l'écoutant ; je respirais à peine, et mes lèvres tremblantes n'auraient pu prononcer un seul mot : mais quand il me demanda, avec l'accent passionné d'un premier amour, si je me trouvais malheureuse auprès de lui, si je voulais me séparer d'un époux qui n'avait jamais cessé de me reconnaître pour la souveraine absolue de ses volontés et de ses affections, je cachai dans son sein mon visage inondé de pleurs ; le remords entra dans mon âme, et je fus près de lui révéler la vérité. Van-M*** redoubla de caresses ; il parvint à me faire dire que je n'avais ni l'intention ni le désir de le quitter. Mon trouble et ma confusion lui parurent suffisamment expliqués, par l'appréhension où je devais être d'affliger ma mère par un refus. L'aveu près de s'échapper s'arrêta sur mes lèvres ; je n'eus pas le courage de détruire en un instant, par une franchise barbare, le bonheur d'un homme si bon, qui m'aimait si tendrement ; je repris une contenance plus assurée, et j'en vins même à croire que le silence pouvait me tenir lieu de vertu.

Une indisposition de ma mère retarda son

arrivée : comme je savais que cette indisposition n'avait rien de grave, je n'en conçus aucune inquiétude, et je ne m'occupai plus que de recevoir de mon mieux les nombreux convives invités par mon mari au dîner dans lequel le général Beurnonville devait occuper la première place. Van-M*** lui-même voulut présider à ma toilette : il n'aimait pas les diamans ; c'était, suivant lui, une parure destinée exclusivement à l'âge mûr ; des fleurs et des perles étaient ce qui convenait le mieux au mien. Il plaça de sa propre main sur mon front le bandeau destiné à retenir ces cheveux blonds dont les longues tresses faisaient son admiration et ses délices ; il goûtait une joie enfantine en parant celle dont la beauté lui semblait tellement effacer les grâces des autres femmes. Nous avions soixante personnes à dîner ; tout annonçait l'opulence de Van-M*** dans sa manière de traiter ses convives. J'avais ménagé aux Français une nouvelle surprise : d'accord avec moi, toutes les dames étaient vêtues comme au jour du bal, et, au moment de passer dans la salle du repas, chacune présenta à son cavalier un bouquet composé de laurier, d'olivier et d'immortelle, réunis ensemble par un ruban aux trois couleurs. Tout cela, je le sais, n'était peut-être pas d'un très bon goût ; mais Van-M*** éprouvait le besoin de manifester chaque jour, par de nouvelles preuves, son enthousiasme pour les hommes qu'il regardait comme les libérateurs de son pays. Nous étions à peine au dessert, que des dépêches arrivées au général Beurnonville le forcèrent de nous quitter sur-le-champ. Peu m'importait le brusque départ d'un homme qui n'avait pas le don de me plaire ; mais ce qui me contraria vivement, ce fut de le voir emmener à sa suite le général Grouchy. Une demi-heure après, on vint prier Van-M*** de se rendre auprès de Beurnonville ; les généraux Sainte-Suzanne et Dessoles l'accompagnèrent. Nos dames alors commencèrent à bouder, et nous demeurames toutes assises en cercle dans le salon jusqu'à l'heure fixée par l'usage pour le grand passe-temps hollandais. Le thé vint enfin faire diversion à des causeries monotones, et dissiper un peu l'ennui qui redoublait à chaque instant. Les généraux et Van-M*** reparurent enfin ; mon mari annonça son intention de partir très prochainement avec moi pour Bois-le-Duc, et il déclara qu'il voulait profiter du peu de durée qu'aurait encore notre séjour à Amsterdam pour faire connaître à ses amis les diverses manufactures qu'il possédait aux environs de cette ville. Je proposai de ne pas différer cette partie de plaisir au delà du lendemain. A l'instant les invitations furent faites : douze dames seulement purent accepter. On convint de se réunir chez moi le lendemain à six heures du matin, et bientôt nous nous séparâmes.

CHAPITRE VIII.

Une journée de plaisir. — Deux émigrés français implorent ma protection. — Je parviens à les sauver. — Départ pour Bois-le-Duc.

Tout le monde fut exact au rendez-vous : à l'heure fixée nous montâmes en voiture, tous bien enveloppés de fourrures épaisses. Van-M***, retenu à Amsterdam par quelques affaires, n'était point du voyage. Nous formions une bande de jeunes fous avides de plaisir, et bien disposés à le saisir partout où ils le rencontreraient. Arrivés au *tolhuys*, nous descendîmes de voiture pour faire le reste du chemin à pied; nous commencions en effet à éprouver le besoin de marcher pour nous soustraire aux atteintes du froid : nous nous étions mis en route par une de ces belles journées d'hiver qu'on ne voit guère que dans le Nord. Appuyées sur les bras de leurs cavaliers, les dames s'amusaient à glisser sur les ruisseaux glacés qui traversaient des prés où l'herbe durcie par le froid et couverte de verglas étincelait des couleurs de l'arc-en-ciel. Aux éclats de rire que nous poussions, au bruit de la glace qui se brisait sous les coups de nos sabots fourrés, on nous eût pris de loin pour une bande d'écoliers échappés à la férule de leurs maîtres; nos compagnons de voyage partageaient notre gaieté ou l'excitaient par leurs saillies. Après une course assez longue, nous arrivâmes enfin à une habitation où de grands préparatifs faits d'avance pour nous recevoir attestaient chez ceux qui l'occupaient le désir de nous être agréables; cependant la froideur de leurs manières, l'air contraint qu'ils prirent à notre abord, s'accordaient mal avec la réception qu'ils semblaient avoir voulu nous faire : ce contraste me frappa. Personne, parmi les gens qui connaissaient Van-M***, ne pouvait ignorer son dévouement à la cause des Français, et le désir qu'il témoignait en toute occasion de rendre agréable à leurs officiers le séjour de la Hollande. D'où pouvait donc provenir la froideur qu'on témoignait à mes hôtes? Je ne m'en expliquais point la cause; mais je résolus de m'en plaindre à Van-M***.

Un repas, composé de tout ce que la saison et le pays pouvaient offrir de meilleur et de plus recherché, nous attendait dans une salle bien échauffée. Nous nous mîmes à table avec un appétit aiguisé par le froid et l'exercice; puis nous songeâmes à aller voir les logemens qu'on avait préparés pour chacun de nous. Il y avait quinze lits, et nous étions vingt-quatre maîtres, sans compter huit domestiques. « D'un lit hollandais, disait Grouchy, on peut aisément faire trois lits à la française, et nous autres soldats, nous n'avons pas même besoin d'un matelas. » A l'ouvrage! s'écria-t-on soudain de toutes parts; et aussitôt chacun se mit en devoir de bouleverser les meubles, sous prétexte de les ranger dans un ordre plus commode pour tous. On courait, on se poussait dans tous les sens; c'était à qui ferait le plus d'extravagances. Au milieu du tapage universel, Grouchy ne quitta pas un seul instant la place qu'il occupait à côté de moi, malgré la peine que se donnait la belle madame San***, pour attirer ses regards et l'amener à s'asseoir près d'elle. Avec ce tour spirituel qu'il savait donner aux choses les plus communes, il prétendit que son assiduité près de moi était un devoir dont il ne pouvait se dispenser envers la femme de son *ami*. A Lille, en 1792, ces mots, dans la bouche de Marescot, m'auraient fait voir toute l'étendue de mes fautes, et m'auraient sur-le-champ rappelée à la raison et au devoir. Nous étions en 1795, et déjà je souriais d'une telle pensée, qui trois ans plus tôt m'aurait glacée de terreur.

Quand on fut las de cette gaieté bruyante, nous recommençâmes à parcourir, mais avec plus de tranquillité, la maison et ses dépendances. Nous passions sous un hangar, lorsqu'une jeune et jolie servante hollandaise, Gertrude, qui allait en sortir, courut avec une extrême vivacité fermer une porte qui conduisait à la partie du bâtiment où se trouvait la laiterie. Quelque prompt qu'eût été son mouvement, je crus avoir vu deux hommes s'enfuir par cette porte. Je fixai mes regards sur la jeune fille, elle rougit aussitôt; ses yeux se remplirent de larmes, et elle joignit les mains d'un air suppliant. Je crus deviner son secret : l'expression de ma figure la rassura, et la sérénité reparut sur son visage. Cette scène muette dura beaucoup moins de temps que je n'en mets à la décrire : elle échappa à tous les yeux, excepté à ceux du général Grouchy qui me donnait le bras; cependant il ne m'en dit pas un mot, et j'imitai sa réserve.

Dès que nous fûmes rentrés dans la salle, je profitai du premier moment favorable pour m'échapper. Gertrude m'attendait au passage; elle me tira à l'écart, et me remit une lettre ainsi conçue :

« Madame,

« Depuis quinze jours nous trouvons, mon
« frère et moi, dans cette maison, une re-
« traite qui protége nos jours voués à la misère
« et à la mort : depuis hier, il nous a fallu
« quitter l'asile que nous occupions dans le
« bâtiment principal, et la générosité de Ger-
« trude nous a seule mis à même d'échapper
« à tous les regards. Mon malheureux frère,
« malade, exténué de fatigue, ne saurait entre-
« prendre de quitter à pied des lieux dans les-
« quels nous sommes cependant menacés d'une
« mort certaine si nous y prolongions davan-
« tage notre séjour. La mort dans les combats

« ne nous effraie pas; mais mourir en cou-
« pables, de la main de nos compatriotes, voilà
« ce qui nous fait horreur : le malheur nous
« accable de toutes parts. Vous avez, dit-on,
« madame, une grande influence sur les chefs
« de l'armée victorieuse; de plus, vous êtes la
« fille de cette baronne Van-Aylde-Jonghe,
« notre protectrice à tous, et notre ange tuté-
« laire dans ces contrées. Au nom du ciel, ma-
« dame, sauvez mon frère : une femme adorée,
« un fils né dans l'exil, l'attendent au Texel;
« c'est lui, ce sont eux que j'ose recommander
« à votre compassion. Vous excuserez notre
« hardiesse, madame; mais nous attendons
« tout de votre humanité.

« Le chevalier DE COURCELLES. »

Pendant que je lisais cette lettre, Gertrude me pressait avec les plus vives instances de sauver ceux qu'elle protégeait : elle me racontait toutes les circonstances de l'arrivée et du séjour des deux émigrés dans la maison de ses maîtres. On les y avait bien traités pendant quinze jours; mais, à la nouvelle de ma prochaine arrivée, on leur avait intimé l'ordre de partir. On craignait même que je n'apprisse avec déplaisir qu'on n'avait pas refusé l'hospitalité à deux proscrits, du parti contraire à celui que suivaient Van-M*** et ses amis. Gertrude me racontait tous ces détails à voix basse et les larmes aux yeux; mes yeux étaient aussi humides que les siens. Ce contraste de la gaieté qui régnait dans toute la maison avec les angoisses des deux émigrés, ce rapprochement de leurs mortelles inquiétudes avec les éclats de rire qui peut-être retentissaient jusqu'à leurs oreilles, tout cela m'émut au plus haut degré, et ne me laissa ni la volonté ni le temps de délibérer. J'écrivis au crayon, sur un morceau de papier, cette seule ligne : Je réponds de « vos jours; mais cachez-vous bien ici jusqu'à « minuit. » Gertrude, toute joyeuse, alla sur-le-champ porter ce papier à MM. de Courcelles. A peine était-elle partie que je sentis combien il serait difficile de tenir la promesse que je venais de faire : si Van-M*** eût été près de moi, les obstacles eussent été beaucoup moins nombreux et bien plus faciles à surmonter; mais, en son absence, et dans une maison qui lui appartenait, sauver deux hommes qui avaient combattu, dont le vœu constant était de combattre le parti auquel il s'était attaché, c'était s'exposer à le compromettre bien gravement. Je sentais tout cela, et cependant je voyais combien les secours m'étaient indispensables pour réussir dans la tâche que je m'étais imposée : me fier à quelqu'un des officiers français, dont le premier devoir était de poursuivre ceux que je voulais sauver, c'était risquer beaucoup ; mais les difficultés même que j'entrevoyais excitaient vivement le désir que j'avais de faire évader les deux émigrés.

Le temps que j'avais mis à écouter Gertrude, puis à réfléchir sur ce qu'elle venait de m'apprendre, s'était écoulé rapidement pour moi ; mais il avait paru long au reste de notre compagnie. Je portais encore sur ma figure les traces visibles de l'émotion que je venais d'éprouver lorsque je rentrai enfin dans la salle : aussitôt je me vis entourée ; on cherchait à lire dans mes yeux ; tout le monde m'adressait des questions........ ; tout le monde, excepté celui que j'aurais voulu voir plus empressé que tout autre à s'informer des causes de ma longue absence, puisqu'en lui seul reposait tout mon espoir. Mes réponses évasives ne satisfirent sans doute la curiosité de personne; mais elles mirent fin à un interrogatoire qui commençait à me fatiguer. Grouchy, debout près de la cheminée, affectait de ne pas avoir remarqué mon retour. Je surpris cependant quelques regards lancés sur moi à la dérobée; leur expression était singulière, et différait entièrement de celle qu'ils prenaient presque toujours en se fixant sur moi. Je vis bien qu'il se passait en lui quelque chose d'extraordinaire : deux ou trois mots que je réussis à lui arracher me mirent bientôt au fait; un petit mouvement de jalousie long-temps comprimé se manifesta enfin, et j'avouerai franchement que ma coquetterie s'en tint pour fort honorée.

Des dépêches que reçut le général Dessoles vinrent donner à la conversation une tournure nouvelle, et, heureusement pour moi, très-favorable à l'exécution de mon projet : il s'agissait de nouvelles rigueurs à exercer contre les émigrés que l'armée française pourrait encore arrêter dans la Hollande. Quelle fut ma joie lorsque j'entendis les principaux officiers qui se trouvaient dans notre société déplorer amèrement l'extrême sévérité des ordres qu'on leur intimait, et aviser même entre eux aux moyens de les éluder ! tous blâmaient hautement la dureté du général Beurnonville, les relations qu'il continuait d'entretenir avec quelques révolutionnaires exaltés ; tous accusaient la cruauté du général Vandamme. « La liberté ! certaine-« ment nous la voulons tous, disaient avec feu les « généraux Sainte-Suzanne, Saint-Cyr, Dessoles « et Grouchy; sans elle point de salut pour la « France, mais la liberté sans échafaud. » Peu à peu je me mêlai à la conversation : plus d'une fois j'eus même le plaisir d'entendre se renouveler autour de moi l'expression des sentimens généreux qui animaient la plupart des militaires français. Mais tout en déplorant la rigueur des lois contre les émigrés, les officiers républicains n'en blâmaient pas moins la fatale détermination qu'avaient prise un si grand nombre de Français d'abandonner leur pays, et de s'allier aux ennemis du dehors pour l'asservir.

Grouchy gardait toujours le silence : il m'importait cependant beaucoup de connaître son opinion ; je hasardai de prononcer quelques mots en faveur des émigrés. « Ne suivaient-ils pas les drapeaux de leurs rois ? La fuite d'ailleurs n'était-elle pas le seul moyen de salut que pussent trouver dès l'origine de la révolution ceux d'entre eux qui appartenaient à la noblesse ? — Madame, reprit Grouchy, c'était en France qu'il fallait planter l'étendard royal : et moi aussi j'étais noble; cependant je n'ai pas quitté la France; j'ai continué de servir mon pays, et mon pays ne m'a point désavoué. »

Grouchy se tut après ce peu de mots : la discussion continua entre les autres généraux. Je m'approchai de lui, et le regardant d'une manière significative : « Quoi, lui dis-je, général, vous que j'aurais voulu trouver le plus indulgent de tous, vous vous montrez le plus sévère ! »

Je baissai la tête en soupirant : tout à coup, comme si ce soupir eût révélé à Grouchy toute l'étendue de mes craintes pour les deux fugitifs, et toute celle des espérances que j'avais d'abord fondées sur lui, il s'approcha de moi : « Madame, dit-il, s'ils vous intéressent, je les trouverai moins blâmables. »

Je vis clairement qu'il m'avait comprise; un sourire fut ma seule réponse. « Ah ! dit Grouchy, je donnerais ma vie pour un tel sourire. » Je rompis brusquement l'entretien, et je promis seulement de le reprendre le soir même, à six heures, dans le jardin. On servit le thé : nos dames devinrent autant d'Hébés, empressées de verser l'ambroisie aux dieux de la guerre; chacune déployait à l'envi ses grâces naturelles. Pour moi, qui dédaignais par caractère les choses du ménage, je m'assis devant un vieux clavecin, et dissimulant sous le voile d'une gaieté folle les pensées sérieuses qui agitaient mon esprit, je me mis à jouer des walses avec toute la vigueur dont j'étais capable. Grouchy, plus aimable et plus empressé que jamais, mettait tous ses soins à dissiper la tristesse qui venait par intervalles obscurcir mon front : il y réussissait souvent. Pendant ce temps, le général Dessoles faisait faire l'exercice à la belle madame Vanderstra*** : au troisième *demi-tour à droite*, ce soldat de nouvelle recrue culbuta la table à thé et les porcelaines du Japon dont elle était couverte. Nouveau sujet d'éclats de rire universels. Au milieu du tumulte, j'entendis clairement ces mots prononcés à mon oreille : « Il est six heures; je vais au jardin. »

Je tressaillis, et baissai la tête sans répondre. Grouchy sortit, et, après un moment d'hésitation, je sortis moi-même en me répétant tout ce que je m'étais déjà dit pour excuser l'imprudence de ma démarche. Il faisait encore jour lorsque j'arrivai au lieu du rendez-vous. Le général vint au devant de moi avec une politesse respectueuse, et tout-à-fait propre à me rassurer sur les conséquences de ma démarche. « Madame, dit-il, sans le besoin que vous éprouvez de rendre service, je n'aurais sans doute pas le bonheur de vous voir ici. Je serais heureux de pouvoir servir vos intentions généreuses : vous savez ce que me commandent l'honneur et le devoir ; je suis bien sûr que vous ne me demanderez rien de contraire à l'un ni à l'autre. Parlez, madame ; que dois-je faire ?

—« Général, lui dis-je, j'ai besoin d'un sauf-conduit pour deux de mes gens qui se rendent au Texel : ils partiront cette nuit.

—« Madame, qu'exigez-vous ? je ne puis rien faire ; ce n'est point moi qui commande ici. »

A ce refus positif, mon cœur se serra ; je devins tremblante. « Ah ! les malheureux ! m'écriai-je. » J'insistai de nouveau. Grouchy ne répondait pas : enfin il me développa en peu de mots toutes les difficultés qui l'empêchaient d'obtempérer à ma demande. Je dois dire à sa louange qu'il ne parla pas une seule fois des dangers personnels auxquels pouvait l'exposer un tel acte de complaisance pour moi.

Nous étions insensiblement arrivés à la porte d'un kiosque élégant, situé au bout de l'allée dans laquelle nous marchions. On avait tout préparé d'avance pour y faire de la musique dans la soirée : le temps était froid ; l'obscurité augmentait à chaque instant. Le kiosque était éclairé : nous y entrâmes, et nous nous assîmes auprès du feu. Je renouvelai mes supplications ; je peignis avec force la position affreuse des deux émigrés, leurs angoisses et leur misère. Gronchy me regardait en silence, puis soupirait en détournant les yeux ; enfin après une longue hésitation : « Ils partiront demain dans une de vos voitures ? »

— « Oui, lui dis-je ; et ils seront rejoints sur la route par deux de leurs parens également à mon service. »

Il y eut un nouveau silence. Voyant que je ne pouvais l'amener à consentir formellement, j'employai toutes les formes de persuasion, tous les témoignages d'estime et de confiance qu'il m'était permis de donner, pour obtenir la signature qui pouvait sauver la vie à mes protégés. Nous avions là tout ce qu'il fallait pour écrire. Grouchy avait pris et jeté plusieurs fois la plume : le temps s'écoulait, et chaque minute d'attente ajoutait aux souffrances des malheureux fugitifs. « Hélas! dis-je enfin, vous « prétendiez tout à l'heure que vous donneriez « votre vie pour un seul sourire de moi; ce sou- « rire a-t-il donc déjà perdu tout son prix à vos « yeux ? »

A ces mots, Grouchy saisit ma main avec transport, la couvre de baisers, prend la plume, signe le sauf-conduit. Un sourire fut sa récompense.

Il promit de détourner les regards importuns, et d'occuper l'attention de notre compagnie; et je me séparai de lui pour m'occuper sans délai des préparatifs du départ. Avant minuit, MM. de Courcelles étaient en route dans une voiture commode, couverts de vêtemens chauds, et abondamment pourvus du nécessaire. Le lendemain Van-M*** arriva pour hâter et abréger les courses que nous devions faire aux environs d'Amsterdam. Nous consacrâmes encore deux jours à notre petit voyage, et nous revînmes à la ville. Ma mère n'était pas encore arrivée : il fallut partir pour Bois-le-

Duc sans la voir. Les généraux Grouchy et Dessoles nous accompagnèrent jusqu'à Utrecht; là ils prirent une route différente de la nôtre, et je ne les revis plus que long-temps après.

CHAPITRE IX.

Arrivée à Bois-le-Duc. — Ma cousine Maria. — Le général Moreau. — Leurs amours. — Générosité de Moreau. — Son départ.

Nous descendîmes à Bois-le-Duc chez mon oncle maternel, le baron Vanderke; il habitait une maison immense, qu'on eût décorée à Paris du titre d'hôtel. Cette maison était occupée par le grand quartier-général de l'armée française, et servait de logement au général en chef Pichegru. Mon oncle avait abandonné à l'état-major le principal corps de logis, qui renfermait les plus beaux appartemens; il s'était retiré avec sa famille et ses nombreux domestiques dans l'aile droite, et les bâtimens qui donnaient sur le jardin. Cette vaste maison ressemblait véritablement à une ville, et à une ville bien peuplée. Nous fûmes reçus à bras ouverts; on nous donna dès le lendemain un dîner d'apparat, auquel furent invités tous ceux des parens de Van-M*** qui habitaient le pays. La famille du baron se composait de sa femme, de ses filles et de deux fils : toutes mes cousines étaient jolies, mais aucune ne pouvait être comparée à Maria, la seconde d'entre elles par ordre de naissance. Dans cette maison comme dans celle de Van-M***, on avait adopté presque tous les usages de la France : né à Batavia d'une famille immensément riche, le baron avait rapporté en Europe toutes les habitudes d'un luxe excessif; il avait l'imagination vive, la conversation très gaie. Ses goûts sympathisaient singulièrement avec ceux de sa nièce Florentine, ainsi qu'il se plaisait à m'appeler : aussi éprouvions-nous un grand plaisir à causer ensemble. Mon oncle avait alors quarante-six ans; sa figure était belle, son maintien imposant; il aimait et cultivait les lettres et les arts, mais sans aucune prétention ; souvent il me développait les beautés des poètes anciens, et moi je lui déclamais les strophes du Tasse, ou je récitais devant lui les vers du Dante. Il félicitait Van-M*** du bonheur qu'il avait de vivre avec une femme dont l'esprit était si bien orné. Je riais des éloges qu'il donnait à mon *érudition* prétendue ; comme il ne m'en avait rien coûté pour l'acquérir, je n'y attachais que peu d'importance : c'était au milieu des jeux de mon enfance que ma mémoire s'était enrichie des beaux vers des meilleurs poètes de l'Italie. J'avais puisé une foule de connaissances dans la conversation de mes parens qui m'avaient instruite sans y songer, pour ainsi dire, eux-mêmes. L'amitié que me témoignait le baron donna une nouvelle force à l'attachement que Van-M*** avait toujours eu pour lui.

Dès le lendemain de notre arrivée, les généraux Pichegru, Moreau et quelques autres officiers supérieurs nous avaient été présentés comme les amis de la famille. Je parlerai plus tard du premier : Moreau seul eut alors toute mon attention. Deux motifs puissans m'avaient inspiré la curiosité de le connaître : d'abord les éloges que lui avait plus d'une fois donnés devant moi le général Dessoles, ensuite l'extrême chaleur que ma cousine Maria avait mise à me vanter son courage, sa bonté, et bien d'autres qualités également précieuses et rarement unies ensemble. Sans les préventions favorables qu'on m'avait inspirées sur le compte de Moreau, je ne l'aurais sans doute pas distingué dans la foule des généraux français, car son extérieur n'avait rien de remarquable qu'une extrême simplicité. Nous prenions le soir, comme de coutume, le thé en famille; les généraux y étaient toujours invités. Maria paraissait tellement occupée du général Moreau, ses beaux yeux paraissaient si constamment fixés sur lui, son oreille saisissait si avidement les moindres paroles échappées de sa bouche, que mes soupçons, d'abord assez vagues, se changèrent bientôt en certitude. Mon cœur se serra à l'aspect du danger que courait ma jeune cousine; sa sécurité m'inspirait un sentiment pénible : c'était ainsi que je m'étais perdue! J'étais déjà peut-être trop avancée pour revenir sur mes pas; mais ce n'était pas sans effroi que je portais mes regards en arrière, et je tremblais de voir Maria s'engager dans la route que je n'étais plus assez forte pour abandonner moi-même.

Le baron, comme Van-M***, fournissait aux armées françaises des sommes considérables; il avait chaque jour à régler avec les chefs des intérêts beaucoup trop graves pour qu'une femme de mon âge pût trouver quelque plaisir

à les entendre discuter. Un soir, lorsque je vis la conversation engagée sur les affaires sérieuses, je quittai le salon pour me rendre à mon appartement; Maria m'y suivit : « Eh bien! dit-
« elle en s'asseyant près de moi, vous l'avez vu,
« ma chère cousine, ce général célèbre; mais
« c'est peu de le voir, il faut encore connaître
« son âme. »

Je ne m'attendais pas à entendre jamais le nom de Moreau sortir sans éloges de la bouche de Maria; mais le ton d'enthousiasme auquel elle s'était élevée tout à coup me frappa d'étonnement. Elle continua long-temps à me parler de son héros, et avec une exaltation toujours croissante : rien ne me semblait cependant justifier son délire. Plus tard j'ai eu l'occasion de reconnaître et d'apprécier toutes les nobles qualités de Moreau; je ne crains donc pas d'avouer que sa personne ne m'avait pas d'abord paru répondre à la grandeur de sa renommée; sa timidité naturelle approchait presque de la gaucherie, et j'avais besoin d'être prévenue d'avance en sa faveur pour arrêter pendant quelques minutes mon attention sur lui. Je tournai mes yeux vers Maria :
« Ma cousine, lui dis-je, votre attachement

« pour le général Moreau me paraît plus tendre
« que ne l'est d'ordinaire la simple amitié.

« — Oui, dit-elle en levant la tête avec une
« sorte de fierté, il a tout mon amour, et cet
« amour ne finira qu'avec ma vie. »

Je restai tout étourdie de cette réponse et du ton qu'avait pris Maria; elle revint bientôt au langage simple et naïf qui la rendait si intéressante, mais ce fut encore pour me vanter l'homme qu'elle adorait. Je ne rapporterai point ici tout ce qu'elle m'apprit d'honorable pour le caractère de Moreau; il avait, à entendre Maria, le désintéressement de Fabricius et la continence de Scipion. Je ne me refusais point à croire ma cousine sur parole, mais il était impossible de ne pas la soupçonner d'un peu de partialité. Il fallait la voir s'animer en parlant, fixer sur moi ses grands yeux avec tous les indices d'une émotion profonde, et s'indigner presque de ce que je ne partageais pas son enthousiasme.

Effrayée d'une passion si violente, je n'osais plus interroger Maria; je n'osais lui demander jusqu'à quel point Moreau était instruit du secret de son cœur. La suite de la conversation m'apprit bientôt que je pouvais donner toute carrière à mes soupçons et à mes craintes. J'éprouvais le vif désir d'arracher ma jeune parente à un égarement qui, tôt ou tard, pouvait lui devenir si funeste ; sans heurter ses affections en traitant avec trop de sévérité l'homme qui avait profité de son délire, je lui représentai cependant que Moreau avait violé tous les droits de l'hospitalité en la séduisant elle-même au sein d'une famille qui devait être pour lui l'objet de tant de respects et d'égards.

« Non, me répondit-elle ; vous vous trompez,
« il n'a point abusé de la confiance qu'on lui
« témoignait : il m'a fuie d'abord ; il a combattu
« le penchant irrésistible qui m'entraînait vers
« lui ; moi seule je suis à blâmer, et c'est mon
« imprudence qui m'a perdue. Je connaissais
« la fortune de mon père et son attachement
« pour les Français ; j'aurais été heureuse de
« pouvoir enrichir Moreau en devenant un
« jour sa femme. Dans cet espoir j'aimais à
« saisir toutes les occasions de le rencontrer ;
« je lui servais d'interprète dans ses relations
« avec les Hollandais, ou je lui donnais quel-
« ques notions de notre langue. Il y a trois
« semaines qu'il vint à l'improviste me prier

« de lui traduire une lettre qu'il venait de re-
« cevoir; j'étais occupée à dessiner un emblème
« de fleurs au bas duquel j'avais tracé son nom.
« Je cachai mon dessin en rougissant; il me
« pria de le lui montrer; je refusai : alors il
« chercha à s'en emparer, il y réussit; et je ne
« revins à moi que tout en larmes, et dans les
« bras de celui à qui ma vie appartient main-
« tenant tout entière. » Elle cacha sa tête dans
mon sein en achevant ces mots; puis elle ajouta
d'une voix tremblante : « Jugez de ma douleur
« et de mes inquiétudes, ma chère cousine! plai-
« gnez-moi, conseillez-moi; mais ne me dites
« pas de l'oublier, je suis à lui pour toujours.

« — Je le pense comme vous, lui répondis-
« je; mais vous devez lui appartenir par des
« liens plus sacrés. Vous a-t-il communiqué ses
« projets à votre égard?

« — Non; mais puis-je m'en plaindre ? de
« quel droit prétendrais-je maintenant à de-
« venir sa femme? Il faut tout vous avouer :
« chaque nuit, lorsque tout dort dans la mai-
« son, je vais le trouver chez lui. Je le vois si
« peu pendant le jour! — Est-il possible, Maria!
« quelle imprudence! — Je sais que je fais
« mal, et cependant je ne puis vaincre mon

« amour. Je pleure sans cesse sur ma faute ;
« mais à quoi bon ? Deux fois j'ai manqué
« d'être découverte. Imaginez-vous que je suis
« obligée de passer devant la chambre où re-
« posent mon père et ma mère : oh ! comme
« mon cœur se serre alors ! S'ils savaient à quel
« point je suis coupable, comme ils me mépri-
« seraient, eux qui m'aiment si tendrement !...
« Ensuite il me faut traverser la chambre qu'oc-
« cupent mes petites sœurs avec leur bonne,
« puis le grand corps de logis situé entre les
« deux ailes. Un jour je suis restée deux heures
« cachée derrière une statue dans la grande
« salle, où aboutissent plusieurs issues des
« chambres occupées par les officiers français.
« Je tremblais moins de froid que de terreur.

« —Malheureuse enfant ! et si l'on vous avait
« vue ! — Sans doute : mais croirait-il que je
« l'aime si je n'osais braver tous les dangers
« pour arriver jusqu'à lui ? »

Je ne saurais rendre les divers sentimens
que faisaient naître en moi les confidences de
Maria. Elle pleurait : je mêlais mes larmes aux
siennes ; je lui représentais l'affreux abîme
qu'elle creusait sous ses pas, la douleur de ses
parens si jamais ils venaient à découvrir qu'elle

se rendait indigne de leur tendresse; enfin, à force de prières, j'obtins d'elle la promesse de cesser ses excursions nocturnes. Mon plan était déjà arrêté; et, d'après ce qu'elle m'avait dit du général Moreau, c'était sur lui-même que je comptais d'abord pour m'aider à la sauver.

Le lendemain du grand dîner donné par le baron, nous fîmes une promenade à cheval dans les campagnes environnantes : Moreau nous accompagnait; l'occasion de lui parler s'offrait naturellement; il se trouvait à côté de moi. Je l'engageai à devancer un peu le reste de la cavalcade, pour avoir le loisir de causer un instant avec lui. Quand nous fûmes assez éloignés pour qu'il fût impossible de nous entendre, je lui déclarai sans détour que Maria m'avait instruite des relations qui existaient entre eux, et que j'avais puisé, dans les discours même de ma jeune parente, une assez haute opinion de son caractère pour penser qu'après avoir abusé de sa faiblesse, il ne voudrait pas lui enlever tout espoir de bonheur à venir en nourrissant sa fatale passion. « Maria, « ajoutai-je, n'ose plus prétendre à devenir » votre épouse; sa naissance et son nom ne lui

« permettront jamais de descendre au rôle de
« votre maîtresse : vous le sentez comme moi,
« général. Elle a droit à votre respect, et vous
« ne voudriez pas, en entretenant plus long-
« temps avec elle une liaison illicite, l'exposer
« à perdre entièrement l'honneur, premier tré-
« sor d'une femme. Trouvez donc un motif
« pour quitter promptement ce pays, et sauvez-
« la d'elle-même, en cessant de vous offrir à
« ses yeux.

« — Vous êtes assez bonne, madame, me
« répondit Moreau avec un accent que je n'ou-
« blierai jamais, vous êtes assez bonne pour
« me traiter avec indulgence. Puisque vous
« voulez bien avoir de moi si bonne opi-
« nion, vous ne serez point étonnée d'ap-
« prendre que je songeais moi-même à tirer
« mademoiselle Vanderke de la fausse position
« dans laquelle je l'ai placée : il y a long-temps
« que mon bonheur fait mon supplice, parce
« qu'il me laisse toujours des remords. Puisque
« Maria s'est confiée à vous, veillez sur elle ;
« je l'aime sans doute, mais non pas de cet
« amour ardent qui seul peut la rendre heu-
« reuse. Cependant si elle peut se contenter
« des sentimens que j'ai à lui offrir, madame,

« je remets notre sort entre vos mains. Je
« pars dans deux jours pour Bommel avec
« M. Van-M*** : permettez-moi de vous adresser
« de là une lettre que vous remettrez à votre
« cousine. Si mes offres sont rejetées, je vous
« jure d'avance que cette lettre sera la dernière
« qu'elle recevra de moi, et que je ne reparaî-
« trai plus dans la maison de son père. »

Moreau paraissait profondément ému en me parlant. J'aurais pu m'étonner de le voir payer d'une amitié si calme l'amour le plus passionné : je ne pus toutefois m'empêcher de convenir que son langage était celui d'un honnête homme, disposé à réparer une faute qu'il avait presque involontairement commise. Dès ce moment je lui accordai toute mon estime : je consentis à ce qu'il me proposait, et je me promis d'agir avec la plus grande circonspection dans une circonstance qui allait décider du bonheur de deux êtres également dignes d'être heureux. Moreau partit en effet le surlendemain. Maria était au désespoir; elle croyait avoir vu celui qu'elle aimait pour la dernière fois : elle vint me demander des consolations, et je pleurai avec elle.

J'employai tous les ménagemens possibles

pour lui traduire la pensée de Moreau; j'essayai de lui faire entrevoir la possibilité d'un mariage, dans le cas où elle voudrait accepter un attachement calme, mais durable, en échange d'un amour aussi vif que le sien. L'idée de n'être pas aimée autant qu'elle aimait elle-même la frappa si douloureusement qu'elle oublia tout le reste : il m'était bien pénible de voir couler ses larmes, mais je ne fis rien pour les tarir. Il aurait fallu, pour calmer sa douleur, réveiller dans son ame un espoir chimérique; maintenant que le coup était porté, il valait mieux laisser au temps le soin de cicatriser la blessure. Quinze jours se passèrent ainsi : une légère indisposition, résultat des secousses violentes qu'elle venait d'éprouver, fournit à Maria un prétexte pour ne pas quitter sa chambre. Mes soins empêchèrent qu'on ne rapprochât l'époque où commença cette maladie subite de celle où le general Moreau avait quitté Bois-le-Duc.

CHAPITRE X.

Le général Pichegru. — Double méprise. — Lettre du général Moreau. — Nouvelle preuve de son humanité. Son désintéressement.

Mon oncle était tellement prévenu en ma faveur qu'il me supposait douée d'une foule de qualités plus rares les unes que les autres, et qui presque toutes me manquaient absolument. Malgré l'étourderie qui dominait évidemment dans mon caractère, il avait cru démêler en moi de la finesse, une prudence au dessus de mon âge, beaucoup de courage et de résolution. Cette dernière qualité ne m'a jamais manqué; je l'ai poussée quelquefois jusqu'à la témérité; mais pour la prudence et la finesse, j'en ai toujours été dépourvue. Avec une si haute idée de mon esprit, il n'était pas étonnant qu'il m'attribuât une grande influence dans toutes les affaires qui se traitaient à

Amsterdam, et auxquelles Van-M*** se trouvait toujours mêlé. Mon sexe, mes goûts et mon âge me rendaient tout-à-fait étrangère aux combinaisons de la politique. Quoi qu'il en fût, mon oncle avait communiqué son opinion sur mon compte au général Pichegru, qui la partageait entièrement : dès lors j'avais été, de la part de ce général, l'objet d'un empressement marqué, que j'avais très naturellement attribué à tout autre motif qu'un intérêt politique. J'étais tellement habituée aux hommages, qu'une nouvelle conquête n'étonnait nullement mon amour-propre. Le général Pichegru ne manquait pas d'une certaine amabilité, quand il se croyait intéressé à paraître aimable. Un matin, je m'occupais d'écrire à Van-M***, qui se trouvait encore à Bommel avec le général Moreau, lorsqu'on vint m'avertir que le général Pichegru demandait s'il pouvait être admis à l'honneur de me voir : j'ordonnai qu'on le fît entrer. J'attribuai d'abord tout l'honneur de cette visite à l'impression que j'avais faite sur le cœur du général. Il passait pour être peu sensible au mérite des femmes; on le disait exclusivement préoccupé des intérêts de la politique ou des calculs de son ambition personnelle. Ma petite vanité pouvait donc être flattée jusqu'à un certain point de la persévérance qu'il mettait à me chercher partout : l'illusion de ma coquetterie fut bientôt détruite.

Pichegru avait réellement beaucoup d'esprit : il en fit preuve dans cette circonstance en amenant sans affectation l'entretien sur le sujet qui l'intéressait vivement. Malgré toute son adresse, je ne tardai point à démêler qu'il avait jeté ses vues sur moi pour le servir dans une petite intrigue politique dont je ne devinais pas le but. Pour mettre au courant le lecteur, j'ai besoin de reprendre les faits d'un peu plus haut.

J'avais connu à Amsterdam un médecin nommé Krayenhof : c'était un homme très spirituel, et doué d'une fermeté de caractère peu commune. Il était en outre très dévoué au parti français; c'était presque le seul Hollandais qui eût le don de me plaire, et que j'admisse habituellement dans ma société intime. J'aimais sa franchise, l'originalité de son esprit, et j'admirais son savoir exempt de pédantisme. Je jouissais de la santé la plus robuste, mais il n'en était pas moins mon médecin en

titre, et je recevais presque journellement sa visite [1]. Ce médecin était l'ami d'une dame qui habitait Utrecht, et que l'on soupçonnait fort d'avoir entretenu ou d'entretenir encore des relations avec un officier de l'armée autrichienne, sous les ordres immédiats du général Klinglin. Pichegru espérait, par mon entremise, se lier d'abord avec Krayenhof, et se servir ensuite de cette liaison pour arriver jusqu'à la dame qu'il lui importait de connaître. L'espèce d'insouciance qu'il affectait en me demandant de le mettre en rapport avec Krayenhof, sa feinte légèreté sous laquelle perçaient malgré lui beaucoup d'embarras et d'inquiétudes, n'échappèrent pas à mon attention. Mes soupçons s'éveillèrent, je sentis qu'on me tendait un piége, et je répondis avec assez de sécheresse : « Vous vous êtes trompé, gé-
« néral, si vous avez cru que je pouvais le
« moindrement servir vos vues ; mes goûts
« et mon caractère m'éloignent naturellement

M. de Krayenhof a depuis changé de carrière ; il s'est voué au métier des armes, et on l'a vu devenir un officier d'artillerie très distingué : il commandait dernièrement encore cette arme à Nimègue.

« des affaires sérieuses ; en dépit des prin-
« cipes de mon éducation et de l'opinion de
« toute ma famille, j'ai adopté le parti qu'em-
« brassait mon mari. J'admire la valeur fran-
« çaise, mais je ne comprends rien aux in-
« trigues politiques, et j'en resterai toujours
« éloignée. »

Le général ne put cacher d'abord le mécontentement que lui causait ma réponse. Il
« reprit bientôt plus d'empire sur lui-même :
« Eh! madame, me dit-il en souriant, vous
« m'avez mal compris, et sans doute je ne dois
« m'en prendre qu'à moi-même ; mais il ne
« s'agit point ici d'*intrigue*. Je vous demande
« un service fort léger, qui ne doit blesser au-
« cunement votre délicatesse. Ce service, si
« vous me le rendiez, assurerait peut-être à
« M. Van-M*** de nouveaux droits à notre re-
« connaissance.

« — Si ce service est léger, comment, gé-
« néral, pouvez-vous me parler de la reconnais-
« sance que vous en témoigneriez à mon mari?
« Avez-vous donc oublié que son dévouement
« à la cause française a toujours été pur de
« tout intérêt? Souvenez-vous de l'indépen-
« dance que lui assure sa fortune, de l'estime

« qu'a dû vous inspirer la générosité de son ca-
« ractère, et ne me demandez plus de services
« également indignes de lui et de moi. »

Ainsi finit notre conférence. Nous nous étions, comme on le voit, tous deux mépris dans les conjectures que nous avions pu former l'un sur l'autre. Je ne conservai de cette conversation aucun souvenir fâcheux; il n'en fut pas de même de Pichegru, qui ne pardonna ni à moi d'avoir pénétré ses vues, ni à mon oncle de lui avoir donné une si fausse idée de mon caractère. Ses manières avec moi changèrent tout à coup; la défiance et le dépit perçaient dans tous ses discours : cette défiance fut surtout remarquable le jour où je reçus une lettre du général Moreau. Cette lettre m'arriva justement à l'heure où nous étions tous, suivant la coutume, réunis en famille. Mon oncle me demanda si elle était de mon mari; je répondis à sa question en nommant celui qui me l'adressait. A ce nom, Pichegru dirigea sur moi des regards curieux; il cherchait à lire sur mon visage quel pouvait être le sujet d'une telle correspondance. Cet examen m'embarrassa tellement, que je ne pus le soutenir au delà de quelques minutes; je quittai le salon, et j'allai sur-le-champ retrouver Maria dans son appartement.

Moreau témoignait les plus sincères regrets de tout ce qui s'était passé ; il faisait à Maria l'offre de sa main, en réparation de l'injure involontaire dont il s'était rendu coupable envers elle. Quelques semaines plus tôt cette offre l'eût transportée de joie; maintenant Maria voyait clairement qu'elle partait d'un cœur généreux, mais dépourvu de cette tendresse qui seule pouvait satisfaire son ardent amour. Maria n'hésita point à refuser : « Qu'il reste « libre, qu'il soit heureux, s'écria-t-elle en se « jetant dans mes bras, le visage baigné de « larmes. Depuis long-temps je ne me crois plus « digne de lui; mais j'en serais bien plus indigne « encore si j'abusais de sa loyauté en acceptant « ses offres. Répondez-lui, ma cousine : dites-« lui combien je suis reconnaissante; mais ca-« chez-lui ma douleur, elle l'affligerait peut-être, « et je veux souffrir seule. »

Je la serrai dans mes bras, sans chercher à la faire changer de résolution; j'étais d'avance convaincue que cette résolution était la seule à laquelle ma pauvre cousine pût raisonnablement s'arrêter. Pendant les premiers jours qui suivirent cette nouvelle et violente secousse, elle parut puiser, dans le sacrifice même qu'elle venait de faire, des forces et un courage surnaturels; mais sa raison et sa sensibilité furent bientôt mises à une cruelle épreuve. Un des magistrats de Bommel vint dîner chez mon oncle; il avait l'esprit plein de tout ce qui s'était passé récemment dans sa ville, et le nom de Moreau sortait à chaque instant de sa bouche. Après nous avoir raconté comment huit cents hommes de troupes françaises venaient de battre, à Bommel, cinq mille Anglais; après nous avoir parlé de la nouvelle trahison des prétendus alliés de la Hollande, et de la retraite peu honorable qu'ils avaient faite, il nous détailla l'aventure d'une pauvre femme mariée à un sergent anglais, et que les troupes anglaises, en se retirant, avaient abandonnée, dans une chaumière, avec ses deux enfans. Cette malheureuse mère, réduite à mendier de village en village le pain que lui refusaient souvent les paysans exaspérés par les vexations que leur avaient fait endurer les Anglais, arriva enfin, presque morte de faim et de fatigue, jusqu'à deux lieues de Bommel. Sa misère était affreuse; sur toute la route qu'elle avait suivie, elle avait entendu prononcer avec respect et admiration le nom du général Moreau. Résolue de recourir à sa générosité bien connue, elle fit un dernier effort pour se traîner jusqu'à Bommel, ou le général se trouvait encore. A peine arrivée, elle lui écrivit, en mauvais français, un billet très court, dans lequel elle réclamait de lui les secours les plus pressans, et implorait de sa générosité les moyens de quitter promptement le pays occupé par les armées françaises, et de retourner dans sa patrie. Pendans une journée entière elle attendit, à la porte de la maison qu'habitait le général, le moment opportun pour lui remettre la lettre qu'elle avait osé lui écrire. Triste et abattue, elle regagna, sans avoir pu le voir, l'asyle qu'elle devait à la pitié publique; enfin, un caporal de la garnison se chargea de faire parvenir sa demande au général. Enveloppé d'une simple redingote, Moreau vint sur-le-champ trouver la pauvre mère. Deux heures s'étaient à peine écoulées que déjà elle se trouvait placée, avec ses enfans, dans un hospice où on lui prodiguait les secours de la charité la plus active, et dix jours après elle avait pu partir en toute sécurité pour l'Angleterre.

Le magistrat de Bommel, M. Van-Lover, qui nous donnait ces détails, ne trouvait pas de termes assez forts pour exprimer les sentimens que lui inspiraient la conduite et le caractère de Moreau. Ces sentimens étaient, au reste, ceux de toute la Hollande. Aux grandes qualités militaires dont il faisait preuve depuis quelques années, Moreau joignait un désintéressement bien rare parmi les chefs d'une armée conquérante; jamais on ne le vit accepter les présens que chaque ville était en usage d'offrir aux généraux; sa réputation de droiture était si bien établie, que plus d'une fois des Hollandais vinrent le consulter sur leurs affaires personnelles. Hélas! pourquoi n'est-il pas tombé en Hollande, en Allemagne ou en Italie, au milieu de ces Français qu'il avait si souvent conduits à la victoire! Pourquoi sa mort n'a-t-elle pas été digne d'une si belle vie!

Qu'on juge, s'il est possible, de l'émotion de Maria en entendant le récit de M. Van-Lover; qu'on juge de l'effet que dut produire sur son âme l'enthousiasme si vrai du narrateur. Sa blessure mal cicatrisée venait de se rouvrir: elle fut obligée de quitter la table; son cœur était brisé; les larmes ruisselaient de ses yeux.

Je la suivis : long-temps les sanglots l'empêchèrent de m'adresser une seule parole. Enfin elle me dit : « Puisque je dois l'oublier, il faut « m'éloigner et partir : tout ici me le rappelle; « à chaque instant son nom vient frapper mon « oreille. Mais où le fuir? où trouver le repos « nécessaire à mon cœur? » A ces mots ses larmes redoublèrent. Je la pressai de nouveau dans mes bras ; j'étais accablée de sa douleur, et malheureusement je n'avais point de consolation à lui offrir : mon prochain départ allait bientôt la priver du triste plaisir qu'elle trouvait encore à me confier ses chagrins. Pauvre Maria! l'avenir s'était chargé de te venger! Moreau devait connaître à son tour les tourmens d'un amour mal récompensé; mais que nous étions loin de prévoir alors à quelle main était réservé le funeste privilége de déchirer son noble cœur!

CHAPITRE XI.

Nomination de Ney au grade d'adjudant-général sous les ordres de Kléber. — Il inspire un enthousiasme général. — Bruits absurdes répandus par les partisans du stadhouwer.

Les Français perdent rarement leur temps à gémir des peines de l'absence, et ils ne refusent jamais l'occasion de se consoler : c'est ce qu'avait fait le général Grouchy. Je le revis à Utrecht, où nous nous arrêtâmes pendant deux jours en retournant à Amsterdam. Si je n'avais eu que de la vanité, j'aurais pu être piquée de le retrouver attaché à un autre char que le mien; si j'avais eu de l'amour, j'aurais dû être au désespoir : heureusement pour moi, ni l'un ni l'autre de ces sentimens ne dominaient dans mon âme. Le général Grouchy m'inspirait de l'estime, une amitié sincère, fondées beaucoup plus sur la noblesse de son caractère, que sur les avantages de sa personne. Cette amitié paraissait payée d'un parfait retour ; et l'on croira sans peine qu'en y réfléchissant, je me trouvais plus heureuse d'inspirer un sentiment que j'avais toute raison de croire durable, qu'une passion dont je connaissais déjà l'inconstance et la mobilité. Le soir de notre arrivée à Utrecht, il y eut un souper chez le général en chef. Van-M*** y fut invité ; je l'accompagnai, et ce fut là que j'entendis pour la première fois prononcer le nom de Ney, nom qui plus tard devait exercer une si grande influence sur ma destinée. Le colonel Meynier (mort depuis glorieusement au champ d'honneur) avait reçu des nouvelles d'un de ses amis qui servait à l'armée du Rhin : comme ces nouvelles intéressaient le plus grand nombre des convives, le colonel les lut à haute voix vers la fin du souper. La lettre annonçait que Kléber venait de conférer le grade d'adjudant-général au colonel Ney : cet avancement était dû à une action d'éclat dont la lettre contenait le récit. La nouvelle fut reçue avec un plaisir marqué par la plupart des officiers présens : tous exaltaient à l'envi la valeur de Ney ; tous paraissaient joyeux de voir une telle faveur tomber sur un officier qui en était si généralement jugé digne; chacun se plaisait à rappeler les preuves de courage et de talent militaire qu'il avait souvent données; pas un mot qui pût faire soupçonner que dans une réunion aussi nombreuse il se trouvât un seul homme dont l'opinion ne s'accordât pas avec celle de la majorité; la gloire de l'un semblait faire la gloire de tous.

Je ne saurais dire ce qui se passait en moi pendant ce souper : muette et vivement émue, je partageais l'enthousiasme général, sans connaître celui qui en était l'objet. Lorsqu'on se leva de table, je me rapprochai insensiblement du colonel Meynier : je ne savais pas trop ce que je voulais lui dire en arrivant près de lui; mais la conversation s'engagea bientôt, et je la ramenai sur le compte du nouvel adjudant-général. J'appris ainsi qu'il joignait à toutes ses vertus guerrières les principaux avantages dont la nature puisse douer les hommes destinés au commandement; c'est-à-dire, une taille élevée, une figure mâle, une élocution vive, facile et énergique. Terrible dans le combat, il était, à entendre ses compagnons d'armes, doux et humain après la victoire.

Je me retirai la tête remplie de tout ce que je venais d'entendre. Ce n'était point un être imaginaire, un héros de roman qui préoccupait ainsi mon imagination ; le hasard pouvait offrir bientôt à mes regards celui dont le nom sonnait déjà d'une manière si douce à mon oreille. Cette idée me transportait de joie : je ne fermai pas l'œil de toute la nuit ; je cherchais à me rappeler tout ce que j'avais entendu raconter d'honorable pour Ney ; enfin je me livrais sans contrainte à cette exaltation qui m'a toujours été naturelle, et qui ne finira sans doute chez moi qu'avec la vie. Comme nous déjeunions le lendemain matin, mon mari et moi, plusieurs des officiers avec lesquels nous avions passé la soirée de la veille vinrent nous engager à faire une promenade au Mail : cette promenade devait être suivie d'un dîner champêtre. La proposition fut acceptée : le colonel Meynier était de la partie : ce motif ne contribua pas peu à ma détermination. Je ramenai, le plus naturellement qu'il me fut possible, l'entretien sur le même sujet qui nous avait tant occupés le jour précédent.

« Colonel, dis-je, si vous écrivez à votre ami,
« je vous prie de lui dire qu'il y a en Hollande
« quelqu'un qui prend une part bien sincère à
« ses succès et à sa gloire. » Le colonel me
promit de ne pas oublier ma recommandation,
et, dans la suite de l'entretien, j'appris qu'il
me connaissait de nom bien long-temps avant
de m'avoir vue. C'était le meilleur ami du capitaine de grenadiers Cornier, blessé à mort
près de moi, sur le champ de bataille de Valmy,
que j'avais alors secouru de tous les moyens
que j'avais en mon pouvoir, et qui était pour
ainsi dire mort dans mes bras. Meynier me
rappela plusieurs faits que les trois ou quatre
années qui venaient de s'écouler avaient presque entièrement effacés de ma mémoire. J'avouerai franchement que ses éloges me donnaient meilleure opinion de moi-même : il me
semblait doux de penser que Ney lui-même
pouvait ne pas ignorer mon nom, ni le peu de
bien que j'avais pu faire ; dès ce moment, je
regardai le colonel comme un de mes meilleurs
amis, et je le traitai comme tel.

Depuis l'entrée des Français en Hollande,
le faible parti qu'y conservait encore le Stadhouwer avait révélé çà et là son existence

par quelques tentatives d'insurrection. C'était dans quelques villes de la Gueldre qu'il avait concentré tous ses efforts pour troubler la tranquillité dont on commençait à jouir. Van-M***, quoique bien jeune encore, avait été nommé membre du conseil municipal. Il était tellement convaincu que les malheurs de la Hollande avaient pour cause unique l'asservissement de la maison d'Orange à la politique de l'Angleterre, qu'il eût préféré l'exil à la douleur de retomber sous un joug qu'il détestait : il employait donc tous les moyens qu'il avait à sa disposition, surtout les ressources de son immense fortune, à faire surveiller les hommes qui lui inspiraient le plus de défiance et à déjouer leurs complots. Il était bien servi, parce qu'il n'épargnait rien pour l'être : c'est ainsi qu'il avait été des premiers instruit des troubles que s'efforçaient de fomenter à Bréda, à Bois-le-Duc, à Middelbourg, au Texel, les agens de l'Angleterre excités par le prince et surtout par la princesse d'Orange. On cherchait à soulever le bas peuple en semant par tout le pays les bruits les plus absurdes ; on le menaçait de la famine et de tous les maux que peuvent enfanter les réactions politiques. Toute religion a ses fanatiques; le protestantisme, si tolérant, n'en est pas plus exempt que d'autres. C'était sur cette espèce d'hommes qu'on essayait le pouvoir des insinuations les plus mensongères. On leur disait que l'expédition française en Hollande n'avait d'autre but que le rétablissement du culte catholique : et certes il n'y avait rien de moins catholique que l'armée française à cette époque. C'était dans le but de contribuer à étouffer dès leur naissance ces germes de discorde que Van-M*** avait entrepris un voyage à Bois-le-Duc; les mêmes motifs le déterminèrent promptement à reprendre le chemin d'Amsterdam. Nous quittâmes Utrecht si brusquement, que j'eus à peine le temps de faire mes adieux au colonel Meynier, en l'assurant de mon amitié. Je trouvai cependant le moyen de lui parler encore une fois de Ney, et il me renouvela la promesse de faire connaître à son ami les sentimens de bienveillance et d'estime dont j'étais animée pour lui. A peine étions-nous arrivés à Amsterdam que Van-M*** se trouva forcé de faire une nouvelle absence; il partit avec ses amis Deelc et Van-Over..... et je restai seule pendant huit jours.

Il s'était passé bien des choses à Amsterdam pendant notre séjour à Bois-le-Duc : ma mère, dans l'ardeur de sa tendresse pour moi, n'avait pu dissimuler les inquiétudes que lui causaient les inconséquences de ma conduite ; ces inquiétudes, elle les avait communiquées à plusieurs membres de la famille de mon mari ; dans cette famille on m'avait toujours jugée avec sévérité. La légèreté de mon caractère contrastait singulièrement avec la gravité des mœurs hollandaises ; et les mœurs hollandaises s'étaient conservées pures de tout mélange dans la famille de Van-M***.

Ainsi donc, tandis que mon mari s'occupait de conjurer les tempêtes politiques, il se formait sur ma tête un orage qui menaçait de troubler ou de détruire à jamais notre repos et le bonheur de notre union. On connaissait mon caractère ferme et décidé ; on n'ignorait pas non plus quel était mon empire sur l'esprit de mon mari, et l'on présumait qu'il n'y avait rien à espérer de moi si l'on employait, pour me faire rentrer dans les voies de la prudence et de la raison, le ton d'aigreur et le langage de l'autorité. La première démarche fut toute conciliante : on m'invita à dîner chez un des plus proches parens de mon mari ; la femme de ce parent m'avait donné à l'époque de mon mariage quelques sujets de mécontentement que je n'avais malheureusement pas oubliés. Je n'avais pas eu davantage à me louer du fils et des deux jeunes personnes qui composaient le reste de cette famille. Ces demoiselles ne manquaient jamais, quand je leur adressais la parole en français, de me répondre en langue hollandaise, comme pour me faire voir combien leur répugnaient mes habitudes et mes modes françaises. L'aînée des deux, mademoiselle Élisabeth ****, avait été destinée à devenir l'épouse de Van-M*** ; l'amour subit dont il s'était senti enflammé pour moi avait mis obstacle à l'exécution de ce projet, dès long-temps concerté entre les deux familles. Ce fut un grand malheur pour Van-M***, qui aurait trouvé dans sa cousine la plupart des qualités qui me manquaient, et qui toutes étaient propres à faire le bonheur d'un mari. Tels étaient les convives au milieu desquels j'allais me trouver. On avait encore invité plusieurs parens de Van-M*** dont les sentimens pour moi n'étaient pas beaucoup plus favorables. J'avais accepté l'invitation pour ne pas manquer aux déférences que mon mari devait à une famille dont il n'avait qu'à se louer. J'arrivai à l'heure indiquée ; le repas fut long et triste. C'était seulement après être sorti de table qu'on devait m'adresser la mercuriale convenue ; seulement quelques traits assez amers, qu'on me décocha indirectement pendant le dîner, me firent pressentir la tournure que la conversation devait prendre plus tard. L'impatience me gagnait : mais, quelque coupable que je me sentisse intérieurement envers Van-M***, je conservais toujours pour lui une sorte d'attachement respectueux qui m'empêcha de répondre comme je l'aurais fait sans doute, si je n'avais suivi que la violence de mon humeur. Je restai donc assez maîtresse de moi pour ne pas manquer aux plus austères convenances ; ce devoir me devint plus facile à remplir quand je m'aperçus qu'on ignorait entièrement ce que ma conduite avait de véritablement coupable. Aux reproches qu'on m'adressa bientôt sur mes inconséquences, ma légèreté, mon goût excessif pour la dépense, l'affection exclusive que je manifestais en toute occasion pour la société des Français, je ne fis que cette réponse : « Tant que Van-M*** ne

« désapprouvera pas ma conduite, tant que mes
« sociétés seront les siennes, que ses amis se-
« ront les miens, je ne croirai devoir réformer
« en rien ma manière de vivre, et je serai loin
« de me réputer aussi coupable que vous le
« prétendez. »

Le sang froid que je sus conserver, et qui paraissait tout-à-fait contraire à l'emportement bien connu de mon caractère, étonna mes juges, et mit fin à toute discussion entre nous. Je me retirai promptement : de part et d'autre on était plus mécontent que jamais. Dès mon arrivée à Amsterdam, mon premier soin avait été d'écrire à ma mère; elle ne m'avait point répondu. Cette sévérité, juste et méritée sans doute, était cependant venue bien mal à propos. Mon cœur, habitué à une grande indulgence, avait été profondément blessé d'une rigueur tout-à-fait nouvelle. Puisque Van-M*** ne paraissait pas mécontent de moi, personne, à mon avis, n'avait le droit de se montrer plus sévère que lui; je me faisais ainsi un petit code d'ingratitude et de mauvaise foi, à l'aide duquel j'espérer échappais à ma conscience.

CHAPITRE XII.

Un aveu. — Excès d'indulgence de Van-M***. — Sentimens que cette indulgence fait naître en moi. — Résolution qui en est la suite.

En sortant de la maison où j'avais été pendant plus de trois heures exposée à des regards sévères, à des interpellations qui ne l'étaient pas moins, j'éprouvais le besoin de la solitude. Je rentrai aussitôt chez moi, et je renonçai au projet que j'avais eu de faire des visites dans la soirée. A mon retour on me remit une boîte qui était arrivée, pendant mon absence, de Dampierre-le-Château : mes mains tremblèrent en touchant cette boîte ; j'ordonnai de ne laisser entrer personne, et je courus m'enfermer dans mon appartement.

Comment expliquer le bouleversement qui s'était opéré en moi au seul nom de Dampierre-le-Château, à la seule vue de l'adresse tracée de la main de Marescot ! Mille souvenirs bien tristes, mille pressentimens sinistres oppressaient à la fois mon cœur ; je respirais à peine. En entrant dans ma chambre je me jetai sur un siége, accablée de l'idée que cette boîte contenait le dernier gage d'amour, peut-être le dernier adieu de l'homme que j'avais tant aimé. Je n'osais ni regarder ni ouvrir la boîte. Prosternée à deux genoux, je la presse avec un mouvement convulsif contre mon sein, d'où s'échappent des cris de douleur. Il semblait que ma passion fût réveillée tout à coup par la pensée que j'avais perdu pour toujours celui qui en avait été l'objet.

Je revins à moi dans les bras de Van - M***, qui me prodiguait les noms les plus doux et les plus tendres caresses. M'arracher de ses bras, tomber à ses pieds, tel fut mon premier mouvement, et mon premier cri : « Ah ! laissez-moi, « laissez-moi ; je suis indigne de vous ! Cachez « ma honte à ma malheureuse mère. » Van-M*** me relève doucement et me serre contre son cœur. Hélas ! déjà il n'ignorait plus rien : un bracelet et une lettre contenus dans la boîte qu'il venait d'ouvrir lui avaient tout appris. Muette, baignée de larmes, anéantie par mes remords, tremblant de tous mes membres, je crus que j'allais mourir; ma voix était étouffée par les sanglots. Van-M*** me place sur un fauteuil, et me tenant toujours entourée d'un de ses bras, de l'autre main il attire une chaise et s'assied près de moi. Je me dégage une seconde fois; alors saisissant mes deux mains, il les écarte de ma figure, les retient serrées dans les siennes, et prononce ce seul mot : « Elze-« lina! » Effrayée de l'altération de sa voix, je relève la tête, en écartant par ce brusque mouvement mes cheveux épars qui me voilaient tout entière, et je jette un cri d'effroi à la vue de la pâleur qui couvrait ce beau visage, et de la tristesse profonde qui se peignait dans tous ses traits. Les reproches les plus amers, la sévérité la plus inexorable, n'auraient jamais produit sur moi un effet aussi terrible que la douleur où paraissait plongé le malheureux Van-M***.

Il devina ce qui se passait en moi, pressa encore une fois sur son cœur ma tête brûlante, et déposa un baiser sur mon front : « Elzelina, dit-« il, gardons un silence éternel sur cette affreuse « découverte. Je suis aussi coupable que vous : « votre mère m'avait averti des dangers aux-

« quels j'allais vous exposer..... Je ne l'ai point
« écoutée; Elzelina, elle doit tout ignorer. Ainsi
« point d'éclat, point de changement dans
« notre manière de vivre..... Agir autrement,
« ce serait nous exposer de plus en plus aux
« traits de la médisance. »

Les larmes ruisselaient de mes yeux tandis
qu'il parlait. Oh ! j'aurais voulu que la terre
s'entr'ouvrît pour m'engloutir : « Ma tendre
« amie, ajouta-t-il, fiez-vous à moi du soin de
« vous rendre avec le temps le repos et le bon-
« heur : oui, tu trouveras toujours en moi le
« meilleur et le plus indulgent ami. Demain
« nous nous occuperons d'aller passer quelques
« jours dans la retraite. Ah ! tu ne dois pas
« craindre de te trouver seule avec moi ! Tu
« n'as rien perdu de tes droits sur mon cœur ;
« tu seras toujours ce que j'aime le plus au
« monde, celle en qui repose mon seul espoir
« de bonheur. »

Je voulus balbutier quelques mots de réponse; mais il posa sa main sur ma bouche,
et m'attirant de nouveau sur son sein, il me
dit pour me consoler, tout ce que l'amour le
plus vrai peut trouver de plus persuasif et de
plus tendre. Toutes ces consolations étaient

vaines; chacune de ces paroles si pleines de bonté donnait une nouvelle force à mes remords. Van-M*** ne me croyait qu'égarée par un délire passager, mais je me sentais criminelle. Cependant j'étais attendrie de l'entendre répéter sans cesse qu'il ne survivrait pas à une séparation que je regardais, moi, comme nécessaire et inévitable, et sur laquelle j'avais risqué en tremblant quelques mots. Je l'écoutais sans oser lever les yeux sur lui; mais je me promettais intérieurement de ne plus l'affliger en reproduisant une idée qui lui faisait horreur, de tout faire pour mériter à l'avenir son estime et sa confiance, et de devenir la meilleure des sœurs si je n'étais plus digne d'être son épouse.

Telles étaient les pensées qui m'agitaient; mon état commençait toutefois à devenir moins pénible. Van-M*** était plein de délicatesse; malheureusement il était dans l'âge où les passions exercent le plus d'empire. La vue d'une femme jeune et belle, que sa douleur embellissait peut-être encore, le conduisit bientôt de l'attendrissement excité sans doute par une généreuse pitié à ce sentiment qui, chez les hommes, ressemble tant à l'amour. Mais dans la disposition où j'étais, les témoignages de cet amour me paraissaient une insulte à mon désespoir, un doute offensant sur la sincérité de mes remords, la preuve d'une indifférence injurieuse pour des torts qui, une fois connus, devaient séparer l'époux de celle qui l'avait déshonoré.

Je reculai avec effroi; et repoussant Van-M***, je me jetai à ses pieds, les mains jointes, et, comme emportée par une force irrésistible, je m'écriai, hors de moi : « Vous croyez que « mon imagination seule s'est égarée ? Eh bien ! « non ; je suis tout-à-fait coupable : laissez-moi « fuir, laissez-moi me cacher ; une séparation « éternelle, voilà ce que j'implore, et ce que « j'attends de vous. »

Mon action, la véhémence de mes paroles, rappelèrent Van-M*** à lui-même : il m'obligea à me relever, et me replaça sur mon fauteuil. Il allait et venait dans la chambre avec beaucoup d'agitation; pour moi, je continuais de pleurer en silence. Van-M*** s'assied enfin à mes côtés, et, avec l'accent le plus tendre, il me prie de lui *pardonner* d'avoir ajouté à mon affliction : « Elzelina, ajouta-t-il d'un ton plein « de douceur, je me soumettrai à tout ce que tu

« exigeras de moi ; mais, je t'en conjure, ne
« prends en ce moment aucune résolution
« définitive; demain tu pourrais t'en repentir :
« nous avons devant nous un si long avenir !
« Permets-moi d'espérer que le bonheur n'est
« pas encore entièrement perdu pour tous
« deux : surtout, qu'on ne me parle plus de sé-
« paration. » Il pressa encore une fois ma main
sur son cœur, sonna ma femme de chambre,
et, après m'avoir recommandée à ses soins, il
me quitta.

Van-M*** avait laissé la fatale boîte sur la
table. Cette vue était un supplice pour moi;
mais, pour l'écarter de mes yeux, il eût fallu
y toucher. Cet effort était au dessus de mon
courage; je détournai les yeux en continuant
de verser des larmes amères. Je passai la nuit
entière à pleurer : ce n'était pas l'instinct d'une
vaine curiosité qui ramena malgré moi, pendant cette longue nuit, mes regards sur la
boîte que je pouvais apercevoir de mon lit.
Cette boîte renfermait peut-être un portait,
peut-être un autre gage d'amour envoyé par
Marescot à ses derniers momens... L'incertitude m'était affreuse : j'avais depuis long-temps
cessé d'aimer celui dont l'imprudence venait de

causer tant de mal, mais je ne pouvais encore oublier combien il m'avait été cher. Cependant j'eus le courage d'endurer ce supplice, et ma main ne s'étendit pas une seule fois jusqu'à cette boîte sur laquelle mes yeux se reportaient involontairement à chaque minute. Le lendemain Van-M*** passa une grande partie de la matinée près de moi : j'étais sérieusement indisposée, et notre porte fut fermée à tout le monde. Cette infraction aux usages bien connus de notre maison dut étonner bien des gens, car personne n'ignorait que Van-M*** était de retour depuis l'avant-veille. Il s'était aperçu de l'impression fâcheuse que la vue de la boîte produisait sur moi : il avait pu se convaincre également qu'elle était restée dans l'état où il l'avait laissée lui-même. Il l'emporta ; mais dans la journée, comme j'étais avec lui dans son cabinet, où il m'avait priée de le suivre, afin, disait-il, que je ne me séparasse jamais de lui, il me la remit en me disant : « Elzelina, c'est à « toi d'ordonner ce que j'en dois faire. » Je la pris d'une main tremblante, et je la plaçai dans le double-fond de son secrétaire. « Ne serait-il « pas plus prudent, reprit-il, d'anéantir cette « boîte avec tout ce qu'elle contient ?—Elle est

« à vous, » répondis-je sans hésiter; et aussitôt la boîte fut livrée aux flammes.

Vers le soir mon abattement augmenta. L'attention de Van-M*** à me considérer, ses questions d'abord détournées, et bientôt plus positives, me firent juger qu'il me soupçonnait de feindre une indisposition beaucoup plus grave que celle dont j'étais réellement atteinte. Je m'attachai à détruire cette opinion, et quoique je lui eusse demandé comme une grâce de me traiter désormais en sœur, il n'en redoubla pas moins de caresses pour moi. Ces caresses, je les repoussais toujours; je ne pouvais intérieurement pardonner à Van-M*** l'oubli si prompt d'une faute qui aurait dû lui inspirer pour moi sinon la plus profonde aversion, du moins la plus complète indifférence. J'étais sans doute injuste envers lui, mais il me semblait que j'étais rabaissée au rang d'une maîtresse. Cette idée fermenta dans ma tête; elle acheva de m'aveugler sur la détermination que j'avais prise dès le moment où mon fatal secret avait été découvert; je résolus irrévocablement de quitter ma mère et mon mari, dût cette résolution entraîner pour moi la perte de tous les avantages de ma naissance et de ma fortune.

Le surlendemain du retour de Van-M***, il reçut la visite de quelques membres de sa famille : on ne manqua pas de lui répéter tout ce qu'on m'avait dit à moi-même sur l'imprudence de ma conduite; on se plaignit du peu de docilité avec laquelle j'avais paru écouter des représentations amicales. Les accusations dont j'étais l'objet reposaient sur des ouï-dire bien vagues et des allégations bien légères : cependant on pressait mon mari d'employer envers moi la plus grande rigueur; et lui, qui savait toute la vérité, s'obstinait à me protéger contre les moindres soupçons; il ne montrait qu'une généreuse indulgence. Il plaidait ma cause avec toute la chaleur qu'il aurait mise à me défendre s'il eût été convaincu de mon innocence. Ses efforts pour dissiper les préventions qu'on avait justement conçues contre moi ne servirent qu'à leur donner une nouvelle force, et chacun se retira en lui annonçant qu'avant peu je l'abreuverais de honte et de douleur. Il était dans ma destinée d'accomplir cette funeste prédiction.

Van-M*** mettait tout en œuvre pour effacer de mon esprit jusqu'aux moindres traces du passé; mais tous ses efforts étaient vains, et chaque jour me confirmait dans ma résolution d'abandonner pour toujours mon pays et ma famille. Il m'avait témoigné le désir d'aller passer quelque temps dans une terre qu'il possédait à Broeck [1], et si nous avions pu partir sur-le-champ soit pour cette terre, soit pour aller retrouver ma mère, ou entreprendre avec elle le voyage d'Italie, j'aurais encore pu être sauvée; le temps, la constante bonté de Van-M***, les sages conseils de ma mère, m'eussent certainement rendue à la raison. Mais Van-M*** aimait trop son pays, il

---

[1] Ce village de *Waterland,* ou *Nord-Hollande,* a été visité par une foule d'illustres voyageurs. Il était célèbre par la singularité des usages qui y étaient en vigueur, et surtout par la minutieuse propreté des rues et des maisons. Ces rues étaient pavées de briques qu'on frottait avec des acides préparés tout exprès pour leur donner de l'éclat. Le perron de chaque maison était lavé avec le même soin. Le passage des voitures était interdit, et l'on prenait de grandes précautions pour que les chevaux et les bêtes de somme ne pussent marquer leur route comme partout ailleurs. Il y avait dans ce village des bourgeois riches de plusieurs millions, qui, plus d'une fois, soulagèrent la misère des princes. Les mœurs étaient très-sévères à Broeck, et les femmes avaient une grande réputation de sagesse et de beauté.

était trop occupé des affaires publiques pour faire aucun sacrifice à ses affections particulières et à son bonheur personnel. Son esprit était juste, son caractère ferme dans tout ce qui ne le regardait pas personnellement. Dès qu'il s'agissait de lui-même, ou de moi, son aveuglement et sa faiblesse ne connaissaient point de bornes. Il ne pouvait en ce moment s'absenter d'Amsterdam sans nuire aux affaires importantes dont il était chargé. D'un autre côté, il ne voulait, sous aucun prétexte, se séparer de moi, ni m'envoyer à ma mère, dont il redoutait la sévérité; et ce fut ainsi qu'il me retint près de lui, persuadé qu'il saurait bien seul me consoler et me réconcilier avec moi-même.

CHAPITRE XIII.

Noomz, poëte hollandais. — J'exécute mon projet de fuite. — Mes lettres à Van-M*** et à ma mère.

Une fois le retour de Van-M*** bien connu, il était naturel que rien ne parût changé au train ordinaire de sa maison ; il me fit de nouveau sentir la nécessité de reprendre notre manière de vivre habituelle. Sur-le-champ il m'annonça l'intention de donner dès le surlendemain un grand dîner et un bal, en me conjurant, au nom de son repos et de son bonheur, de faire, comme de coutume, les honneurs de sa maison. Je me soumis à ce qu'il désirait de moi; mais ce fut pour la première fois peut-être que je m'occupai avec une sincère répugnance du soin de ma parure. Sans cesse poursuivie par l'idée que mon mari ne me considérait plus que comme une maîtresse, je me trouvais humiliée des témoignages d'une tendresse qui ne pouvait plus être fondée sur l'estime; je sentais en moi-même que cette tendresse me pesait, et que j'étais poussée par une force irrésistible à la payer de la plus noire ingratitude. Van-M*** avait deviné, sans doute, et ma répugnance pour cette fête, et mon indifférence pour ma parure : aussi donna-t-il tous ses soins à diminuer pour ce jour tous mes embarras domestiques, et la richesse de ses nouveaux dons suppléa à l'insouciance de ma coquetterie. Jamais, sans que je l'eusse cherché, la toilette n'avait fait aussi bien ressortir les avantages que je tenais de la nature. Au dîner comme au bal, Van-M*** paraissait heureux d'entendre louer unanimement ma beauté. Je l'avouerai à ma honte, la fumée de l'encens que je respirais de toutes parts dissipa bientôt ma mélancolie, le chagrin et le repentir firent bientôt place à d'autres sentimens. Entourée d'une foule de jeunes gens, objet des hommages de tout ce qu'il y avait d'hommes distingués dans notre réunion, je ne résistai point aux illusions de la vanité, et je résolus de ne plus vivre que pour de tels succès, puisque je n'avais pas su m'assurer,

par une conduite irréprochable, un bonheur
plus tranquille et plus vrai. Au nombre de
nos convives était un poète hollandais distingué, M. Noomz [1]; il avait souvent entendu
parler de moi, mais il me voyait alors pour
la première fois. Je crus m'apercevoir qu'il
m'observait avec attention, et que j'étais le
sujet de la conversation dans le groupe dont il
faisait partie. Par suite de ce sentiment qui m'a
toujours portée à rechercher les gens de lettres
et les artistes célèbres, je m'approchai de lui,
et je lui témoignai le plaisir que j'éprouvais
à faire sa connaissance : nous causâmes long-
temps ensemble; je lui parlai de ses vers et du
talent avec lequel il avait su plier aux lois
de la poésie une langue rude et dépourvue
d'harmonie. Noomz me parut bon, aimable
et sensible; il me félicita d'être née en Italie
et de conserver, au milieu d'un monde tout
occupé de spéculations positives, un goût
aussi vif pour les jouissances idéales des lettres

---

[1] Mort à l'hôpital d'Amsterdam en 1803. Noomz était
cependant issu d'une famille de négocians très riches; mais
on le repoussa pour le punir de n'avoir pas su embrasser
une profession *utile*.

et des arts. J'appris plus tard que Noomz avait parlé de moi à plusieurs personnes dans les termes les plus flatteurs : peu d'instans avaient suffi pour lui faire connaître à fond mon caractère, et il avait tiré de moi un horoscope dont je rapporterai ici les principaux traits, parce qu'ils s'accordent merveilleusement avec les événemens étranges et les vicissitudes de ma vie.

« Madame Van-M***, avait-il dit, me paraît réunir beaucoup de grâces et de beauté, une âme sensible et un esprit élevé; mais je crains que son imagination ne soit trop ardente, son caractère trop indépendant, pour qu'elle puisse jamais trouver le bonheur dans l'accomplissement des devoirs d'épouse. On n'aurait pas dû la marier : riche, libre et protégée par un beau nom, elle se serait peut-être livrée à l'étude, elle aurait pu développer les dispositions naturelles qui l'appellent à la culture des lettres et des arts. Son âme se peint dans ses regards, et ces regards n'annoncent point qu'elle puisse supporter la monotonie de la vie ordinaire, ou qu'elle soit destinée à goûter jamais la félicité domestique. Aujourd'hui elle cherche dans les plaisirs cette félicité dont le besoin est dans son ame : je désire me tromper ; mais je crains pour Van-M*** la violence des passions de sa femme.

Huit jours après on lui apprit ma fuite ! Le surlendemain du bal, je reçus la visite du jeune D***, Hollandais, aide-de-camp du général Kellermann ; il était ami intime de Marescot, et m'apportait une lettre de lui. J'étais trop joyeuse d'apprendre que mes inquiétudes sur la vie de ce général étaient sans fondement, pour m'offenser de l'indiscrétion qu'il commettait en m'écrivant par la voie d'un tiers : d'ailleurs la lecture de cette lettre le justifiait complètement à mes yeux. Il se plaignait de mon long silence, et me témoignait la crainte qu'une boîte qu'il m'avait adressée de Dampierre-le-Château ne me fût point parvenue ; il me marquait encore que les devoirs du service l'avaient récemment appelé à Paris, et l'y retiendraient probablement quelque temps.

On me pardonnera de le répéter encore, cette première passion était depuis long-temps éteinte dans mon cœur : cependant je ne reçus pas sans émotion ce souvenir d'un homme que j'avais si tendrement aimé. Sans m'être positivement arrêtée encore à aucun parti, j'étais certaine maintenant de trouver un protecteur, si j'en avais besoin. Je n'hésitai bientôt plus à me dérober au supplice que je trouvais à vivre près de l'homme que j'avais si cruellement offensé, et à recevoir chaque jour les preuves d'une tendresse que je ne pouvais plus partager.

Je suis naturellement très désintéressée : née au sein de l'opulence, mariée à un homme dont la fortune surpassait encore celle que je pouvais attendre de ma famille, j'ignorais alors le prix des richesses. Je renonçai donc sans aucun regret à l'opulence de Van-M***, et je ne voulus garder aucun des présens dont il m'avait comblée pendant la durée de notre union. Ma dot était de soixante mille florins [1]; mon mari n'avait pas voulu que ma mère se dessaisît du capital, et elle nous en payait seulement l'intérêt à un taux modique ; mais elle m'avait donné, le jour de mon mariage, ses dentelles et ses diamans, évalués à cent trente mille florins. Je résolus d'emporter seulement ce que je regardais comme ma propriété personnelle, et mille ducats en argent

---

[1] Le florin vaut en Hollande 2 francs 10 centimes.

comptant, que je devais encore à la générosité de ma mère.

Il semblait que le hasard se plût à favoriser mon projet, en écartant d'avance tous les obstacles qui auraient pu m'arrêter. Van-M***, obligé de s'absenter d'Amsterdam pendant deux jours, me pria d'aller passer ces deux jours à notre maison de l'Amstel; il m'annonça qu'il viendrait m'y prendre pour me conduire à Sgravsand, de la maison de campagne même où plus anciennement j'avais si bien réussi à le tirer des mains des Anglais. Je promis tout ce qu'il me demanda de promettre : qu'on veuille bien m'épargner les détails ; il suffira de dire que je ne perdis pas un seul instant pour faire mes préparatifs. Je serrai dans une cassette les diamans et les dentelles que je tenais de ma mère, ainsi que les mille ducats que je regardais comme m'appartenant en propre; je remplis une malle de mon linge et de quelques vêtemens; j'adressai ensuite le tout à Utrecht, à l'hôtel du Mail, avec une lettre à l'hôte, pour le prévenir de ma prochaine arrivée. Je me rendis ensuite à la maison de l'Amstel; et ce fut de là que je partis, à la nuit tombante, par une porte du jardin près de laquelle m'attendait une chaise de poste.

Avant de quitter pour jamais la maison de mon mari, je rédigeai et je lui adressai un aveu complet de tous mes torts envers lui et une renonciation à tous mes droits, avec promesse de ne plus porter et de ne jamais signer à l'avenir un nom dont je me reconnaissais indigne. A ces deux pièces étaient jointes deux lettres, l'une pour mon mari, l'autre pour ma mère; la première était ainsi conçue :

« Lorsque vous jetterez les yeux sur ce papier,
« un éclat scandaleux aura mis entre vous et
« moi une distance qu'il ne sera plus pos-
« sible de franchir : la juste sévérité de l'o-
« pinion.

« Ne me maudissez pas : je me savais indigne
« de vous ; je ne pouvais vous appartenir
« davantage sans me rendre méprisable à mes
« propres yeux. Vous-même vous m'eus-
« siez dédaignée, du moment où, cessant
« d'être ébloui par ce qu'on veut bien appeler
« ma beauté, vous auriez commencé à vous
« repentir de votre indulgence pour des torts

« dont la gravité vous est entièrement connue.

« Van-M***, cette indulgence vous couvri-
« rait désormais de honte aux yeux du public :
« dois-je le dire ? elle vous rendrait peut-être
« moins estimable à mes yeux.

« Oh ! pardonnez-moi : je sais tout le chagrin
« que je vais vous causer ; et cependant il est
« au-dessus de mes forces de rester près de
« vous, sachant combien je suis désormais
« indigne d'être votre compagne. Vous savez
« vous-même comment votre amour et votre
« confiance ont été récompensés. Voyez-moi
« telle que je suis, et arrachez de votre cœur
« jusqu'au souvenir d'une femme criminelle ;
« abandonnez-vous tout entier à ce que vous
« inspire de généreux l'amour du bien public
« et de votre patrie.

« Van-M***, comme je sais que je n'ai rien
« à redouter de vous, je ne chercherai point
« à vous dérober mes traces. Mon projet est
« de passer quelque temps à Paris, d'y vivre
« sous un nom emprunté, et de me consacrer
« à l'étude et aux arts. Je pars seule ; personne
« ne m'accompagne, et je ne vais retrouver
« personne. L'aveu que je fais doit vous prou-
« ver que je n'ai point perdu une qualité que

« vous aimiez en moi, la franchise. Je veux
« penser surtout que vous ajouterez foi à
« cette dernière assertion.

« Grâce, encore une fois ! j'ai besoin de
« vivre indépendante ; la fougue de mon carac-
« tère m'aurait toujours empêchée de vous
« rendre heureux et de trouver moi-même
« le bonheur dans un lien respectable. Je me
« connais, je me juge ; et c'est par ce motif
« même que je m'arrache à votre amour.

« Les papiers que vous trouverez joints à
« cette lettre dans mon secrétaire vous laissent
« maître absolu d'une fortune qui ne m'ap-
« partient plus. Si le malheur vient à m'at-
« teindre, c'est de vous seul que j'implorerai se-
« cours et protection : je m'estimerai toujours
« heureuse de dépendre absolument de votre
« bonté : ah ! croyez-le bien, quoique j'aie
« si mal répondu à votre tendresse.

« Si vous me permettez de disposer des
« objets [1] relatés dans une petite note que
« vous trouverez jointe à cette lettre, ce sera

---

[1] C'était tout ce qui m'appartenait en dessins, tableaux et curiosités. Je le priai de rendre le tout à ma mère, comme un don de ma part.

« une consolation pour moi de penser que
« je vous ai une obligation de plus.

« Van-M***, je n'ai pas besoin de vous re-
« commander ma malheureuse mère : il ne
« lui reste plus que vous, que vous seul; elle ne
« perd en moi qu'une fille indigne d'elle...
« Cependant elle me pleurera : je vous en
« supplie, consolez-la.

« Dès que je serai arrivée au terme de
« mon voyage, je vous instruirai de ma de-
« meure. Bien certaine de votre cœur, je
« ne dois craindre aucune tentative qui désho-
« norerait l'époux; et j'apprécie trop vos bontés
« passées pour jamais me dérober à l'ami :
« veuillez permettre que je vous donne encore
« ce titre.
           « Elzelina Van-Aylde-Jonghe. »

Voici maintenant la lettre que j'écrivis à ma mère :

« C'est à genoux devant l'image de mon
« père que j'ose implorer de vous pardon
« et pitié. Vous ne m'avez jamais donné que
« des exemples de vertu, et cependant j'ai
« violé tous les devoirs que j'avais à remplir

« envers le meilleur des époux. Également
« indigne désormais de vous et de lui, je n'ai
« pas voulu ajouter à tant de torts celui de
« faire éclater ma honte aux lieux mêmes où
« j'ai vécu long-temps pure et honorée, où
« vous-même, ma mère, vous êtes entourée
« de tant de respect. Ne me regrettez pas ;
« mais ne m'accablez pas de votre malédic-
« tion. Van-M*** vous reste... Je vous demande
« grâce à tous deux.

« Vous avez eu jadis le bonheur d'enrichir
« votre mari : ce n'est donc pas devant vous,
« ma mère, que je chercherai à justifier
« ma renonciation à une fortune sur laquelle
« je ne me reconnais plus aucun droit. Vous
« savez ce que Van-M*** a fait pour réparer
« vos pertes autant qu'il était en lui. Ce que
« je fais aujourd'hui me semble un juste témoi-
« gnage de reconnaissance, et je me flatte
« que vous ne me désapprouverez pas. Ma
« mère verra du moins que mes égaremens
« n'ont pas détruit en moi tous les bons senti-
« mens qu'elle n'a jamais cessé de m'inspirer.
« En donnant une preuve de désintéressement,
« je ne fais qu'imiter son exemple et suivre ses
« principes.

« La famille de mon mari et la mienne
« doivent ignorer le lieu de ma retraite ; mais
« Van-M*** et vous, ma mère, vous en serez
« toujours instruits. Je me jette encore une
« fois à vos pieds, que j'arrose de mes larmes.

« Elzelina. »

Mes remords n'étaient point affectés. On pourrait douter de leur franchise en me voyant persévérer dans une résolution dont le scandale allait m'ôter tout espoir de retour dans ma famille et dans le pays que j'avais si long-temps habité : mais ces remords prenaient moins leur source dans la conviction de mes torts que dans celle de la douleur que j'allais causer à mon mari et à ma mère. Je n'avais pas dix-sept ans, et déjà je m'étais habituée à regarder comme chimériques tous les devoirs qui m'étaient imposés. Noomz ne m'avait que trop bien jugée : non, je n'étais point faite pour la vie domestique, je ne pouvais pas renfermer ma vie dans un cercle d'habitudes paisibles. Il y avait et il y a encore dans ma tête, malgré mon âge, un besoin d'activité, d'agitation et d'indépendance qui m'a toujours fait un tourment de ce qui ressemble à une habitude, à un devoir, à une règle établie. Si Van-M*** n'avait point été mon époux, son indulgence m'aurait enchaînée à lui pour la vie, parce que, libre de me séparer de lui, je n'aurais pas eu à craindre qu'il se méprît sur la source de mon amour. Mais unie à lui par un lien indissoluble, la mort m'eût paru préférable à l'humiliante position où mes fautes m'avaient placée.

CHAPITRE XIV.

Arrivée à Utrecht. — Les parens de ma mère. — Persécutions auxquelles je me vois exposée. — Je vais me placer sous la protection du général Moreau.

Pendant les deux ou trois premières heures qui suivirent le moment de mon départ, j'éprouvais une violente agitation et je versais des larmes abondantes. Mais bientôt mon esprit se créa des sophismes propres à le calmer; et lorsque je descendis à l'hôtel du Mail, j'étais déjà parvenue à me persuader que la nécessité m'avait fait une loi de la fuite, et qu'en quittant mon époux je sacrifiais ma réputation au besoin d'assurer son repos et mon bonheur.

Nous étions trop connus à Utrecht pour que mon arrivée dans cette ville pût rester long-temps ignorée. On ne fut pas surpris de me voir arriver sans Van-M***; on connaissait la liberté dont nous aimions à jouir vis-à-vis l'un de l'autre, mais on dut s'étonner de me voir arriver sans être suivie d'un seul domestique, et cependant précédée d'une malle qui annonçait le projet d'un long voyage, ou du moins d'un séjour quelconque loin de mon mari. J'étais en outre revêtue de mes habits d'homme : je les avais pris pour la première fois dans la campagne de 1792, et depuis cette époque je m'en étais souvent revêtue, soit dans nos parties de plaisir, soit dans nos voyages. On glosa donc beaucoup sur ma brusque arrivée, et les soupçons allèrent à la fois si vite et si loin, que dès le lendemain même je reçus la visite d'un oncle maternel.

Sûre de trouver toujours dans Van-M*** un protecteur contre toutes les persécutions qu'on voudrait me susciter, je déclarai sans balancer que j'avais quitté mon mari pour vivre libre et indépendante. Ce langage irrita violemment mon oncle, et, d'un ton d'autorité, il me menaça d'employer la force pour me contraindre à rentrer dans le devoir. Je répondis avec hauteur que mon parti était bien pris, qu'il pouvait se dispenser de toutes remontrances, et que ses menaces étaient vaines.

J'éprouverois un plaisir bien grand à braver ce vieillard. M. le comte Van-Perpowy s'était opposé jadis avec une opiniâtreté invincible au mariage de ma mère avec le jeune comte de Tolstoy : il avait voulu la contraindre à s'unir avec un jeune homme dont il favorisait les prétentions; mais ma mère avait su résister à son influence. Il me quitta enfin, non sans maudire sa nièce de m'avoir mariée à un marchand[1], dont la faiblesse n'avait pas su me contenir dans le devoir, et qui déshonorait par ses opinions politiques l'illustre famille à laquelle il s'était allié.

On écrivit sur-le-champ à Amsterdam, et l'on excita ma pauvre mère à déployer la

---

[1] Ce *marchand* avait, dès les premiers temps de notre mariage, rempli par des prêts obligeans la caisse de M. le comte Van-Perpowy, beaucoup plus riche de parchemins que de ducats. On sait quels sont, en pareils cas, le savoir-vivre et la résignation de certains gentilshommes. L'or de M. Van-M*** eût-il porté l'empreinte des couleurs qu'on haïssait, on l'aurait encore reçu en faisant, comme on dit, de nécessité vertu, et en se réservant, *in petto*, le droit de se montrer ingrat plus tard.

plus grande sévérité; mais Van-M*** s'opposa formellement à toute mesure de rigueur. Sa famille voulait qu'on courût sur mes traces, pour m'atteindre et me faire enfermer. Ma mère avait consenti. Van-M*** déclara que jamais il ne donnerait les mains à un tel projet, et qu'il ne souffrirait pas davantage qu'on lui parlât de divorce; qu'en un mot, loin de chercher à m'exaspérer par des procédés violens, il voulait s'efforcer de me ramener à lui par la douceur. Un mot de sa bouche aurait suffi pour que la loi prononçât notre séparation éternelle ; il avait dans ses mains l'aveu écrit de mes fautes, et il aurait pu s'en servir. Sa famille ignora long-temps qu'il fût possesseur d'une pièce aussi importante. Ma fuite était le seul grief important qu'elle pût élever contre moi. Van-M*** ne permit pas qu'on entreprît rien pour m'arrêter. Je l'ai senti bien des fois depuis cette époque : si j'avais connu l'excès de sa générosité avant de recourir à une protection étrangère, je serais allée me jeter à ses pieds pour lui demander mon pardon ; je l'aurais suivi dans l'exil volontaire qu'il s'imposa bientôt lui-même, et je lui aurais peut-être encore rendu le bonheur dont je le privais pour toujours.

Van - M*** était parti directement et sans délai pour Paris, dans l'espoir de m'y trouver : il n'avait pas pensé que je m'arrêterais à Utrecht. Mon premier soin avait été d'écrire au général Grouchy, alors absent de cette ville. Le colonel Meynier, dès qu'il avait su mon arrivée, s'était empressé de venir me voir. Je dois le dire à l'honneur de sa délicatesse et de sa droiture, il parut douloureusement affecté quand je lui appris par quelle suite d'événemens je me trouvais à Utrecht, et la fatale détermination que j'avais prise. Avec toute la franchise d'un brave militaire et d'un honnête homme, il me donna tous les conseils que pouvait dicter la saine raison, et il me présenta sans ménagemens le tableau du triste avenir que je me préparais. Plusieurs jours de suite il réitéra ses remontrances. Enfin, me voyant si résolue, il cessa de revenir sur ce sujet, et s'abandonna au plaisir qu'il paraissait trouver dans ma société.

Le comte Van-Perpowy n'avait pas manqué de répandre dans la ville les bruits les plus défavorables sur mon compte. Certaine d'avance d'être reçue partout avec une grande froideur ou du moins avec une politesse dédaigneuse, je me dispensai de toute visite. Je sentais intérieurement combien étaient fondés les reproches qu'on pouvait me faire; mais j'étais soutenue par l'idée que du moins on ne pourrait jamais m'accuser de profiter des dépouilles de l'homme dont j'avais trompé l'amour et la confiance. Mes scrupules à cet égard ont été poussés si loin, que beaucoup d'hommes d'honneur, fort délicats eux-mêmes sur les moyens de s'enrichir, trouvèrent plus tard mon désintéressement romanesque. Lorsqu'après la mort de Van-M***, qui cessa quelques années plus tard de vivre et de souffrir, à Démérary, j'appris quelles avaient été ses dernières intentions en ma faveur, je me gardai bien d'intenter aucune action juridique pour faire valoir mes droits. Je consentis à tout ce que demanda de moi la famille de mon mari. Le général Moreau n'était certainement pas suspect de cupidité; et cependant il disait hautement que j'avais poussé le désintéressement *jusqu'à la folie.*

Il y avait déjà huit jours que j'étais à Utrecht,

quand le général Grouchy revint de sa tournée dans laquelle l'avait accompagné madame Lin... Cette belle personne montrait l'indifférence la plus absolue pour l'opinion : elle n'avait pas, comme moi, quitté son mari; mais on ne l'en estimait guère plus ; sa société était entièrement composée d'hommes et de quelques femmes qu'il eût mieux valu pour elle ne pas recevoir.

Grouchy vint me voir : il avait ouï dire que la famille de Van-M*** faisait des démarches pour me priver de ma liberté; il me parut ému et affligé de la position dans laquelle je m'étais placée. Je m'informai de Moreau, et du lieu où il se trouvait alors. En apprenant qu'il était à Menin, j'engageai Grouchy à lui faire passer une lettre dans laquelle je réclamais sa protection contre les parens de Van-M***. Je le savais trop bon, pour ne point accueillir ma demande. Grouchy consentit à ce que je désirais, et il m'annonça ce que l'on m'avait appris déjà, le départ de Van-M*** pour Paris.

A peine me trouvai-je seule qu'une terreur vague, mais qu'aucun raisonnement ne pouvait vaincre, vint s'emparer de moi : je résolus de suivre à l'instant ou plutôt de devancer ma lettre. Il n'était pas encore onze heures du matin ; je demandai des chevaux de poste. Le colonel Meynier s'offrit pour m'accompagner dans mon voyage. Il courut demander au général en chef l'autorisation nécessaire pour cette courte absence : pendant ce temps j'écrivis à ma mère, je fis tous mes préparatifs, et à trois heures et demie nous étions en route avec une femme de chambre et un domestique que j'avais pris à Utrecht. L'agitation me devenait absolument nécessaire pour écarter de mon esprit toute réflexion fâcheuse. N'ayant pu former encore aucun plan de vie, je m'étais souvent trouvée embarrassée de mon temps pendant les huit jours qui venaient de s'écouler : je ne savais comment remplir mes momens, naguère constamment occupés par les devoirs de la société ou les soins de ma maison. La solitude m'était insupportable.

Le colonel Meynier me quitta à une demi-journée de Menin. Avant d'entrer dans cette ville, je fis prendre les devans à mon domestique, et je l'envoyai avec un billet de ma main chez madame ***, veuve d'un colonel mort au service de la Hollande, et que j'avais beaucoup connue. L'aimable dame vint au devant de moi ; Van-M*** lui avait rendu quelques services, et j'eus le bonheur de trouver en elle une amie dévouée. Elle me plaignit, me consola, tout en blâmant ma conduite avec douceur. Lorsqu'elle sut que mon intention était de me placer sous la protection spéciale du général Moreau, malgré l'estime qu'elle professait pour lui, elle me représenta avec force l'inconvenance de cette démarche. Moi, j'étais toujours dans une espèce de délire qui ne me permettait d'écouter aucun conseil raisonnable. Je ne voyais dans cette nouvelle inconséquence qu'un moyen très simple et très louable de me soustraire aux persécutions dont je pourrais être l'objet : je fis prier le général de vouloir bien passer chez madame***.

A ma vue, il témoigna une joie vive et sincère; mais cette joie fit place à la plus douloureuse surprise, lorsqu'il apprit comment je me trouvais à Menin, et par quelle circonstance j'étais réduite à implorer sa protection : « Ah! madame, s'écria-t-il, qu'avez-vous
« fait ? que je plains Van-M*** ! il vous ado-
« rait; il vous aime sans doute encore. Par-
« donnez à mes craintes, à mes inquiétudes :
« je ne sais comment vous les exprimer; mais

« j'aurais honte de penser qu'un de nos officiers
« ait pu vous entraîner à une si fatale impru-
« dence.

« — Général, répondis-je, je suis venue *seule*
« implorer votre protection.

« — Elle ne vous manquera pas, madame ;
« mais je vous supplie de ne pas vous perdre
« entièrement. Écrivez à votre époux, madame ;
« écrivez-lui, je vous en conjure. »

Il me regardait d'un air suppliant et serrait mes mains dans les siennes. Mon cœur était oppressé : ses paroles avaient réveillé mes remords. Touchée jusqu'aux larmes de ce qu'il me dit encore en faveur de Van-M***, je laissai échapper une partie de mon secret : c'était le seul motif que je pusse alléguer pour ma fuite. Je fis cet aveu avec une franchise absolue, et l'expression de ce repentir auquel ne peuvent se méprendre les ames élevées. Je rejetai sur une force irrésistible les torts dont je m'étais rendue coupable envers mon mari. Non seulement Moreau ne chercha plus à combattre la délicatesse du sentiment qui me faisait fuir le domicile conjugal, mais encore il devint sur-le-champ mon ami et mon protecteur zélé.

Heureuse et fière d'avoir obtenu son appui,

je lui déroulai mes projets pour l'avenir; je lui exprimai avec une nouvelle force la confiance et la sécurité absolue que m'inspirait son caractère, et jamais depuis lors je n'entendis sortir de sa bouche une seule de ces objections, qui ne produisaient d'autre effet sur moi que de m'irriter sans me convaincre.

Le général Moreau n'était pas galant par caractère; la femme qu'il aurait le plus aimée n'aurait pu en faire un petit-maître. Mais c'était un ami sûr, dévoué à ceux qu'il aimait, et toujours prêt à donner de nouvelles preuves de son affection et de son dévouement. Je lui avais plu dès qu'il eut occasion de me rencontrer et de me connaître. Avec les étrangers ou les gens qu'il voyait rarement, Moreau paraissait froid et réservé; dans l'intimité, il avait beaucoup de charme, et sa conversation décelait un esprit cultivé, mais dénué de toutes prétentions. Il fallait, pour ainsi dire, aller toujours au devant de lui, et chercher à échauffer son âme. Quelques jours passés dans sa société m'avaient suffi pour étudier et connaître son caractère; je lui racontais tout ce que j'avais vu sur les champs de bataille, où j'avais été entraînée de si bonne heure. Il aimait à me faire des questions sur ses rivaux de gloire, et les noms de Hoche, Dumouriez, Dampierre, Marceau, venaient se placer dans nos entretiens. Il estimait à leur juste valeur les talens militaires du premier; le caractère du second lui inspirait une forte répugnance, mais ne l'empêchait pas de lui rendre, sous d'autres rapports, pleine et entière justice. Les deux autres lui paraissaient en tous points dignes de leur haute renommée. Je mettais dans toutes mes réponses l'énergie et la chaleur qui me sont naturelles. Ce qui frappa surtout Moreau, dans les premiers momens que je passai près de lui, ce fut, je m'en souviens, l'enthousiasme que je mis à lui raconter un trait de bravoure peu ordinaire, dont j'avais été témoin depuis l'entrée des Français dans la Hollande : le héros de mon récit était, autant que je puis m'en souvenir, un officier nommé Lévey; il venait d'être fait prisonnier, et se trouvait renfermé dans une cave sous la garde de six hommes. Il comprend, au bruit qu'il entend dans la rue, que les Français reprennent l'avantage ; soudain il s'élance sur ses gardiens, leur arrache le sabre qu'ils venaient de lui enlever, et les fait tous prisonniers à son tour. Moreau était un excellent appréciateur de toutes les belles actions; il voyait avec plaisir mon admiration pour les prodiges de la valeur française; il aimait par dessus tout la gloire de son pays. Républicain par nature, et dans l'acception la plus rigoureuse de ce mot, il était simple dans son extérieur comme dans ses goûts; son désintéressement l'eût rendu digne des beaux siècles de Sparte et de Rome. Le mépris des chimères de la noblesse, le sang froid dans le danger, le courage invincible dans le combat, la haine du pouvoir absolu, tels étaient les traits dominans de son caractère. Ni les accusations qu'on a plus tard portées contre lui, ni même la mort qu'il a trouvée dans les rangs étrangers, n'ont jamais pu me porter à croire qu'il eût abjuré des principes qui lui étaient plus chers que la vie. En 1802, il voulut, je le sais, renverser un gouvernement qu'il abhorrait; mais l'ambition personnelle ou la jalousie n'entraient pour rien dans la haine qu'il avait vouée au chef de ce gouvernement. Bonaparte lui était odieux, non parce que son génie avait déjà contribué si puissamment à l'illustration des armes françaises, mais parce qu'il voulait relever le trône pour s'en emparer. Quoi qu'on en ait pu dire, Moreau repoussa toujours de tous ses vœux le rétablissement de la monarchie en France, soit que la monarchie adoptât la bannière républicaine, soit qu'elle se parât des couleurs de l'ancien régime. On me pardonnera de porter sur ce capitaine illustre un jugement opposé peut-être en bien des points à celui de bien des hommes qui ne l'ont pas connu comme moi. Mais le souvenir de l'affection dont il m'honora, et le respect que je conserverai toujours pour sa mémoire, me font une loi de rendre hommage à la vérité.

CHAPITRE XV.

Départ de Menin. — Rencontre sur la route. — Humanité de Moreau. — Kehl. — Je me rends à Paris. — Talma.

Mon intention n'avait jamais été de m'arrêter long-temps à Menin. Je brûlais de me rendre à Paris : sans prévoir aucunement les séductions dont je pourrais être entourée, les plaisirs qui pourraient m'y être offerts, je voulais vivre dans la retraite, et consacrer mon temps à l'étude et aux arts. Un matin donc j'allais demander à Moreau une lettre de recommandation pour l'un de ses amis de Paris, afin de faciliter mon établissement dans cette ville, lorsque le général entra lui-même chez moi : il venait m'annoncer qu'à l'instant même il avait reçu l'ordre de se rendre à Kehl pour prendre le commandement de l'armée à la place du général Pichegru. Sans m'en douter, je me trouvais déjà enchaînée à son sort; je n'avais pas su résister aux témoignages de dévouement et d'amour qu'il m'avait prodigués depuis mon arrivée à Menin; j'étais fière des sentimens que j'inspirais à un tel homme : je ne refusai donc point de le suivre. J'allais de nouveau me trouver au milieu des camps; je ne pouvais manquer d'assister à de nouveaux combats. Cette existence aventureuse plaisait à mon imagination romanesque, et ce voyage, qui pouvait m'exposer à quelques dangers, n'était pour moi qu'une partie de plaisir. Le nom de Pichegru vint naturellement se placer dans la bouche de Moreau : il professait pour ce général une amitié sincère; mais je ne pus dissimuler l'antipathie qu'il m'inspirait depuis la dernière conversation que nous avions eue ensemble à Bois-le-Duc : « Vous êtes trop juste, « me disait Moreau, pour juger aussi légère-« ment un homme tel que Pichegru; vous êtes « trop généreuse pour persévérer à son égard « dans des préventions que je crois mal fon-« dées. Peut-être pourrai-je le justifier plus « complétement un jour à vos yeux. Si dans « ce moment il ne vous paraît pas digne de vos « bonnes grâces, vous trouverez a Kehl, en

« assez grand nombre, des hommes tout-à-fait
« dignes de votre estime et de votre admiration.
« Vous allez revoir Saint-Cyr, Lecourbe et
« Sainte-Suzanne, que vous connaissez déjà ;
« le jeune Delmas, que vous n'avez point en-
« core vu. Dieu veuille qu'aucun de ces braves
« officiers ne m'enlève votre affection ! Admi-
« rez, madame, mais n'aimez personne que
« moi. »

Je ne lui répondis que par un regard et un sourire ; mais j'étais heureuse de le voir si tendre pour moi. Le lendemain, vêtue en homme, avec la cravate noire et l'habit bleu, j'attendais le moment du départ, fixé à cinq heures du matin. Moreau paraissait charmé de son compagnon de route ; nous voyagions en calèche, suivis d'un fourgon qui contenait notre bagage.

Je connais peu l'art des descriptions : je n'essaierai donc pas de tracer ici le tableau du pays que nous eûmes à traverser. La nature n'était rien moins que riante ; car nous étions en plein hiver. Déjà nous approchions du terme de notre voyage. Le mauvais état de la route que nous suivions alors nous forçait de ralentir le pas de nos chevaux. Tout-à-coup, au détour d'un pont, un homme couvert de haillons, dont la longue barbe et l'effrayante pâleur relevaient le désordre et toutes les angoisses de la misère, s'élance à notre portière : « Bons Français, s'écrie-t-il, secourez-nous, par pitié! Ma pauvre femme est à deux pas d'ici, en mal d'enfant, et près de rendre le dernier soupir dans un ravin;» et il nous montrait de la main l'endroit où gisait la malheureuse femme, ayant près d'elle un enfant de trois à quatre ans dont les cris et les caresses augmentaient encore ses souffrances. Moreau ordonne de tourner de ce côté : « Nous placerons la pauvre femme dans la calèche, lui dis-je, et nous, nous irons à pied jusqu'à ce que nous lui ayons trouvé un asyle : je lui donnerai provisoirement les premiers secours. » Moreau me fit une réponse pleine de sensibilité. On arrête : nous sautons à terre : quel spectacle s'offre à nos yeux! c'était le dernier moment de la crise qui précède l'accouchement. Moreau pâlissait à la vue des douleurs que paraissait endurer la malheureuse femme. Nous profitâmes des premiers momens de calme qui suivirent, pour conduire l'accouchée dans un lieu où elle pût recevoir des secours plus complets. Avec l'aide de son mari et des postillons.

nous la transportâmes dans la calèche. Elle exprimait par des exclamations entrecoupées le chagrin qu'elle éprouvait de mourir si jeune, d'abandonner son mari et ses enfans. Je m'efforçais de la consoler et de ranimer son courage. Je m'assis près d'elle dans la voiture. Son mari, placé de l'autre côté, m'aidait à la soutenir : ses pieds reposaient sur la banquette de devant, occupée par Moreau qui tenait la petite fille sur ses genoux. Il donna ordre sur-le-champ aux postillons de marcher au petit pas et de nous conduire à la première ferme ou à la première auberge que nous découvririons sur la route. Le plus âgé des postillons offrit de mettre à notre disposition, pour la pauvre mère, une chambre commode et un bon lit, dans la petite maison qu'il occupait avec sa femme et neuf enfans : nous acceptâmes son offre.

Nous nous étions si exclusivement occupés depuis deux heures des infortunés qui réclamaient nos secours, que nous n'avions nullement pensé aux inconvéniens que pouvait avoir pour nous le contact de leurs vêtemens, rongés par la plus affreuse vermine. Nous n'y songeâmes pas davantage dans le trajet qu'il fallait faire pour gagner le logis du postillon.

La pauvre mère, dont Moreau soutenait la tête affaiblie, buvait par intervalles quelques gouttes de vin d'Alicante que nous avions fort heureusement dans une gourde de voyage; le père dévorait la moitié d'un pâté, la petite fille un énorme gâteau de Savoie. Tout en admirant la généreuse complaisance de Moreau, je m'occupais de laver le visage de la petite fille, qui, placée sur mes genoux, me regardait avec le plus aimable sourire. Je cachai sous un *madras* ses beaux cheveux bruns; je plaçai un fichu sur son col : cette petite toilette la rendait encore plus jolie.

Nous arrivâmes enfin à une maison qui paraissait, à l'extérieur, assez commode : une femme de bonne apparence vint nous recevoir. Nos protégés furent reçus sans difficulté. On plaça la mère dans un bon lit, puis on nous servit une omelette au lard que l'appétit nous fit trouver excellente. Pendant ce frugal repas nous réglâmes nos comptes avec Tobie, notre honnête postillon. On stipula le prix de la pension du père, de la mère, et des deux enfans. Tobie ne demandait que cinquante francs pour loger pendant un an toute la famille. Le général lui en remit deux cents, en exigeant de lui la promesse de procurer plus tard du travail à ses nouveaux hôtes. Je voulus contribuer pour ma part à la bonne œuvre : je donnai cent francs de ma bourse pour subvenir aux frais d'habillemens. L'enfant que la malheureuse mère venait de mettre au monde rendit le dernier soupir avant que nous eussions quitté la maison de Tobie. J'allai sur-le-champ consoler cette pauvre femme; elle pleurait à chaudes larmes, et regrettait amèrement de n'avoir pu acheter la vie de son enfant au prix des horribles souffrances qu'elle avait endurées. Comme nous allions remonter en voiture, la petite fille vint se jeter en pleurant dans mes bras : j'eus beaucoup de peine à obtenir qu'elle me laissât partir. Elle s'attachait à moi de toutes ses forces, et ne voulait absolument plus me quitter. Ni Moreau ni moi n'avions songé, comme je le disais tout à l'heure, à réparer le désordre de notre toilette, tant que nous avions eu à nous occuper des secours que réclamait la position de cette famille. Lorsque nous nous retrouvâmes seuls dans la calèche, vis-à-vis l'un de l'autre, nous ne pûmes comprimer un long éclat de rire qui nous échappa à tous les deux en même temps. On nous eût pris, au désordre qui régnait sur nos personnes, pour des aventuriers ou tout au moins pour des comédiens ambulans. Nous arrivâmes enfin au terme de notre voyage.

Je n'ai pas la prétention de retracer ici les beaux faits d'armes dont je fus témoin pendant mon séjour sur les bords du Rhin. Il faudrait une plume plus exercée que la mienne pour perpétuer le souvenir de cette mémorable campagne. Ses résultats furent tous glorieux pour la France. J'avais eu ma bonne part de toutes les privations, de toutes les fatigues de la guerre. Plusieurs fois, il m'était arrivé de passer deux ou trois jours sans changer aucunement d'habits, sans quitter mes bottes, dormant sur la dure, et mangeant le pain noir des soldats. Ce fut à cette époque que je vis pour la première fois l'adjudant général Ney. J'avais le bonheur d'entendre partout combler d'éloges et de bénédictions le général Moreau; j'étais gaie, fraîche et bien portante. Cependant je commençais à sentir le besoin du repos : j'éprouvais aussi le vif désir de recevoir au moins indirectement des nouvelles de ma mère et de Van-M***. Je priai donc Moreau de ne pas retarder plus long-temps mon départ pour Paris.

Il me donna pour m'accompager son domestique de confiance, et de plus une escorte qui ne devait me quitter que lorsque je serais à quelque distance du théâtre de la guerre. Le général m'adressait à madame Duf***, rue Saint-Dominique, et, par une lettre pressante, me recommandait à tous ses égards et à ses soins. Je dus lui promettre de vivre dans la plus grande retraite, jusqu'au moment où il viendrait me rejoindre : « Si votre famille, me disait-il, venait à connaître le lieu que vous habitez, sans doute elle tenterait encore une fois de vous ravir votre liberté. Quelle serait mon inquiétude si je n'étais pas certain que ma protection vous préservera d'un si affreux malheur ! Quand nous serons réunis, nous nous occuperons des moyens de calmer la colère de vos parens, et je me flatte que nous pourrons y réussir. »

Mon voyage fut très heureux. Aucun accident fâcheux ne retarda mon arrivée, et je me trouvai enfin installée à Paris. Le logement que Moreau m'avait fait préparer n'était pas un de ces appartemens somptueux que j'avais habités jusqu'alors. Il était toutefois extrêmement commode. Le mobilier était simple, mais d'une élégance bien entendue. Un pavillon situé au milieu d'un petit jardin dont j'avais la jouissance renfermait une bibliothèque bien garnie. C'est là que je passais la plus grande partie de mes matinées. Vers le milieu du jour je courais en cabriolet chez les marchandes de modes, et le soir j'allais en voiture me promener au bois de Boulogne, accompagnée de la dame du logis. Ce bois était dès lors le rendez-vous des riches oisifs de la capitale. Cette promenade m'ennuya bientôt; j'y renonçai. Je consacrai presque toutes mes journées à l'étude; je ne sortais plus que pour faire quelques emplettes, et le plus souvent je passais mes soirées au spectacle. De tous les théâtres le Théâtre-Français était celui que je fréquentais le plus assidûment. J'aimais la tragédie avec passion : je ne saurais peindre l'enthousiasme dont je fus saisie la première fois que j'entendis Talma dans le rôle de Macbeth. Je le vis successivement, et plusieurs fois de suite, dans Néron *d'Epicharis*, dans *Oscar*, *Othello*, et Néron de *Britannicus*. J'apprenais par cœur les pièces dans lesquelles jouait mon acteur de prédilection. Seule dans mon boudoir, je passais des journées entières à répéter mon rôle, et à lire le sien. Le son de sa voix vibrait sans cesse à mon oreille; j'avais toujours devant les yeux ses poses si naturelles et si nobles: j'admirais cette manière de dire *avec son âme*, et d'écouter *avec son esprit*. C'est à cette époque qu'il faut faire remonter la vocation qui m'entraîna quelques années plus tard sur la scène. madame Duf***, mon hôtesse, qui m'accompagnait toujours, se félicitait de me voir renoncer à la promenade du bois de Boulogne : elle ne partageait pas ma passion pour la tragédie, mais elle prenait beaucoup de plaisir à la comédie, qui était encore soutenue à cette époque par le talent de Molé et de mademoiselle Contat. Ainsi s'écoulait ma vie : et je me regardais comme heureuse, jusqu'à un certain point. Du moment où mon imagination trouvait un aliment à son activité, tout devenait pour moi jouissance et bonheur réel. Et cependant c'est à l'ardeur immodérée de cette imagination que je dois attribuer tous mes maux.

CHAPITRE XVI.

Lettre du général Moreau. — Le secrétaire de la légation hollandaise. — Nouvelles qu'il me donne de Van-M*** et de sa famille. — J'écris à l'ambassadeur et à Van-M***.

Il y avait déjà quelques mois que je vivais dans une solitude complète et que je trouvais bien douce, lorsque je reçus de Moreau une lettre dont j'extrairai le passage suivant :
« Vous aviez eu, ma chère amie, plus de pé-
« nétration que nous : bientôt je vous con-
« terai tout de vive voix. J'instruis en ce mo-
« ment le Directoire; si l'amitié m'a d'abord
« fait hésiter, si avant d'agir j'ai voulu dissiper
« tous les doutes qui pouvaient me rester en-
« core, maintenant que le hasard le plus sin-
« gulier a mis entre mes mains des témoignages
« irrécusables, ce serait m'associer à la trahison
« que de garder plus long-tems le silence. »

Le hasard le plus extraordinaire avait en effet révélé à Moreau la trahison de Pichegru. Des hussards français avaient saisi beaucoup de papiers dans un fourgon appartenant au général autrichien Klinglin, et ils apportèrent au bout de leurs sabres ce trophée de nouvelle espèce. Ces papiers ne restèrent pas entre leurs mains; quelques-uns furent remis à Moreau, et il y trouva la preuve manifeste des relations que Pichegru était depuis quelque temps soupçonné d'entretenir avec les généraux autrichiens et les émigrés français. Plus il était attaché à Pichegru, plus une telle découverte lui devenait pénible. Mais il fallait avant tout rester fidèle à ses sermens et à son devoir; ce devoir, Moreau ne pouvait le remplir qu'en révélant la trahison dont s'était rendu coupable l'homme auquel il devait en partie sa fortune militaire. Il ne voulut rien précipiter dans une circonstance si grave; seul il n'aurait pu vérifier toutes les preuves que le hasard venait de lui fournir; peut-être se défiait-il de la faiblesse de son cœur. Il chargea donc de ce travail épineux deux des généraux placés immédiatement sous ses ordres : je crois que ces deux généraux étaient Sainte-Suzanne et Saint-Cyr; mais ici mes souvenirs sont incertains, et je n'oserais rien affirmer. Ce que je me rappelle parfaitement, c'est que les deux généraux auxquels il donna sa confiance dans cette importante affaire se trouvaient alors souffrans de blessures récentes. Lorsque la trahison fut enfin complètement constatée, Moreau ne tarda pas davantage à écrire au Directoire : il remplit rigoureusement sans doute le devoir d'un bon citoyen, mais il ne fut pas poussé, comme on l'a dit, par une basse jalousie; il se serait estimé bien heureux s'il avait pu trouver Pichegru innocent.

Tous les détails qu'on vient de lire m'ont été donnés verbalement plus tard par Moreau lui-même. En lisant la lettre que je viens de citer, je m'applaudis de nouveau d'avoir résisté à la demande que m'avait adressée Pichegru de l'aider à nouer des relations qui n'avaient d'autre but que de l'amener à consommer plus promptement sa trahison.

L'espoir que j'avais de revoir sous peu de temps Moreau me remplissait de joie; mais cette joie était accompagnée d'une agitation qui me poussait malgré moi hors de ma solitude. Je sortais plus fréquemment de chez moi, toujours suivie de ma femme-de-chambre. Un matin que j'étais montée en voiture avec l'intention de faire quelques emplètes, je fus arrêtée au pont Louis XVI par un embarras de charrettes qui dura quelque temps. J'avais la tête à la portière : tout à coup je vois venir à moi un jeune homme que je savais attaché à la légation hollandaise. Il m'avait reconnue tout d'abord, et moi, de mon côté, je ne le reconnaissais que trop bien. Si rien ne peut excuser l'inconcevable insouciance dans laquelle j'avais vécu depuis quelque temps, rien ne saurait rendre l'effet que produisit sur moi la seule vue d'un compatriote de Van-M***, d'un homme qui connaissait ma position passée, et qui devait me juger aussi sévèrement que je le méritais. Ce n'était pas seulement le sentiment de mes fautes qui me faisait rougir, c'était encore la honte de la position dans laquelle j'étais désormais condamnée à me montrer aux yeux de ceux qui connaissaient ma naissance et ma fortune. J'avais été intimement liée avec la famille du jeune Van-Shaapen ; je savais combien étaient sévères les principes de la plupart des membres de cette famille. Qu'on juge de mon embarras : les larmes aux yeux et respirant à peine, je fis signe au jeune Van-Shaapen de monter dans ma voiture. Il obéit sans répondre, et se plaça vis-à-vis de moi en détournant ses regards, comme s'il eût voulu me cacher l'émotion que lui causait cette rencontre imprévue. Il m'aurait été impossible de prononcer un seul mot; mais lors même que j'eusse voulu entamer la conversation, la présence de ma femme-de-chambre m'en aurait empêchée. Nous allions très-vite : la rapidité de notre marche était la seule sensation agréable que je pusse éprouver en ce moment ; et cette sensation avait un caractère particulier que je ne saurais exprimer. Lorsque nous fûmes arrivés devant le ministère de la marine, je tirai vivement le cordon, et donnant ma bourse à ma femme-de-chambre, je la chargeai en peu de mots d'aller faire elle-même les emplètes que j'avais projetées. J'étais trop troublée pour remarquer l'air dont cette fille reçut la mission que je lui donnais : dans la soirée même, elle ne craignit pas de trahir plus clairement sa pensée; elle reçut sur-le-champ son congé avec deux mois de gages. Je ne concevais pas alors qu'on pût jamais trouver commode de perdre toute considération aux yeux de ses domestiques; les soupçons de cette fille me blessèrent au vif, et je la congédiai, parce qu'il m'eût été désormais impossible de conserver pour elle les bontés que j'ai toujours eues pour quiconque a été à mon service.

A peine ma femme-de-chambre était-elle partie, que j'ordonnai de tourner vers les Champs-Élisées. Van-Shaapen ne tarda pas davantage à me parler de ma mère, de mon mari, et de toutes les personnes qui pouvaient encore m'intéresser en Hollande. Ma pauvre mère, dans la juste indignation que lui inspirait ma conduite, s'était liguée avec la famille de Van-M*** : elle donnait hautement son approbation à toutes les mesures de rigueur qu'on voudrait prendre contre moi. Van-M*** seul, qui avait tant de motifs pour me traiter avec une juste sévérité, refusait de se prêter à aucun acte qui aurait eu pour but de me priver de ma liberté. Le lendemain même de ma fuite, il était parti pour Paris. Son intention n'était pas de chercher à me ramener en Hollande, il voulait seulement m'offrir de s'expatrier avec moi, d'autoriser mon séjour dans le pays ou le lieu qu'il me conviendrait de choisir, et de m'assurer alors les moyens de vivre heureuse loin de lui et des siens, sans que ma vie fût jamais livrée aux jugemens de l'opinion que je redoutais. Dévoré d'inquiétudes, accablé du chagrin de ne pas me trouver à Paris, il était bientôt tombé dangereusement malade. Depuis vingt jours seulement il était reparti pour Amsterdam avec l'intention de mettre ordre à ses affaires, de m'assurer la plus grande partie de sa fortune, et de revenir encore essayer de découvrir ma retraite.

J'étais hors de moi-même pendant que M. Van-Shaapen me donnait tous ces détails. Touché de la franchise et de la vivacité de ma douleur, le jeune Hollandais m'adressa quelques paroles de consolation et s'efforça de ranimer mon courage. Peut-être ses efforts auraient-ils été vains, si la connaissance qu'il me donna de la conspiration qu'on tramait contre moi n'était venue me rendre tout d'un coup à moi-même. L'ambassadeur hollandais Chimmelpenning avait, me dit-il, le projet d'obtenir du gouvernement français l'autorisation nécessaire pour me faire enlever et remettre au pouvoir de ma famille, en dépit des intentions formellement opposées de mon mari.

A ces mots, mes larmes se tarirent, la colère

fit place à la douleur, et je repris toute ma force et ma résolution naturelles. Je proposai à Van-Shaapen de venir sur-le-champ avec moi à l'ambassade, et de m'obtenir à l'instant même une audience de l'ambassadeur. Van-Shaapen refusa, par la crainte qu'il avait, disait il, de me livrer à mes ennemis. Je lui répondis que j'étais déterminée à tout braver, et que j'avais en main tous les moyens de confondre les projets qu'on pouvait former contre moi. Étourdi de mes paroles, étonné du ton que j'avais pris tout à coup, il essaya vainement de me calmer. C'était un bon jeune homme; mais il paraissait à peine comprendre le langage que je venais de lui parler. Je le quittai sans délai, et je revins chez moi. Sans descendre de voiture je fis venir ma femme-de-chambre, qui donna tous les témoignages de la plus impertinente surprise en me voyant, disait-elle, déjà de retour. J'annonçai que je serais absente toute la journée, et je donnai ordre de me conduire au bois de Boulogne. Arrivée à la grille du bois, je descendis suivie d'un domestique qui portait un portefeuille, et je cherchai un endroit solitaire pour m'y établir, écrire quelques lettres et déjeuner sur l'herbe. Je ne pus trouver un endroit assez éloigné de tous les regards, et j'arrivai enfin à une jolie chaumière située près du château de la Muette. C'était un asyle tout-à-fait champêtre où la propreté paraissait poussée jusqu'à la recherche. Tandis que mon domestique Philippe s'occupait des préparatifs de mon déjeuner, j'écrivis une lettre à M. l'ambassadeur. J'y prenais, mal à propos sans doute, le ton du persiflage le plus amer, et je finissais, tout en lui donnant mon adresse, par lui déclarer que, placée sous la protection immédiate du général Moreau, je ne craignais plus rien de ce qu'on pourrait entreprendre contre moi. Mon cœur me dicta ensuite une autre lettre pour mon mari : elle était conçue en ces termes :

« Cachée à Paris depuis trois mois sans avoir
« aucunes nouvelles directes, soit de vous, soit
« de ma malheureuse mère, je cherche en vain à
« m'étourdir sur le passé en me créant un avenir
« imaginaire. Van-M***, je suis bien malheureuse
« des peines que je vous cause; cependant je
« sens mon impuissance à réparer le mal que je
« vous ai fait. Je n'ose me demander sur quelle
« base je voudrais fonder mon bonheur, s'il est
« encore pour moi quelques moyens d'être heu-

« reuse. Je n'ai pas su l'être auprès de vous qui
« m'entouriez de tant d'amour. Ne me regrettez
« pas; je n'étais pas digne de vous..... Ma seule
« consolation est de penser que je trouverai
« toujours en vous un protecteur, que jamais
« vous ne consentirez à ce qu'on me ravisse le
« bien auquel j'ai sacrifié tous les autres, la li-
« berté! Cette liberté me paraîtra toujours plus
« chère quand je la saurai placée sous la sauve-
« garde de votre noble caractère.

« Rassurez-moi sur votre santé, je vous en
« conjure : si elle tardait à se rétablir, si mes
« soins, ma présence devaient apporter quelque
« adoucissement à vos maux, je ne balancerais
« pas un instant à me rendre auprès de vous,
« bien sûre que votre générosité m'épargnerait
« les reproches amers de votre famille. A vous
« seul je reconnais le droit de me blâmer et de
« me punir. J'ai bien mal payé votre amour,
« mais je ne cesserai jamais de rendre hommage
« à votre cœur. »

Quand j'eus terminé cette lettre, je tombai
dans une profonde rêverie. Je ne cherchais
point à m'abuser sur mes fautes et leurs terribles conséquences. Je voyais bien clairement

toute l'étendue de l'abîme dans lequel je m'étais jetée; je songeais à la possibilité de retourner près de Van-M***, et de reconquérir par une conduite exempte de tout reproche l'estime publique que j'avais perdue. Mais cette idée fut presque aussitôt rejetée que conçue : mon orgueil s'indignait d'avance de toutes les humiliations que j'aurais à dévorer avant de me retrouver au rang dont j'étais volontairement descendue. Mon esprit flottait incertian entre mille projets plus extravagans les uns que les autres; mais toutes mes réflexions me ramenaient à la résolution irrévocable de vivre toujours libre et indépendante.

Philippe vint enfin donner un autre cours à mes pensées; il m'avait servi mon déjeuner dans le jardin : le ciel était pur, la campagne riante. J'oubliai bientôt les rêves auxquels je venais de m'abandonner; je déjeunai, et je repris bientôt, suivie de Philippe, ma promenade dans le bois.

CHAPITRE XVII.

Henri. — Projet d'adoption. — Soins maternels.

Nous approchions du village de Boulogne lorsque j'aperçus sur l'un des côtés de la route une femme et deux enfans occupés à ramasser des branches sèches. Tous trois portaient les livrées de la misère; cependant la petite fille était jolie et paraissait fort gaie. Le petit garçon était triste, d'une maigreur extrême, et, quoique les traits de son visage eussent quelque chose de distingué, il me parut laid au premier abord. Je donnai une pièce de monnaie à cette femme, et je lui adressai quelques questions. Comme je paraissais remarquer la maigreur et l'air maladif du petit garçon, elle me répondit que le pain était cher, que cet enfant ne mangeait pas beaucoup, que d'ailleurs il ne lui appartenait pas, qu'il était resté à sa charge après la mort de sa mère.

Je m'approchai du petit garçon qui s'était assis, et qui pleurait à chaudes larmes : « Com-
« ment te nommes-tu, mon enfant ? lui dis-je,
« en surmontant l'impression fâcheuse que son
« aspect avait d'abord produite sur moi.

« — Maman m'appelait Henri, me répondit-
« il d'une voix douce; mais mon nom est Adol-
« phe; c'est ainsi qu'on m'a baptisé.

« — Et pourquoi ta maman t'appelait-elle
« Henri ?

« — Je ne sais pas, madame.

« — Ne peux-tu pas dire citoyenne ? inter-
« rompit d'un ton menaçant la mendiante : je
« t'apprendrai à parler. » Elle allait venger par un soufflet la violation des lois de la politesse républicaine, si Philippe ne l'eût retenue par le bras. Henri me regardait en continuant de pleurer : son air était doux et suppliant. Il me semblait que je l'avais mal regardé d'abord. Ses yeux me paraissaient si beaux, l'expression de sa physionomie si touchante, que l'idée de me charger tout-à-fait de cet enfant s'empara de moi soudain.

J'engageai sur-le-champ la mendiante à venir

me trouver le lendemain; je lui promis de la faire habiller, elle et ses deux enfans; je lui remis à l'instant même une nouvelle aumône de dix francs. La petite fille, formée dès sa plus tendre enfance au métier honteux de sa mère, tendit la main. Il n'en fut pas de même de Henri, qui s'était placé près de moi, comme pour se mettre sous ma protection. Ce mouvement me toucha; je lui pris la main; j'ordonnai à la mendiante de me suivre, et je les conduisis tous trois chez un traiteur voisin. Philippe, à qui j'avais fait connaître mes intentions, m'y avait devancée; et nous trouvâmes la table déjà dressée.

Quand le repas fut achevé, je recommandai de nouveau Henri à la mendiante, et je lui donnai mon adresse, en lui répétant que je l'attendrais le lendemain matin de bonne heure. Je me disposai ensuite à reprendre le chemin de La Muette. Henri pleurait, et gardait le silence au milieu des remercîmens et des bénédictions outrées dont m'accablaient la mère et la fille. Philippe, s'approchant de moi, me dit qu'il craignait que cette femme ne revînt pas le lendemain; c'était sans doute aussi la crainte de Henri. J'entrai dans l'idée de Philippe; je m'arrêtai et je fis signe à Henri : d'un saut il s'élança vers moi; sa figure était radieuse. « Où demeures-tu, « mon enfant ? lui dis-je.

« — A Sèvres, dans une chaumière, chez « M. Hubert.

« — C'est bien, mon ami; prends cet argent : « c'est pour toi seul; » et je lui glissai dans la main une pièce de cinq francs.

« Je resterai donc avec vous demain? reprit-« il d'un ton caressant.

« — Oui, mon enfant : demain, et toujours.

« — Oh! pourquoi ne m'emmenez-vous pas « aujourd'hui ?

« — Il a raison, madame, dit Philippe : « pourquoi ne l'emmeneriez-vous pas ? » et, sans attendre ma réponse, il courut rappeler la femme, qui s'était déjà éloignée. Je lui dis que je désirais emmener Henri dès ce jour même. Elle y consentit avec une indifférence qui me prouva combien étaient fondés les soupçons de Philippe. Je tirai encore vingt francs de ma bourse : « Eh ! mon Dieu ! citoyenne, « me dit cette femme en les recevant, puis-« que vous voulez acheter un enfant, prenez « plutôt cette petite fille. Si vous voulez, je « vous la laisserai pour le double de ce que

« vous me donnez là; au lieu que lui, je ne
« puis pas vous le vendre, puisqu'il n'est pas
« à moi. »

Je me détournai à cette odieuse proposition, et, sans fixer davantage mes regards sur celle qui me l'adressait, je lui enjoignis encore une fois de venir le lendemain me trouver chez moi. Rien ne saurait exprimer la joie de Henri : il s'était emparé de ma main et de celle du bon domestique qu'il regardait avec raison comme un ami. Chemin faisant, il nous raconta que sa mère était fille d'un des jardiniers de madame Élisabeth; privée de toutes ses ressources par les événemens de la révolution, elle s'était trouvée tout d'un coup précipitée dans la misère. La femme dont je venais de le sauver était autrefois une fille de basse-cour employée aussi chez madame Élisabeth. « Elle a donné bien du chagrin à ma mère,
« disait Henri, par ses procédés violens et
« par sa méchanceté. Maman savait lire,
« écrire; elle aimait le roi, la reine, les prin-
« ces, au lieu que Marianne n'avait de liaisons
« qu'avec les vilaines gens qui ont fait la ré-
« volution. »

Ces mots parurent choquer Philippe, vieux

soldat des armées de la république. Je lui imposai silence d'un regard; nous arrivâmes à La Muette, où la voiture nous attendait. Je ne voulais pas amener mon protégé chez moi dans la triste toilette dont il était revêtu : je me fis donc conduire d'abord aux bains Poitevins, et pendant que je le laissais aux soins de Philippe, j'allai faire emplette au Palais-Royal d'un habit assorti au changement qui venait de s'opérer dans sa condition. Le pauvre enfant était vraiment charmant sous son nouveau costume; son maintien était timide, mais sans gaucherie, et tous ses mouvemens étaient empreints d'une grâce naturelle. Quand nous arrivâmes à la maison, il était tout au plus sept heures du soir : mes domestiques avaient profité de mon absence pour sortir. Aidée de Philippe, je dressai dans ma chambre un petit lit pour mon Henri. L'aimable enfant ne savait comment me témoigner sa reconnaissance. Je lui adressai alors quelques questions qu'il m'avait été impossible de lui faire plus tôt. Il m'annonça qu'il savait lire. — « Et qui « te l'a appris ? lui demandai-je. » — « Ma pau- « vre maman, » répondit-il, et à ces mots, des larmes coulèrent encore de ses yeux. Henri ne se lassait pas d'admirer le luxe dont ses yeux étaient pour la première fois frappés. Mais mon porte-feuille de dessin, et un livre de *Voyages* enrichi de gravures, captivèrent bientôt toute son attention. La soirée s'écoula ainsi d'une manière agréable pour lui, et le temps me parut aussi très court : je formais des projets à perte de vue, je faisais des plans d'éducation; et ma rêverie n'était interrompue que par les questions de mon enfant adoptif, ou par celles que je lui adressais pour moi-même; je l'embrassais à chaque instant avec une tendresse vraiment maternelle. Après qu'il eut soupé, je me disposai moi-même à prendre du repos. J'allais me mettre au lit, quand les plaintes étouffées de Henri m'attirèrent auprès de son lit. Mon imprudence seule était cause du mal-aise qu'il éprouvait. Je l'avais conduit au bain trop peu de temps après le repas que je lui avais fait faire au bois de Boulogne, repas dont l'abondance excédait les forces de son estomac, débilité par le jeûne ou la mauvaise nourriture à laquelle l'odieuse Marianne l'avait depuis si long-temps condamné. J'étais désolée de cet accident : Henri paraissait moins touché de son mal que de mon inquiétude.

Vers trois heures du matin, il éprouva quelque soulagement; il s'endormit. A sept heures, je fus révéillée par un léger bruit.

C'était Henri qui, debout sur son lit, s'efforçait d'atteindre un portrait de moi placé dans ma chambre : je lui dis de laisser le portrait et de venir m'embrasser. Il obéit en poussant un cri de joie. Le pauvre enfant n'avait encore que huit ans; mais combien de maux il avait déjà soufferts! Depuis la mort de sa mère, livré à l'infâme mendiante, il n'avait pas cessé d'être en butte aux horreurs de la faim et aux plus mauvais traitemens en tous genres. Les nouveaux récits qu'il me fit des évènemens de sa vie passée me touchèrent jusqu'aux larmes; j'avais déjà pour lui tous les sentimens d'une mère, et je résolus irrévocablement de l'adopter et de le traiter comme mon fils. Pendant la matinée je reçus une lettre de Moreau, qui m'annonçait positivement son retour. J'étais bien certaine qu'il approuverait tout ce que j'avais fait et tout ce que je voulais faire encore pour le petit orphelin. Cependant je résolus de ne pas lui faire connaître sur-le-champ cet enfant : il aurait voulu pourvoir seul à son éducation, et prendre tous les soins que réclamaient son âge si tendre et sa santé si faible. Je voulais bien recourir à Moreau afin d'obtenir pour Henri une place dans une école militaire; mais jusqu'à ce qu'il fût en âge d'entrer dans un établissement de ce genre, je voulais me réserver le droit exclusif de veiller sur lui.

Le général devait arriver sous quatre ou cinq jours; je n'avais donc pas un moment à perdre pour prendre tous mes arrangemens. J'ordonnai de mettre les chevaux à ma voiture, et je me fis conduire à Mouceaux avec Henri, chez un maître de pension dont j'avais entendu parler avec quelque estime. Henri pleura beaucoup à l'idée de me quitter; mais il se consola quand il sut que notre séparation ne devait avoir lieu que dans trois jours : trois jours à cet âge sont trois années dont on ne croit voir jamais arriver la fin. Tout fut bientôt convenu entre le maître de pension et moi : je fis faire une promenade à mon enfant, et je le ramenai chez moi. Marianne m'y attendait; elle me remit l'extrait de baptême de Henri, et l'acte de décès de sa mère. J'appris par là que Henri était un enfant naturel : il n'en devint que plus intéressant à mes yeux. De combien de peines n'avait-il pas consolé peut-être sa malheureuse mère, dont le souvenir faisait encore si souvent couler ses larmes!

Le jour de la séparation arriva bientôt. J'allai conduire moi-même Henri à sa pension : il avait un beau trousseau, des livres de toute espèce, et force joujoux. Le soin que je pris de payer six mois d'avance, et de faire au maître de pension quelques cadeaux qui annonçaient que je reconnaîtrais généreusement tout ce qu'on ferait pour mon enfant, valut à Henri un accueil tout-à-fait bienveillant. Je devais envoyer savoir de ses nouvelles trois fois par semaine, et venir le voir moi-même aussi souvent que je le pourrais. Cette promesse calma un peu le chagrin qu'il éprouvait : je l'embrassai une dernière fois, et je partis moi-même les larmes aux yeux. Le reste de la journée me parut bien long; j'avais déjà contracté l'habitude d'avoir sans cesse près de moi l'aimable enfant dont la société me faisait oublier tous mes ennuis. Dès le lendemain j'allai le voir, en me répétant bien à moi-même que je renouvellerais souvent mes visites, jusqu'au jour où je pourrais placer Henri sous une protection plus puissante que la mienne.

CHAPITRE XVIII.

Visite de l'ambassadeur hollandais. — Arrivée du général Moreau. — Il se retire à Chaillot avec le général Kléber. — Je vais habiter Passy.

On a vu plus haut que, dans la matinée même du jour où je fis la rencontre de Henri, j'avais adressé une lettre à M. Schimmelpenning, ambassadeur de la république batave près le gouvernement français. Je m'étais d'abord fort applaudie de cette lettre : elle était peu mesurée, quelquefois même insultante. L'histoire des désordres de madame Schimmelpenning était publique en Hollande, et j'avais entendu dire hautement que son mari se résignait de bonne grace à un malheur qu'il regardait comme presque inévitable. Cette indifférence de M. Schimmelpenning contrastait si singulièrement avec la sévérité dont il paraissait disposé à se rendre l'instrument, que je m'étais crue en droit de le traiter sans aucun égard. Cependant la réflexion m'avait amenée à penser que j'avais eu grand tort de céder à la première impulsion de la colère, et que le caractère public de Schimmelpenning réclamait les ménagemens dont je m'étais si complètement écartée. J'étais dans cette disposition d'esprit lorsque, la veille du retour de Moreau, on vint m'annoncer qu'un ami de ma famille demandait à me parler. Cet ami n'était autre que M. Schimmelpenning lui-même : je lui fis d'abord un accueil très froid ; mais cette froideur avait sa source moins dans ma colère que dans le sentiment des torts dont je m'étais rendue coupable à son égard.

La politesse et l'affabilité de Schimmelpenning éteignirent bientôt tout ressentiment dans mon cœur, et bannirent de notre conversation l'embarras qui y régnait d'abord. L'ambassadeur repoussa avec beaucoup d'adresse le reproche d'avoir voulu employer la violence pour me remettre entre les mains de ma famille; il protesta que son seul désir était de jouer le rôle de médiateur entre mon mari, ma mère et moi : « Je ne devais, disait-il, voir
« dans sa visite qu'une preuve de l'intérêt très

« vif qu'il prenait à ma position, et de l'impor-
« tance qu'il attachait à opérer une réconci-
« liation qui seule, à ses yeux, pouvait assurer
« mon bonheur. »

L'attention avec laquelle je l'écoutais put lui faire croire que ses discours produisaient sur mon esprit l'effet qu'il en avait attendu. Je ne tardai pas à le détromper. D'un ton calme, mais ferme, je lui déclarai que mon intention était de vivre désormais en pleine liberté; que j'avais fait déjà bien des sacrifices pour assurer mon indépendance, mais que, dans le cas même où ma famille me tendrait les bras, je n'avais plus ni le pouvoir ni la volonté de me rendre à ce qu'il proposait.

A cette déclaration formelle de mes intentions, Schimmelpenning parut interdit. Il se remit pourtant bientôt, et me représenta de nouveau le tort irréparable que je me faisais à moi-même en refusant d'abandonner la route dangereuse dans laquelle je m'étais engagée. Je ne pouvais alléguer aucun motif raisonnable; je m'en tins donc à cette seule réponse : « J'ai
« besoin d'indépendance; je veux vivre libre :
« telle est ma résolution irrévocable, et rien ne
« pourra m'en faire changer. » Schimmelpenning

se borna dès lors à me plaindre; il me témoigna une bienveillance sincère. Cette bienveillance n'a pas été stérile pour moi dans la suite de ma vie; j'en ai plus d'une fois reçu des preuves irrécusables, et je l'ai surtout trouvé disposé à m'être utile dans les discussions d'intérêt que j'eus plus tard avec la famille de ma mère. Ainsi cet homme, que je redoutais comme un persécuteur, devint pour moi un ami sincère. Peut-être aurait-il désiré devenir quelque chose de plus encore; j'ai du moins eu quelquefois lieu de le soupçonner. Schimmelpenning avait une belle physionomie, une excellente tournure; mais les avantages de sa personne n'étaient cependant pas ceux qui parlent à une imagination exaltée. Cette première visite de l'ambassadeur batave fut suivie de plusieurs autres; mais, en dépit de ses efforts, nos relations ne dépassèrent jamais les bornes d'une politesse bienveillante : cette politesse, de ma part, était toujours un peu cérémonieuse.

Après une séparation de quelques mois, je revis enfin le général Moreau couvert d'une nouvelle gloire. Dans un si court espace de temps, combien n'avait-il pas donné de preuves de son courage et de sa prudence! A quelles hautes combinaisons ne s'était pas élevé son génie militaire! Guidée par un tel général, l'armée française avait passé le Rhin sous le feu des Autrichiens, et mis leur armée en fuite. Il avait battu le général Latour, et opéré cette savante retraite qui, loin de lui être désastreuse, avait encore coûté un grand nombre de prisonniers à l'ennemi. L'archiduc Charles lui-même n'avait pu réussir à lui couper le passage de la Forêt-Noire. Il avait scrupuleusement respecté la neutralité helvétique, et ses marches habiles avaient excité l'admiration des ennemis eux-mêmes; enfin, après avoir réorganisé l'armée de la Meuse, passée depuis sous le commandement de Hoche, la paix de Léoben, signée en 1797, le rendait libre de venir se reposer en France de tant de fatigues et de travaux. Mais ce repos ne devait pas être dégagé pour lui de toute amertume. Le Directoire, ombrageux, mécontent de la lenteur que Moreau avait mise à l'instruire de la conspiration de Pichegru, accueillit avec le ton du reproche ce capitaine dont la gloire lui devenait importune. Moreau, plein d'une juste fierté, ne vit pas avec indifférence rejeter un nouveau plan de campagne qu'il avait soumis aux directeurs. Il offrit sa démission, qui fut acceptée sur-le-champ; et alors il se retira à Chaillot, dans la maison qu'habitait le général Kléber, disgracié comme lui par le Directoire.

Le sentiment que j'éprouvai en revoyant Moreau n'était pas de l'amour; c'était plutôt de l'admiration, du respect et de la reconnaissance pour sa noble conduite envers moi. Il parut satisfait des détails que je lui donnai sur ma manière de vivre depuis notre séparation. Il partageait mon goût pour le théâtre, mon enthousiasme pour Talma; mais mieux que moi il appréciait le génie de cet acteur; mieux que moi il devinait les triomphes qui l'attendaient encore dans la suite de sa carrière. Moreau était très instruit : il avait fait d'excellentes études à Rennes, sa patrie. Distrait de la culture des lettres par le métier des armes, il n'en restait pas moins sensible à leurs charmes, surtout aux beautés de la langue poétique.

Il voulut me présenter son ami Kléber; mais j'insistai pour qu'il consentît à me laisser vivre encore quelque temps dans la retraite : mon obscurité m'était chère. Je lui demandai seulement de me chercher une maison à Passy ou à Auteuil. Là, nous serions en quelque sorte voisins. Le spectacle seul nous attirerait quelquefois à Paris. Il pourrait venir me voir tous les jours, et je reprendrais bientôt, dans un exercice régulier et des marches journalières, l'énergie et l'activité que le séjour de Paris commençait à m'ôter. Ce projet parut lui plaire infiniment : cependant quelques jours s'écoulèrent sans qu'il m'en parlât de nouveau. Je remarquai toutefois quelques regards d'intelligence entre le général, Philippe et ma femme de chambre; des allées et venues multipliées; un air de mystère répandu sur tous les visages; des courses dont on ne me disait pas le but, tout cela me faisait deviner quelque surprise. J'étais pourtant loin de m'attendre à celle qu'on me préparait.

Moreau, chargé naguère des destinées de son pays, Moreau, qui n'avait recueilli d'autre prix de ses services qu'une disgrâce non méritée, trouvait, dans l'amour qu'il avait pour moi, l'oubli des injustices dont il était victime. C'était, comme je l'ai déjà dit, l'homme le moins fait pour les petits soins de la galanterie; et cependant sa tendresse lui donna bientôt l'instinct de ces attentions recherchées, de ces prévenances délicates qui m'étonnaient chaque jour en m'attachant de plus en plus à lui.

Un matin, le général m'offrit d'aller voir des logemens à Passy. Nous partîmes ensemble ; il me conduisit dans la grande rue de Passy, près la grille. Là, nous entrâmes dans une maison charmante, commodément distribuée, meublée avec la plus parfaite élégance. A cette maison était joint un beau jardin, au bout duquel se trouvait un pavillon qui renfermait, comme mon pavillon de Paris, une jolie bibliothèque, et plusieurs cabinets ornés de glaces et de tableaux. Je trouvais tout cela fort à mon gré : « Ah ! général, m'écriai-je, que « j'aimerais un lieu pareil !

« — Eh bien ! dit-il, puisque cette maison « vous plaît tant, il faut y rester.

« — Mais est-elle donc à louer sur-le-champ ?

« — Non, ma chère amie, reprit-il avec un « sourire aimable ; à moins toutefois que vous « ne veuillez résilier votre bail, car vous êtes « ici chez vous.

« — Chez moi ! repris-je à mon tour ; mais « vous n'y pensez pas, général ; les dépenses « qu'on a faites ici excèdent de beaucoup les « moyens de ma bourse ; car vous savez que ;

sans une autorisation formelle de ma mère, je ne puis disposer des diamans et des dentelles qu'elle m'a donnés autrefois. »

Moreau saisit avec délicatesse le moyen qui se présentait à lui pour me faire accepter ses dons : « Aussi, ajouta-t-il, ne prétends-je vous
« faire qu'une avance. Lorsque madame votre
« mère sera revenue à de meilleurs sentimens
« pour vous, avec de la modération dans vos
« désirs, vous pourrez vivre heureuse ici sans
« avoir besoin de la bourse de vos amis. En at-
« tendant, je me constitue votre banquier, ou
« celui de votre mère si vous l'aimez mieux.
« Consentez-vous à essayer si vous pourrez
« être heureuse dans cette maison? »

« — Je le serai sans doute, si vous y venez
« souvent. »

Moreau n'avait vraiment pas eu d'autre intention que celle de me rendre, en partie du moins, ce que j'avais perdu en quittant mon pays et ma famille. J'espérais que je serais bientôt en état de lui restituer l'argent qu'il avait déboursé pour moi dans cette maison que, sans manquer à la délicatesse, je pouvais regarder comme la mienne, puisque j'avais en main les moyens de subvenir à tous les frais de mon établissement, dès que ma mère m'aurait autorisée à me défaire des diamans qu'elle m'avait donnés à l'époque de mon mariage. J'espérais également obtenir d'elle une pension suffisante pour me mettre dans l'avenir à l'abri de toute gêne. Le général entretenait mes illusions à cet égard, et il profitait de ma sécurité pour me faire accepter chaque jour ce qu'il appelait des bagatelles.

J'eus enfin réponse à la lettre que ma mère devait avoir reçue de moi. Cette réponse n'était point écrite de sa main. Elle me faisait dire qu'ayant perdu les trois quarts de sa fortune, elle se retirait dans la Gueldre pour y vivre désormais obscure et ignorée; que là du moins mon nom ne viendrait peut-être plus frapper son oreille et déchirer son cœur. Elle me défendait de lui écrire davantage, et la lettre se terminait par l'annonce qu'elle consentait à me faire une pension de 1800 francs; le même courrier m'apportait aussi une lettre d'un des oncles de Van-M***; elle était bien plus dure encore que celle de ma mère. Cette lettre m'annonçait que mon mari avait été forcé de s'expatrier, et qu'on avait trouvé dans ses papiers l'aveu de mes désordres écrit de ma main, et ma renonciation formelle à sa fortune. La famille de Van-M*** était dans l'intention de faire usage de ces deux pièces pour m'interdire le droit de porter désormais un nom que j'avais déshonoré, et revendiquer ma part dans une fortune que des pertes énormes avaient diminuée de plus de moitié. Il ne me restait donc que l'alternative de renouveler ma renonciation en forme, et d'accepter environ le tiers de la somme que Van-M*** m'avait reconnue par contrat de mariage, ou d'aller faire valoir mes droits au sein d'une famille que j'avais fait rougir.

Il n'y a point d'expression assez forte pour rendre l'effet que produisit sur moi la lecture de cette lettre : elle effaça dans le premier moment jusqu'au souvenir de celle de ma mère. Quel avenir je m'étais préparé ! comment détourner les malheurs que je prévoyais déjà ! Au milieu de tant de pensées pénibles, je n'hésitai pas un instant à prendre une détermination ; sans réfléchir davantage, sans songer même à prendre l'avis de personne, je volai à Paris. Là, en présence de deux témoins, je fais dresser chez un notaire de la place des Victoires une nouvelle renonciation à la fortune de Van-M*** ;

j'envoyai aussitôt cette pièce en Hollande. On s'en est, comme de raison, servi contre moi; et je n'ai jamais recueilli de ma communauté avec Van-M*** qu'une somme de 14,000 francs, montant d'un legs spécial à l'époque de son décès.

Je ne fus de retour à Passy que le soir à cinq heures. On me dit à mon arrivée que le général était dans le pavillon. J'y cours : il était seul, assis près d'une table, et la tête soutenue par ses deux mains : hors de moi, et dans un état de trouble et d'exaltation difficile à décrire, je m'élançai vers lui. La vue du seul ami qui me restât désormais sur la terre me causait une joie qui allait presque jusqu'au délire. Il lève la tête : je me jette toute en larmes dans ses bras comme pour y chercher un refuge contre l'avilissement et le malheur.

Dans un désordre inexprimable, je racontai à Moreau tout ce que je venais de faire; mon récit fut souvent interrompu par mes sanglots. Mille réflexions cruelles venaient à chaque instant m'assaillir, et me montrer la position fâcheuse où cette dernière imprudence pouvait me placer dans l'avenir. « Voilà ce que j'ai « fait, dis-je en terminant; mais du moins on

« n'aura point à me reprocher d'avoir voulu
« dépouiller une famille envers laquelle je me
« suis déjà rendue si coupable. »

Moreau m'avait écoutée attentivement. Il ne
me répondit qu'en me témoignant la crainte
que je n'eusse cédé à l'élan irréfléchi d'une délicatesse outrée. Ses raisonnemens me frap-
pèrent par leur justesse; mais il n'était plus
temps de revenir sur mes pas. Moreau me prodiguait les consolations les plus douces, les
témoignages de la plus vive tendresse. Tout
en blâmant dans mon intérêt l'acte que je venais de souscrire, il donnait des éloges à ce
mouvement de probité rigide qui m'avait entraînée. « Elzelina, me disait-il, vous ne m'en
« êtes que plus chère. »

C'était la première fois qu'il me nommait
ainsi; et ce nom d'Elzelina était celui dont
Van-M***, aux jours de notre bonheur, aimait
à m'appeler exclusivement. Prononcé avec l'accent de la tendresse, ce nom fit sur mon cœur
un effet indéfinissable. Il me sembla entendre
la voix de mon mari. Par un mouvement presque convulsif, je repoussai Moreau; et, ca-
chant mon front dans mes deux mains, je
m'accusai, sans ménagement et à haute voix,

de tous les torts que j'avais eus envers l'excellent homme dont j'avais juré devant Dieu de faire le bonheur. Moreau, vivement ému de l'excès de ma douleur, rendait, comme moi, témoignage aux nobles qualités de Van-M***, et cherchait à me prouver combien les sentimens que je manifestais devaient me relever à mes propres yeux. Cette scène se prolongea long-temps. Aux remords dont m'agitait le souvenir de Van-M*** succéda bientôt après l'image de ma mère déchue tout à la fois de son opulence, et privée des consolations que sa vieillesse devait attendre de moi. Je résolus de lui écrire sur-le-champ pour obtenir d'aller expier auprès d'elle, dans une retraite absolue, toutes les fautes qui m'avaient enlevé sa tendresse. Ma résolution ne fut pas vaine : j'écrivis. Si ma demande eût été accueillie, j'aurais pu espérer encore quelques années de repos et de bonheur; malheureusement elle fut rejetée, et rien ne put me soustraire à la triste destinée que je m'étais faite moi-même.

CHAPITRE XIX.

Conséquences inévitables de mes folies. — L'opéra du *Prisonnier*. — Madame Tallien. — Préventions de Moreau contre sa société. — Ces préventions sont bientôt justifiées.

Le général Moreau m'aimait passionnément : l'orgueil que m'inspirait cette affection si vive, mon admiration pour un homme si supérieur, et mon respect pour son caractère, me tenaient lieu de l'amour qu'une autre eût sans doute éprouvé à ma place. Dans la position où je me trouvais, tous mes sentimens devaient être poussés jusqu'à l'exaltation. Moreau était maintenant tout pour moi : c'était le seul ami, le seul protecteur que j'eusse au monde. Il profita de son ascendant sur moi pour m'obliger à chercher quelques distractions au chagrin dont il me voyait accablée. Touchée de la persévérance qu'il apportait à me ménager toutes les consolations imaginables, je consentais, pour lui plaire, à ne pas rester enfermée chez moi; mais je persistais à ne recevoir personne. Chaque matin il venait me chercher, et nous faisions ensemble de longues promenades. Quand il ne pouvait m'accompagner, il exigeait que je sortisse à cheval ou en voiture, avec mon fidèle Philippe. Lorsque ses affaires le retenaient loin de moi, pendant la journée, je consacrais mon temps à la lecture, au dessin, à la musique; je faisais aussi de méchans vers que le général ne manquait pas d'admirer, mais que du moins il admirait seul. Il a fallu en effet toutes les vicissitudes de ma vie pour me décider à écrire quelques lignes destinées à affronter le jugement du public. *Bélise* et *Philaminte* m'ont toujours paru souverainement risibles, et je suis tout-à-fait, sur leur compte, de l'avis de Molière.

Le soir nous allions ensemble au spectacle, ou bien j'y allais seule, et Moreau venait m'y retrouver. Ce plaisir était le seul de tous qui me fît oublier entièrement mes chagrins, qui m'enlevât, pour ainsi dire, à moi-même... Le seul? Oh, non! j'en avais un autre, celui d'aller souvent voir et embrasser mon cher petit Henri. Je jouissais de sa gaîté enfantine, de ses progrès journaliers, et près de lui je trouvais encore quelques minutes de bonheur. Moreau ignorait encore ce que j'avais fait pour cet enfant. J'attendais, pour lui faire cette confidence, que mon pupille fût digne de lui être présenté, et de l'intéresser pour le moins autant par les progrès de son intelligence que par les grâces de sa figure et le malheur de sa naissance.

Toutefois, je me consumais en vains efforts pour retrouver ce repos d'esprit, cette tranquillité d'âme, qui semblaient me fuir sans retour. Je voyais l'abîme où j'étais plongée, et je n'avais déjà plus la force de me débattre pour en sortir. Habituée depuis mon enfance à dépenser sans calcul, jamais je n'avais pu admettre la moindre idée d'économie. Moreau m'excitait encore à satisfaire toutes mes fantaisies : il allait même au devant de mes désirs, et insensiblement il était parvenu à me faire accepter des présens considérables. Les schalls de Cachemire avaient, à cette époque, en France, tout le mérite de la nouveauté; ils étaient fort rares et du plus grand prix. Moreau m'en avait donné deux des plus beaux que l'on connût. J'avais en ma possession tous les diamans de ma mère; je n'aimais point ce genre de parure, et cette répugnance était le seul motif que je pusse opposer au désir souvent manifesté par Moreau de m'offrir les écrins les plus brillans. Ainsi, peu à peu, je m'habituais à recevoir des dons magnifiques; quoique je conservasse intérieurement l'intention de restituer un jour ce que je ne voulais considérer que comme un prêt. Un mémoire acquitté, que Moreau oublia par hasard sur une table, me fit voir clairement jusqu'à quel point j'abusais, sans m'en douter, de sa faiblesse pour moi. Je voulus parler de diminution de dépense : Moreau me répondit, en plaisantant, que je n'entendais rien aux choses du ménage; que de tels soins ne me convenaient aucunement, et il finit par obtenir que je ne changerais rien au luxe de ma toilette, et que je me laisserais aller, comme par le passé, à toutes mes fantaisies. Cette dépense surpassait de beaucoup mes revenus actuels; je ne pouvais la soutenir qu'en recourant à sa générosité. Ainsi je me trouvais rangée dans cette classe de femmes que j'ai perdu le droit de juger, et au-dessus desquelles j'aurais dû toujours être placée par ma naissance et mon éducation.

Afin de vivre uniquement pour moi, Moreau avait négligé quelques uns de ses amis les plus intimes; il avait abandonné tous les autres. Dans le nombre des connaissances qu'il voyait habituellement, se trouvait un nommé de La Mar***, dont la femme me voyait du plus mauvais œil. Elle me supposait l'intention d'amener Moreau à m'épouser, et cette supposition toute gratuite fit, je ne sais pourquoi, naître en elle contre moi la haine la plus violente. Cette dame de La Mar*** devint plus tard, pour le général, une sorte de mauvais génie, dont les conseils lui ont été funestes. Ce fut elle qui s'employa le plus activement pour lui faire contracter une alliance dans laquelle j'ai toujours pensé qu'il n'avait pas trouvé le bonheur dont il était si bien digne. J'ai regardé et je regarde en effet le mariage de Moreau comme une des principales causes de sa perte : sans les instigations de sa femme, il ne serait point allé se placer sous les drapeaux étrangers; il serait resté fidèle à cette France dont il était l'enfant et qui s'enorgueillissait de sa gloire : ou si la jalousie de Napoléon l'avait forcé de s'expatrier, il aurait coulé dans un honorable exil des jours paisibles et embellis par de brillans souvenirs. Qu'on me pardonne cette digression en faveur des sentimens d'admiration et d'estime que je conserverai pour un tel homme jusqu'à mon dernier soupir.

J'avais fixé à une époque assez éloignée la présentation de mon cher Henri au général; mais les droits qu'acquérait chaque jour à mon affection cet aimable enfant redoublèrent mon impatience de le placer sous la tutelle immédiate d'un protecteur si puissant. Je conduisis donc Moreau à Mouceaux : chemin faisant, je l'instruisis de ce que j'avais déjà fait pour mon fils d'adoption, et je lui expliquai toutes les espérances que j'avais fondées sur sa bonté en faveur du pauvre orphelin. Il est inutile de dire que mon attente ne fut pas trompée, et que Moreau ne me répondit que par les éloges les plus doux et les plus flatteurs.

On ne saurait se figurer l'étonnant changement qui s'était opéré dans la personne de Henri : il me paraissait à moi-même à peine reconnaissable; mais à la gaîté, à l'heureuse insouciance de son âge, se mêlait je ne sais quoi de mélancolique et de touchant, qui doublait après quelques minutes l'intérêt qu'il inspirait au premier abord. Nous l'emmenâmes pour trois jours; il eût bientôt gagné le cœur du général par la candeur de son caractère, sa sensibilité extrême, surtout par les témoignages d'affection qu'il me prodiguait. Le soir, il vint avec nous voir Talma. C'était la première fois que les merveilles du théâtre s'offraient à ses regards; il était dans un état d'exaltation inexprimable. A notre retour, il nous amusa beaucoup par l'exactitude vraiment originale qu'il mit à contrefaire quelques uns des acteurs qu'il venait de voir : il nous étonnait en même temps par sa mémoire prodigieuse.

Je partageai tous les jeux de ce cher enfant pendant les trois jours qu'il demeura près de moi : je courais avec lui dans le jardin comme un véritable écolier, et chaque minute semblait ajouter à sa tendresse toute filiale pour moi. Il fallut enfin le ramener à sa pension; il y rentra comblé de caresses et de présens. Quelques jours après, Moreau vint m'annoncer qu'il était obligé de faire un voyage de courte durée : pendant son absence il me supplia d'assister à la première représentation d'un opéra comique, ouvrage d'un de ses compatriotes, et pour laquelle il avait retenu une loge. Cette représentation devait avoir lieu le lendemain. Moreau paraissait désirer vivement le succès de cet ouvrage, dont l'auteur était, disait-il, son ami, homme de talent et de cœur, excellent citoyen. Le rôle principal devait être rempli par un acteur chéri du public, enfant de la Bretagne comme Moreau, et qui lui était depuis long-temps uni par les liens de l'amitié. J'allai donc voir le nouvel opéra, et j'en revins enchantée : cet opéra c'était *le Prisonnier*, l'acteur était Elleviou, l'auteur M. Alexandre Duval. La France connaît et apprécie son talent ; ses amis seuls connaissent la noblesse de son âme, la bonté, la franchise, la générosité de son caractère. Qu'il me permette de consigner ici l'expression d'une reconnaissance bien profonde et d'un attachement qui ne finiront qu'avec ma vie.

Cette représentation d'un opéra charmant me fit faire de grandes réflexions sur le génie de cette langue française tout à la fois si simple, si élégante et si gracieuse. L'italien, ma langue maternelle, m'a toujours paru propre à peindre les passions fortes, les grands effets de la nature ; mais il n'appartient qu'au français de rendre le naturel, la grâce légère et la délicatesse, qui sont les caractères dominans de cette nation.

Telles étaient les réflexions qui m'occupaient dans le trajet du théâtre de l'Opéra-Comique à Passy, et, tout en m'y livrant, je revenais avec un plaisir nouveau sur les émotions délicieuses qu'avaient excitées en moi la pièce, madame Saint-Aubin, Elleviou et la musique de Della-Maria, lorsqu'une violente secousse donnée à ma voiture, et un cri perçant qui frappa mon oreille au même instant, vinrent m'arracher à ma rêverie. Je m'élance à la portière, je l'ouvre, et avant que Philippe ait eu le temps de descendre, je saute à terre, au risque de me faire écraser par la voiture dont les roues avaient si violemment ébranlé la mienne. C'était l'équipage de madame Tallien qui avait causé cet accident; elle allait à Paris : sa voiture s'était croisée avec la mienne à l'entrée du Cours-la-Reine, et l'un de ses essieux était rompu.

Je m'approchai d'elle en m'informant si elle n'était pas blessée : heureusement elle en était quitte pour la peur. J'avais beaucoup entendu parler de sa beauté, mais elle me parut supérieure à tout ce qu'on avait pu m'en dire. Madame Tallien était en grande parure; elle se rendait au Luxembourg chez le directeur Barras. Ma vue parut produire sur elle le même effet que son aspect avait produit sur moi. Je la priai de vouloir bien accepter une place dans ma voiture, et je lui offris de la conduire au lieu de sa destination, puisque son équipage se trouvait hors de service : elle accepta ma proposition avec une grâce charmante, et nous partîmes à l'instant.

« Vous vous rendiez sans doute chez vous,
« madame, me dit-elle; aurais-je donc le bon-
« heur d'avoir une aussi belle voisine? Je crains
« que ce retard ne jette l'inquiétude dans votre
« maison; » et elle me prit la main de la manière la plus aimable.

« — Rassurez-vous, madame, répondis-je,
« personne ne s'inquiétera de mon absence.
« J'habite seule à la campagne avec mes domes-
« tiques; quand bien même quelqu'un m'atten-
« drait, on me pardonnerait aisément ce retard
« dès qu'on en connaîtrait le motif.

« — C'est joindre la grâce à l'obligeance, reprit
« Mme Tallien avec ce ton séduisant qui lui con-
« quérait tant de cœurs; puis-je savoir quelle est

« et la charmante protectrice que le hasard m'a
« donnée, et qui, j'espère, ne refusera pas de
« devenir mon amie?

« —Mon nom ne vous apprendrait rien, ma-
« dame; retirée à la campagne, étrangère dans
« ce pays....

« —Étrangère! reprit-elle avec vivacité; vous
« êtes, j'en suis sûre, cette dame hollandaise
« que le général Moreau cache si soigneuse-
« ment à tous les yeux, et qu'il a conduite en
« France après l'avoir enlevée.

« — Quelle calomnie! m'écriai-je à mon tour
« aussi vivement; et qui a pu, madame, vous in-
« duire si grossièrement en erreur? c'est moi qui
« suis venue de mon propre mouvement implo-
« rer le général et me placer sous sa protection.

« — A la bonne heure : mais comment, si
« jeune et si belle, vous condamner à un isole-
« ment aussi absolu? Promettez-moi de venir
« me voir; n'en dites rien au général. J'ai tout
« lieu de croire qu'il s'y opposerait : il a des
« préventions bien injustes contre moi; car, au
« fait, je l'estime et je l'admire.

« — Soyez persuadée, madame, qu'il sait
« aussi vous rendre justice. »

Ici je commençais à mentir. Moreau n'avait

jamais refusé devant moi de rendre témoignage à ce qu'il y avait de vraiment noble dans le caractère de madame Tallien ; mais il était fort loin d'estimer la plupart de ses amis les plus intimes. A ses yeux, une telle société n'était certainement pas plus convenable pour moi que pour lui, et madame Tallien ne se trompait pas en pensant qu'il mettrait sans doute obstacle à toute liaison entre nous. La politesse et le penchant qui m'entraînait déjà vers madame Tallien m'empêchèrent toutefois d'en convenir avec elle.

En effet, lorsqu'à son retour Moreau apprit de moi cette rencontre, il parut contrarié du désir que je témoignais de répondre aux marques de bienveillance qu'on m'avait déjà données. Il lui en coûtait de se montrer, pour la première fois, d'un avis opposé au mien ; mais les liaisons politiques de madame Tallien lui inspiraient une répugnance invincible. En vain lui représentais-je que madame Tallien m'ayant seule fait des avances, c'était elle seule que je voulais voir : « Bientôt, me répondait-il, vous serez entraînée comme malgré vous dans ces salons peuplés de mes ennemis : et madame Tallien, sans le vouloir, deviendra l'instrument dont on se servira pour m'entraîner sur vos pas dans quelque piége. »

J'insistai en lui rappelant tout le bien qu'il m'avait plus d'une fois dit lui-même de cette femme qui se montrait aujourd'hui, fort honorablement pour moi, empressée de devenir mon amie : « Elzelina, me dit-il enfin, comme j'estime
« autant votre cœur et votre caractère que
« j'aime votre personne, je remets avec confiance
« en vos mains le soin de mon repos. Voyez
« madame Tallien, puisque cette nouvelle liai-
« son a pour vous un attrait si puissant : mais
« promettez-moi d'être toujours sur vos gardes,
« même avec elle, et surtout de me faire connaître
« la première question qu'on vous adressera di-
« rectement ou indirectement sur mon compte. »

Je lui promis sans peine ce qu'il me demandait. Lorsque j'obtenais ce que j'avais désiré, j'étais toujours d'une humeur charmante; c'est ce qui arrive, je crois, à bien des gens, et particulièrement aux femmes : je donnai donc libre essor à ma gaîté; et je racontai à Moreau tout le plaisir que m'avaient fait éprouver, non seulement la première, mais encore la seconde et la troisième représentation du *Prisonnier*, auxquelles j'avais assisté. Personne plus que Moreau ne jouissait du bonheur de ses amis. Il était charmé de la chaleur que je mettais à lui retracer le triomphe de son compatriote. Le soir même nous allâmes voir la sixième représentation, et Moreau put se convaincre par ses propres yeux que je n'avais rien exagéré. Afin de ne pas renouveler des inquiétudes que le désir seul de me complaire avait pu calmer, je cessai de parler à Moreau de madame Tallien; je me contentai de mettre à profit la permission qu'il m'avait donnée. Je voyais ma nouvelle amie le plus souvent qu'il m'était possible; mais nos rencontres étaient encore trop rares au gré de mes désirs. Cette amitié recevait un nouvel attrait et de nouvelles forces du mystère qui en accompagnait les témoignages : car l'amour n'est pas le seul sentiment auquel le secret prête des charmes. Moins distraite et naturellement plus vive que madame Tallien qui vivait dans le tourbillon du grand monde, je me livrais à mon affection pour elle avec toute l'ardeur de mon imagination *florentine*, et tout l'abandon de mon cœur. Elle, au contraire, occupée de plaisirs et de politique, de toilette et d'affaires d'état, n'apportait dans notre liaison que cette bienveillance douce et calme à laquelle l'esprit et la grace peuvent quelquefois donner l'apparence d'un sentiment profond et durable. Avertie toujours la veille des heures auxquelles Moreau me faisait ses visites, je profitais de toutes les matinées où je ne l'attendais pas pour aller voir madame Tallien. Je partais ordinairement de bonne heure, habillée en homme : des ordres étaient donnés pour qu'on me laissât entrer dans son appartement à toute heure, et sans que je fusse obligée de me faire annoncer. Le plus souvent c'était moi qui la réveillais : moitié de gré, moitié de force, elle se levait, s'enveloppait d'une robe du matin, jetait un schall sur ses épaules. Je l'aidais à faire cette simple toilette, quoiqu'elle m'y trouvât aussi maladroite qu'un garçon, et nous partions dans un boguey que Philippe suivait constamment à cheval. Souvent, en lui faisant parcourir les boulevards neufs, le Champ-de-Mars, ou bien en déjeunant avec du laitage à la chaumière du Mont-Parnasse, encore toute rustique à cette époque, je voyais briller sur son beau visage l'enjouement et la gaîté naturelle qui ne s'y montraient pas toujours dans les salons du Luxembourg. Elle avait cependant dans le monde tous les succès que procurent tous les dons de l'esprit, lorsqu'ils parent la beauté. Pour ceux qui la connaissaient davantage, sa bonté seule aurait suffi pour la faire chérir.

Dans une de nos promenades, il nous arriva de nous diriger vers le quartier du Gros-Caillou. Nous passâmes une grande partie de la matinée à contempler d'un peu loin la pompe grotesque d'un repas de noce qui avait réuni bon nombre d'ouvriers endimanchés. La grosse joie de ces bonnes gens offrait un tableau digne du pinceau de Téniers, et contrastait singulièrement avec le spectacle que madame Tallien avait ordinairement sous les yeux. Pour moi, qui avais vécu dans les camps, je ne m'étonnais pas des éclats de la joie populaire. Disposées comme nous l'étions, madame Tallien et moi, à nous amuser de tout, nous laissâmes ce jour-là passer les heures avec plus d'insouciance que de coutume, et notre retour se trouva beaucoup retardé. En arrivant près de la maison de madame Tallien, nous vîmes, sur la pelouse, trois promeneurs qui paraissaient l'attendre. J'arrêtai le boguey, et je lui donnai la main pour descendre. Soit qu'elle craignît quelque soupçon défavorable sur cette course matinale avec un jeune homme, soit qu'elle voulût satisfaire la curiosité de ses amis, elle exigea que j'entrasse chez elle. Par politesse je n'osai lui refuser; mais je me rendis à son invitation de mauvaise grâce, très contrariée que j'étais de me trouver pour la première fois avec cet *entourage* dont Moreau m'avait effrayée, et que j'étais parvenue à éviter jusqu'alors. Madame Tallien paraissait au contraire plus aimable et plus gaie que jamais : « Messieurs, « dit-elle aux personnes qui l'attendaient, « permettez-moi de vous présenter l'amie du gé- « néral Moreau, qui veut bien être aussi la « mienne. Habituée de bonne heure à la vie « active des camps, madame est assez bonne « pour chercher à me guérir de ma paresse, « en m'associant à ses promenades du matin. » Puis elle m'adressa les complimens les plus flatteurs, avec ce ton que donne le savoir-vivre et qu'elle possédait au suprême degré. Au nombre de ces trois messieurs se trouvait un nommé Lher***, autrefois secrétaire de la légation cisalpine. Dès la première vue, il m'inspira une antipathie extrême et qu'il ne tarda guère à justifier; car il fut surtout cause de ma rupture avec madame Tallien. Après avoir répondu d'une manière assez gauche aux politesses excessives dont j'étais l'objet, je quittai tout ce monde

le plus promptement qu'il me fut possible. Lorsque je revis madame Tallien, le lendemain, dans la matinée, je crus remarquer en elle une certaine gêne. Plusieurs fois elle tenta d'amener la conversation sur Moreau, ce qu'elle n'avait point fait jusqu'alors. Je changeai d'entretien; mais, à l'entrevue suivante, ses questions devinrent plus directes; elle me les adressait en détournant les yeux et d'un air embarrassé. Son âme noble et franche répugnait aux détours qu'elle était obligée de prendre; elle sentait que je ne devais pas répondre. Je ne répondis pas en effet; et le soir même, comme Moreau et moi nous nous rendions à Paris, pour y dîner : « Général, lui dis-je, vous aviez
« raison : la société que j'ai rencontrée chez
« madame Tallien ne saurait me convenir;
« comme je ne puis éviter cette société qu'en
« cessant toute relation avec la femme qui en
« est l'âme, je me résous à ce pénible sacrifice,
« puisque votre sûreté et votre repos en
« dépendent. »

Moreau me remercia avec transport : « Je
« rends justice aux qualités de madame Tallien,
« me dit-il; mais, vous l'avez vu par vous-même,
« ma chère amie, *l'entourage* ne vaut rien. »

Deux jours après j'écrivis un billet poli, amical, tel que je le *devais*. Je reçus cette courte réponse :

« Vous qui parlez des autres, vous vous
« laissez influencer à ce point! Soit; mais vous
« perdez une bien véritable amie. »

Ainsi finit cette liaison qui avait eu d'abord pour moi tant de charmes. J'en ressentis un vif chagrin : mais j'eus à m'applaudir plus tard de m'être éloignée d'une maison que fréquentait Lher***. Si j'avais pu conserver quelque doute sur son caractère, mes yeux se seraient ouverts à Milan, lorsque je l'y rencontrai à quelque temps de là.

CHAPITRE XX.

Départ pour Milan. — Nouveaux témoignages de la tendresse de Moreau pour moi. — Nos deux guides savoyards. — Établissement dans la *Casa-Faguani*. — Le général Moreau me présente partout comme sa femme.

Moreau ne souffrait qu'avec impatience l'oisiveté à laquelle il était condamné par le Directoire, et que rendait encore plus insupportable l'espionnage dont il se savait l'objet. La guerre avait recommencé en Italie; il sentait que sa présence dans ce pays pouvait devenir utile; il n'hésita donc point à sacrifier les intérêts de son amour-propre, et il accepta l'emploi secondaire d'inspecteur-général de l'armée d'Italie. Cet acte de modestie tourna bientôt à sa gloire; car, sans son talent, l'impéritie du général Scherer aurait ruiné en Italie la fortune des armes françaises. Il vint un jour, à sept heures du matin, m'annoncer sa nomination, et me demander si je consentirais sans regret à l'accompagner. Il craignait que je ne trouvasse trop rapprochée l'époque du départ, que des ordres supérieurs fixaient à la nuit prochaine.

« Et pourquoi donc ne partirions-nous pas
« sur-le-champ ? lui dis-je. Envoyez prendre
« ce soir ma malle à six heures. Je serai prête à
« vous suivre demain matin. »

Moreau me remercia avec l'expression de la plus vive tendresse. Certaine que je pourrais aisément monter ma maison lorsque nous serions arrivés en Italie, je congédiai ma femme-de-chambre Julie, qui m'était toute dévouée, et que cette séparation affligeait beaucoup. Le général et moi nous donnâmes trois mois de gages à nos autres domestiques. Philippe devait rester encore quelque temps à Paris, comme intendant de ma maison de Passy et de celle que le général occupait à Chaillot. Je ne perdis pas un moment pour mes préparatifs, et je récompensai généreusement ma pauvre Julie, qui pleurait à chaudes larmes. On devine aisément avec quelle chaleur je recommandai à Philippe mon cher petit Henri. Il m'aurait été impossible de partir sans avoir la consolation d'embrasser encore une fois cet enfant. Je courus à sa pension. Nos adieux furent courts, mais pleins de larmes. Présens, recommandations, promesses, je mis tout en usage pour assurer en mon absence à ce cher enfant la bienveillance de ses maîtres. Je donnai un dernier baiser à mon fils d'adoption, et je m'arrachai de ses bras.

Le lendemain à six heures, ainsi que je l'avais promis à Moreau, j'étais prête à monter en voiture; nous partîmes. L'entretien ne languissait jamais avec Moreau : il avait un talent particulier pour deviner et peindre les caractères, et ce talent il aimait à l'exercer. Il possédait en outre l'art de raconter; sa mémoire était riche d'anecdotes, et sa conversation était très variée. Pendant la route il me fit connaître la plupart des personnages qui occupaient alors des postes importans à l'armée d'Italie. Il m'avait déjà plus d'une fois parlé de Bernadotte; il y revenait souvent. La suite a prouvé qu'il l'avait bien jugé. « Bernadotte, disait-il, a une ambition qui le perdra, si elle ne l'élève au dessus de tous les autres. » On a accusé Moreau d'être également tourmenté de cette ambition qui conduit aux crimes politiques et au bouleversement des états. Je dois à la vérité de dire que je n'en ai jamais découvert en lui le moindre indice. Moreau aimait la gloire, mais il n'aurait jamais voulu d'un pouvoir qu'il eût fallu acheter en foulant aux pieds ses propres sermens ou les droits de ses concitoyens.

Nous voyagions avec une grande rapidité, mais pas encore assez vite au gré de mon impatience. Tout ces souvenirs d'enfance qui attachent au sol de la patrie se réveillaient dans mon âme avec une force toute nouvelle. L'idée de revoir ce beau ciel de l'Italie, de respirer l'air de ma patrie, d'entendre ces chants harmonieux qui avaient bercé mon enfance, et de parler encore cette langue que j'avais bégayée vingt années plus tôt, tout cela faisait battre mon cœur et me causait des tressaillemens de joie. Mais à ces souvenirs délicieux s'en mêlaient d'autres bien amers, lorsque nous commençâmes à gravir à pied la route bordée d'affreux précipices du Mont-Saint-Jean. Dix ans plus tôt, j'avais passé dans ces mêmes lieux, bravé les mêmes fatigues et les mêmes dangers, sous la protection de mon père et de ma mère, alors fiers de leur fille, et qui fondaient sur moi tout l'espoir de leur bonheur à venir. Le contraste de ces deux positions si différentes pour moi me causait une tristesse profonde et que je cherchais en vain à dissiper.

Au village d'Anslebourg on démonta nos voitures pour les charger sur des mulets, et nous nous remîmes en route. Le génie du vainqueur de l'Europe n'avait point encore à cette époque triomphé des barrières de la nature. Les sentiers du Mont-Cenis n'étaient point encore transformés en de larges routes, et nous avancions péniblement au milieu des ravins, bordés à droite et à gauche de rochers qui semblaient le plus souvent suspendus sur nos têtes. J'admirais l'allure tranquille et assurée du mulet que je montais. Les éloges que je donnais à l'instinct de cet animal allaient droit au cœur d'un de nos guides, tout fier d'avoir été son instituteur. Ce bon Savoyard était d'autant plus charmé de me voir contente de ma monture, que le général lui avait expressément recommandé de me garantir, autant qu'il serait en son pouvoir, non pas seulement de tout danger, mais encore de toute inquiétude; il l'avait même largement récompensé d'avance des soins qu'il prendrait à cet égard. C'est ce que j'appris de la bouche même du guide pendant notre route. Je n'avais pas besoin de cette nouvelle preuve de la tendresse de Moreau pour connaître combien il souffrait de me voir exposée aux fatigues d'un voyage que j'avais entrepris pour lui seul. Marchant à pied derrière moi, il surveillait tous les mouvemens de mon mulet; et lorsque je me retournais pour lui parler, il se fâchait sérieusement de mon imprudence.

Nous nous arrêtâmes à l'auberge de l'hospice, qui est à moitié chemin; on nous y servit un léger repas. Assis tous deux auprès d'un bon feu, nous jouissions du plaisir de nous reposer. Moreau amena la conversation sur les inquiétudes qu'il avait éprouvées pour moi pendant cette pénible route : il exprima sa volonté bien ferme de ne jamais m'exposer aux hasards de la guerre. Je lui rappelais en riant que j'avais déjà vu les champs de bataille, sans trop redouter les balles et les boulets, et que je comptais bien partager avec lui les fatigues de la campagne. Mais rien ne pouvait changer la détermination qu'il avait prise; je n'insistai donc pas davantage sur ce point. En descendant à la Novoralèse, je voulus essayer de monter dans une chaise à porteurs. Mais au bout d'un quart de lieue il me devint impossible de supporter le balancement régulier de cette sorte de voiture. Je mis pied à terre et je continuai la route, le plus souvent appuyée sur le bras de Moreau, tantôt suivie et tantôt précédée de nos deux guides savoyards, dont la franchise et la gaîté nous mettaient en belle humeur. Touchés de la bienveillance que nous leur témoignions, ils nous racontaient, dans leur langage naïf, les détails de leur vie laborieuse. L'un, jeune et robuste, paraissait charmé de la bonne fortune de ce jour, qui allait le mettre à même d'offrir de plus beaux présens de noces à sa fiancée. Il obtint sans peine que nous irions la voir en arrivant à la Novoralèse, et que nous boirions du lait de *Jeanne*, la plus belle vache du canton, qu'elle lui apportait en dot. L'autre guide, âgé de plus de cinquante ans, était père de seize enfans; il nous pria aussi d'honorer sa petite maison de notre visite, et de choisir quelques paniers, ouvrage de sa nombreuse famille. Moreau accorda tout ce qu'on lui demandait : nous bûmes du lait de *Jeanne*, et nous visitâmes les petits vaniers; mille bénédictions nous accompagnèrent à notre départ de ces chaumières. Moreau était naturellement le meilleur des hommes; il prétendait qu'il fallait m'attribuer en grande partie le bien qu'il faisait. Je ne pouvais accepter ce compliment que jusqu'à certain point : en effet, il m'arrivait de seconder les mouvemens généreux de son cœur; mais ces mouvemens de sa part étaient toujours spontanés.

Arrivés à Milan au milieu de la nuit, nous passâmes deux jours dans le plus strict incognito à l'hôtel du *Pélican*, où nous étions descendus. Après quoi le logement de l'inspecteur général ayant été désigné, nous allâmes occuper *la casa Faguani*, *via San-Pietro*. Ce palais appartenait à la comtesse Faguani, dont il portait le nom; cette dame n'aimait pas les vainqueurs de l'Italie : elle s'était retirée à la campagne, et elle avait laissé à son majordome, aidé de deux ou trois domestiques, le soin de nous recevoir. Les appartemens étaient fort beaux, très vastes, ornés de peintures savantes et de sculptures admirables. Mais partout les meubles les plus mesquins avaient remplacé le mobilier somptueux dont le palais était ordinairement garni. Glaces, pendules, tentures, vases antiques, tout avait disparu. Le majordome, surpris de voir le général accompagné d'une femme jeune et fort élégante, car j'avais quitté mes habits d'homme pour me rendre au palais *Fa-*

guani, proposa aussitôt de faire remeubler l'appartement qu'il me conviendrait d'occuper. Je le remerciai de sa proposition, mais je ne l'acceptai pas, et Moreau me sut gré de m'être montrée si peu exigeante. Cependant lorsque le signor *Patrizzio* m'eût entendue lui adresser la parole en italien très pur, rien ne put l'empêcher de faire replacer sur-le-champ tous les ornemens du salon, de la chambre à coucher, des cabinets de toilette et de bain qui m'étaient destinés. Soudain le damas rose et blanc vint tomber en longues draperies devant les fenêtres et sur les lambris dorés de mon appartement : partout le luxe attestait l'opulence et le bon goût de la comtesse.

Ce *Patrizzio* était un franc original, mais en même temps un bon homme dans toute l'acception du mot. Fortement prévenu contre les Français, il aurait pris plaisir à nous laisser manquer de tout, si *il dolce favellar, i patri modi* qu'il retrouvait en moi ne m'eussent fort à propos gagné ses bonnes grâces. Il ne m'appelait plus que *mia garbatissima padroncina*, et il voulut que sa nièce, mademoiselle Ursule, entrât à mon service en qualité de femme de chambre. Je commandais en reine dans le palais; j'y étais servie avec zèle et empressement; tout le monde s'en trouvait bien.

Dès le soir de notre installation dans cette nouvelle demeure, le général me dit : « Ma « chère amie, vous pensez que j'ai dû songer « à vous assurer, dans ce pays, une existence « convenable, et la considération qui doit vous « accompagner partout. Je vous préviens donc « qu'à dater de ce jour, vous êtes, pour tout « le monde, madame Moreau. Voulez-vous bien « accepter ce nom? »

Ces mots produisirent sur moi une impression pénible. Il me semblait qu'en prenant désormais le nom du général, j'allais renoncer une seconde fois à celui qu'une union légitime m'avait donné le droit de porter. Je craignais de faire aussi publiquement outrage à mon mari, que j'avais déjà si cruellement affligé. Moreau se méprit sur le motif de mon hésitation à répondre : « Elzelina, me dit-il, cette proposition vous déplaît-elle? » Je me jetai dans ses bras en pleurant, et je lui confiai sur-le-champ mes scrupules. Avec une douceur et une délicatesse bien rares, le général sut calmer mon émotion, rassurer un peu ma conscience, et m'amena insensiblement à vouloir ce qu'il désirait.

Dès le lendemain, nous reçûmes la visite des autorités. Je trouvai bientôt fort doux les hommages qu'on m'adressait comme à l'épouse du général Moreau. Les invitations de tout genre pleuvaient de tous les côtés. Une couturière française, madame Rivière, établie à Milan, fut appelée au palais *Faguani*, et chargée du soin important de me préparer une parure brillante pour le dîner que devait donner prochainement le Directoire cisalpin. Pour cette fois, Moreau voulut s'occuper lui-même de ma toilette. Grâce à lui, tout fut de la plus grande élégance et du meilleur goût. Dans la société que nous voyions à Milan, il n'y avait alors que deux Françaises, madame Amelot, et une autre dame fort jolie dont j'ai oublié le nom. Je dus à ce défaut de concurrence un succès qui flatta la vanité du général, et qui accrut singulièrement la mienne. Ma taille, mon teint sans artifice, ma chevelure blonde, donnèrent, le lendemain de la fête du Directoire, matière à un nombre infini de sonnets, qui m'arrivèrent imprimés en lettres d'or sur du satin. L'enthousiasme fut à son comble, lorsqu'après avoir causé plus de deux heures avec moi, le célèbre Monti déclara que j'entendais aussi bien que lui tous les poètes italiens. Chacun voulut chanter *il dotto sapere*, *le grazie ivezzi della bellissima citadina Moreau*. Lorsque je parus, ce même jour, à cheval et vêtue en amazone *al corso orientale*, je me vis l'objet d'une curiosité générale et que j'attribuai à l'éclat de mon triomphe de la veille.

Mon bon sens naturel me préserva d'abord de l'ivresse dans laquelle devaient me plonger tant de succès. A la fin, la tête m'en tourna. Excitée par Moreau lui-même, je ne mis bientôt plus de bornes à mes dépenses : les trente ouvrières de madame Rivière ne travaillaient plus que pour moi seule; Moreau ne me laissait point de désirs à former, et bientôt on me cita moins pour ma beauté que pour l'extravagance de mon luxe. Si les hommes enviaient à Moreau son bonheur, les femmes m'enviaient mes parures, mon élégance; et mes triomphes me faisaient une foule d'ennemis. Cependant, au milieu des fêtes, dans le tourbillon des plaisirs, j'étais tourmentée d'un mal que je n'avais pas connu jusqu'alors, l'ennui. Au milieu de ces journées si longues, que je semblais avoir à ma disposition, je ne pouvais trouver une seule minute qui m'appartînt en propre. Après avoir tout sacrifié pour être libre, je me trouvais plus esclave que jamais : et quel esclavage plus insupportable que celui de la représentation et de l'étiquette? Dans le rang où j'étais placée, tous les regards se fixaient sur moi. Je devais calculer toutes les conséquences de la démarche la plus simple, m'interdire tous les plaisirs que j'aimais le plus, renoncer même à ces promenades matinales qui avaient tant de charmes pour moi; enfin, j'étais condamnée à m'observer sans cesse pour ne point compromettre l'honneur et le nom de celui qui me donnait tant de preuves de son amour et de sa confiance.

CHAPITRE XXI.

Les fournisseurs. — Solié. — Double méprise. — Le collier de camées. — César Berthier. — Coralie Lambertini.

Rassasiée de toutes les jouissances que peuvent donner le luxe et l'orgueil, je me sentais atteinte d'une langueur que rien ne pouvait dissiper. J'étais sans cesse distraite au milieu des nombreux convives qui venaient chaque jour s'asseoir à notre table; j'avais perdu jusqu'à l'appétit qui donnait jadis pour moi tant de prix au beurre et aux œufs frais du *Rendez-vous de la Muette*, au lait du *Kiosque de l'Hermitage*. Mon premier devoir était maintenant de me parer; car mes négligés même étaient de magnifiques parures. Il fallait demeurer, pour ainsi dire, toujours en scène, il fallait sourire aux plus fades complimens, et accueillir avec un visage aimable ceux même qui m'accablaient du poids de leur nullité. L'étiquette a un côté si positivement ridicule, que l'orgueil de *paraître* n'a jamais pu me familiariser avec tous ces détails cérémonieux qui étouffent le plaisir et bannissent la gaieté.

Le général ne goûtait pas plus que moi notre nouveau genre de vie : et comment cette vie aurait-elle pu plaire à un homme naturellement aussi simple et aussi modeste? Ce fut donc sans peine que je parvins à obtenir de lui deux jours de la semaine que nous nous réservions pour nous et pour un très petit cercle d'amis.

Au nombre de ces amis privilégiés était un compatriote de Moreau, M. Solié. Le général s'amusait comme moi de sa gaieté qui animait nos réunions; mais il m'avait prévenue de me tenir en garde contre son apparente bonhomie. Solié était venu en Italie comme un des fournisseurs de l'armée. Moreau avait eu de tout temps une grande répugnance pour cette classe de traitans. « Si mon propre frère, « disait-il un jour, se faisait fournisseur, je ces- « serais de l'estimer. » Je cherchais quelquefois à combattre cette opinion, en lui représentant qu'un homme véritablement honnête l'est toujours, et dans quelque carrière qu'il embrasse. Moreau craignait parfois que Solié ne parvînt, en s'insinuant dans mon esprit, à faire de moi l'instrument de ses projets de fortune. Ma délicatesse bien éprouvée le rassurait cependant à cet égard; mais rien ne pouvait le faire revenir de sa prévention contre les fournisseurs.

Qu'il me soit permis de m'arrêter un instant sur cet hommage que Moreau rendit souvent à ma délicatesse et à mon désintéressement. L'opiniâtreté que je mis toujours à refuser avec mépris les magnifiques dons au prix desquels bien des gens voulaient acheter ma protection auprès du général m'a valu un grand nombre d'ennemis. Après ma rupture avec le général, quelques uns de ces hommes qui avaient à se plaindre de moi sous ce rapport cherchaient à l'exaspérer encore contre moi, en me déchirant, comme on dit, à belles dents. Moreau leur répondit alors : « Vous en direz difficilement tout
« le mal que j'en pense; mais ne cherchez point
« à me persuader qu'elle ait jamais vendu le
« crédit qu'elle avait sur moi. Je connais son
« désintéressement; et personne mieux que moi
« ne sait qu'elle l'a poussé quelquefois jusqu'à

« l'imprudence. » Ces paroles, qui me furent rapportées alors, m'ont souvent consolée intérieurement de bien des peines.

Solié était l'âme de nos petits comités. Personne n'avait une gaieté plus communicative, et ne trouvait mieux les moyens de s'amuser beaucoup en amusant tout le monde. Comme compatriote de Moreau, je le traitais avec assez de distinction. Mes égards lui parurent un juste tribut que je payais à son mérite. Il se trompait grossièrement. Sa méprise n'eut pour lui d'autre résultat que de le faire bannir de mon intimité. Il lui arriva plus tard de s'imaginer qu'à l'aide d'un présent de 2000 écus qu'il osa m'offrir, il obtiendrait une fourniture importante qu'il sollicitait. Je me mêlai en effet de cette affaire, mais ce fut pour obtenir de Moreau une signature qui déboutait entièrement M. Solié de ses prétentions.

J'avais toujours conservé cet amour des beaux arts qui s'était manifesté chez moi dès ma première enfance. Le matin j'allais souvent, appuyée sur le bras d'un des aides-de-camp du général, et suivie de ma femme de chambre Ursule, visiter les églises riches des chefs-d'œuvre de l'école italienne, et les ateliers de peinture et de sculpture. Un jour, comme je me préparais à ma promenade accoutumée, Moreau me dit qu'il avait besoin de son aide-de-camp, et il pria Solié, qui se trouvait là par hasard, de vouloir bien me servir de chevalier. Ces deux messieurs m'étaient également indifférens : cependant le babil de Solié me donna bientôt à penser que sa société me serait plus agréable que celle du taciturne Delelé. Nous avions déjà parcouru une grande partie de la ville, lorsqu'en sortant du *Dôme*, l'enseigne de madame Rivière vint s'offrir à mes yeux. Elle avait justement à me fournir une toilette brillante pour le bal de l'ambassadeur de Naples, le comte d'Ossuna. Je voulus m'assurer par mes yeux de l'empressement et du soin que ma couturière mettait à satisfaire mes désirs et à suivre mes instructions. Je fis arrêter la voiture, et je descendis, suivie de Solié. Nous trouvâmes chez madame Rivière son beau-fils, bijoutier de Rome, que ses affaires avaient amené depuis quelques jours à Milan. Il me fit voir plusieurs parures fort belles et du plus grand prix, entre autres un collier de vrais camées avec deux magnifiques agrafes en diamans. Si ce collier m'avait tenté, j'en aurais aisément fait l'acqui-

sition; mais comme mes écrins étaient plus que suffisamment garnis, je me contentai d'admirer ce collier, sans même m'informer de sa valeur. Je retournai à ma voiture; Solié me donna la main pour y monter; puis il me demanda la permission de me quitter pour peu d'instans. Je le vis rentrer chez madame Rivière; au bout de quelques minutes il fut de retour, et nous partîmes. J'étais fort gaie ce jour-là, et bien éloignée de soupçonner ce que venait de faire mon chevalier. Je lui dis : « Savez-vous à quoi je
« pensais ?

« — Non, madame; mais si c'était à ma courte
« absence, je m'estimerais trop heureux.

« — Je suis désolée de ne pouvoir contribuer
« à votre bonheur; mais, en vérité, je ne m'oc-
« cupais point de vous. En regardant cette place
« ornée d'un Christ de grandeur naturelle, je
« songeais à cette bizarrerie du caractère italien
« qui sait allier aux idées religieuses tant de goûts
« et d'habitudes si contraires à l'esprit de la reli-
« gion. Je me rappelais le profane charlatanisme
« de ce prédicateur qui, prêchant sur une place
« publique, s'avisa, pour ramener à lui des audi-
« teurs beaucoup trop distraits par les gambades
« de quelques bateleurs, de mettre en compa-

« raison le Sauveur du monde et Polichinelle, et
« s'écria, en indiquant l'image du Christ : *Ecco*
« *il vero Pulcinello che puo salvar vi.*

« — Ce sont là, madame, des traditions locales
« auxquelles vous sembleriez devoir être étran-
« gère : car c'est la première fois, je pense, que
« vous venez en Italie. Vous êtes si jeune encore,
« et ce pays est tellement éloigné du vôtre ! » Déjà
préoccupée d'autres idées, je n'avais pas même
entendu les questions qu'il m'adressait. Je n'y
répondis donc point. Mon interlocuteur y revint avec tant d'instance, et d'un ton qui décelait une si vive curiosité, qu'à la fin je sortis
de ma rêverie. J'entendis alors les paroles suivantes :

« Tout le monde, disait M. Solié, croit sa-
« voir que vous êtes née en Hollande ; mais ce
« dont chacun est sûr, c'est que vous êtes le plus
« beau trophée des conquêtes de Moreau dans
« les Provinces-Unies. Cependant vous parlez
« italien, français, comme si chacune de ces
« langues était celle de votre patrie. Au fait, tout
« est mystère autour de vous, et personne ne
« sait au juste qui vous êtes. »

« — Ici du moins, répondis-je sèchement, per-
« sonne n'ignore que je suis la compagne d'un

« héros; et ce titre suffit pour m'assurer la por-
« tion d'égards et de considération dont mon
« ambition se contente. »

« — Pardonnez, madame, à mon bavardage :
« je suis bien loin d'avoir voulu vous offenser.

« — Je ne le cacherai point, vous m'avez déplu.
« Je hais les détours; j'aime la franchise, et je
« trouve votre indiscrétion fort étrange. Il fallait
« m'adresser des questions directes : si cela m'a-
« vait convenu, j'aurais pu y répondre. Dans le
« cas contraire, vous auriez usé du droit qui vous
« reste encore de vous livrer à vos conjectures.

« — Toutes ces conjectures, vous le savez,
« madame, ne peuvent que vous être favo-
« rables.

« — Je sais très bien, monsieur, à quoi m'en
« tenir sur ce point. Il me suffit d'être par-
« faitement connue de l'homme qui a bien voulu
« m'associer à son sort. L'estime du général Mo-
« reau m'a valu celle de beaucoup d'honnêtes
« gens : je suis tranquille.

« — Cela vous est facile à dire, » reprit Solié
d'un ton qui aurait dû redoubler la fierté de
mes répliques, et qui cependant me fit éclater
de rire. Mon chevalier tira de cette gaieté in-
tempestive un augure beaucoup trop favo-

rable : je pus lire dans ses yeux l'excès de sa fatuité. J'eus beau reprendre mon air de dignité, je ne pus imposer silence à sa galanterie. Dès ce moment je résolus, *in petto*, de lui ôter à l'avenir tous les moyens de se montrer aussi empressé près de moi.

Ce jour-là, nous avions beaucoup de monde à dîner : ma parure devait être des plus brillantes : à l'heure de ma toilette, je dis à Ursule de me donner mes perles. Elle m'apporte un écrin ; je l'ouvre et je trouve le collier de camées que j'avais, le matin même, admiré chez madame Rivière. Sur ce collier était placé un billet assez spirituellement tourné, par lequel M. Solié me conjurait de vouloir bien accepter ce présent. Je rougis de colère, et saisissant une plume, je jetai ces mots sur le papier :

« Monsieur Solié doit s'estimer fort heu-
« reux d'avoir, à mes égards, un titre qu'il res-
« pecte cependant si peu. Si le général Moreau
« ne le nommait pas habituellement son ami,
« j'aurais pu le faire sur-le-champ repentir de
« son impertinent procédé. Madame Moreau
« l'engage à ne pas oublier qu'elle n'accorde qu'au
« général le droit de lui faire des présens, et

« que jamais elle ne vendra une signature dont
« elle pourrait, il est vrai, disposer, mais qu'elle
« n'a jamais eu l'audace de mettre à prix. »

Solié fut trois jours sans oser paraître devant moi. Amelot eut la fourniture générale de l'armée d'Italie, et Solié quitta Milan pour aller à Parme. Je laissai entièrement ignorer cette aventure au général, et j'eus grand tort : c'est ce dont j'ai fait plus tard la triste expérience.

César Berthier, frère du général de ce nom, remplissait alors Milan du bruit de ses triomphes et de sa légèreté en amour. Doué de tous les avantages de la figure, la renommée publiait qu'il avait trouvé peu de cruelles; et plus d'une belle Italienne gémissait sur l'inconstance de ce *gentile ed infedele vincitore*. Parmi les Arianes désolées on distinguait une jolie petite femme qu'à l'élégance de sa tournure, à la grâce de ses manières, j'avais d'abord prise pour une Parisienne. A un petit nez retroussé, au pied le plus mignon qu'il fût possible de voir, elle joignait cet esprit vif, cette imagination ardente qu'on trouve d'ordinaire sous le ciel de Naples. Pourvue de tant de moyens de fixer un inconstant, elle n'avait cependant fait qu'effleurer le cœur de César Berthier. Après avoir pendant quelque temps paru entièrement occupé d'elle, il soupirait maintenant aux pieds de madame Lambertini. Coralie Lambertini avait été dans sa jeunesse, une des plus belles femmes de l'Italie, et quoiqu'elle fût alors dans sa quarante-sixième année, son teint avait encore beaucoup d'éclat, et sa taille une élégance bien faite pour désespérer plus d'une coquette de vingt ans.

La première fois que nous nous rencontrâmes, ce fut au dîner que donnait le grand juge Luosi : notre amitié date de cette première rencontre. Coralie était passionnée pour le parti français : cette conformité de sentimens politiques ne contribua pas peu à nous lier étroitement l'une à l'autre [1]. Berthier était réduit, près de madame Lambertini, au rôle d'un amant rebuté. Il paraissait en être exclusivement épris, et cependant il ne pouvait obtenir d'elle un seul regard.

[1] En 1813, madame Lambertini a fait d'immenses sacrifices pour venir au secours des Français malheureux. Sa fille était belle et bienfaisante comme sa mère. Elle existe peut-être encore. Puisse-t-elle trouver la récompense de tout le bien qu'elle a fait!

« Si la jolie Gaëtana, me disait madame
« Lambertini, savait combien je dédaigne les
« hommages de son inconstant, son cœur en
« serait bien soulagé. »

Il était en effet bien facile de voir combien la pauvre Gaëtana souffrait des assiduités du jeune Français auprès de sa rivale ; cette rivale était douée tout à la fois d'une beauté que respectait le temps, et de ces qualités de l'esprit et du cœur qui ne vieillissent jamais.

« Je compatis si sincèrement aux peines de
« cette pauvre Gaëtana, me dit encore ma-
« dame Lambertini, que, si vous étiez assez
« bonne pour m'accompagner, j'irais dès de-
« main la rassurer et lui rendre un peu de
« repos.

« — Oui, certainement, répondis-je; et vous
« reviendrez dîner chez moi avec Moreau et
« quelques amis, mais en très petit nombre :
« il me semble que votre société me fera plus
« complètement que toute autre oublier cet
« esclavage de l'étiquette dont je suis déjà si
« lasse.

« — Comment ! me répondit-elle ; et que
« dirai-je donc, moi, qui ai sacrifié mes plus

« belles années à toutes ces convenances du
« monde contre lesquelles vous vous révoltez. »

Je la priai de s'expliquer plus clairement.
« Oui, me dit-elle, malgré mon goût pour
« l'indépendance, je suis devenue esclave de
« bien bonne heure; mais le temps ni le lieu ne
« sont propres à vous faire une pareille con-
« fidence. Demain nous causerons plus lon-
« guement. »

Je retins la promesse de madame Lambertini,
je lui fis remarquer que Berthier ne nous
avait pas perdues de vue un seul instant : il
avait l'air inquiet, jaloux même de notre *a parte*.
« *Orgoglio è*, me dit-elle; cela passe, mais le
« mal que son inconstance fait à Gaëtana ne
« finira peut-être qu'avec la vie de cette aimable
« femme. Pas encore dix-neuf ans! et déjà si
« malheureuse! »

CHAPITRE XXII.

Visite chez Gaëtana. — *Il paradiso.* — Une mère jalouse et rivale de sa fille. — Mœurs des italiennes. — Un mariage forcé.

Le lendemain matin avant dix heures, nous étions en route, Coralie et moi, pour nous rendre chez Gaëtana : nous la trouvâmes encore au lit; elle avait devant elle le portrait et les lettres du perfide. Ses traits charmans étaient altérés par le chagrin, et ses yeux encore rouges des pleurs qu'elle venait de verser.

La générosité du cœur de madame Lambertini était si universellement connue, que son aspect, loin d'humilier Gaëtana, sembla d'abord lui promettre un adoucissement à la douleur qui l'accablait. Le premier mouvement de la jeune femme fut de se jeter dans les bras de Coralie, comme si elle eût eu déjà la certitude d'y trouver des consolations.

Madame Lambertini la laissa sangloter assez long-temps sans lui adresser autre chose que ces mots affectueux qui provoquent la confiance, et adoucissent l'amertume du chagrin : puis, avec ce ton insinuant et persuasif, que la raison prenait toujours dans sa bouche, elle essaya de lui démontrer la nécessité de renoncer à une passion qui ne pouvait que faire son malheur, dès lors qu'elle n'était plus partagée. Ses paroles coulaient avec une douceur charmante et semblaient dictées par une affection toute maternelle. La justesse des réflexions de Coralie, l'évidence des vérités cruelles qu'elle ne dissimulait pas, arrachaient par fois à la bouche de Gaëtana des promesses que son cœur démentait bientôt. Des sanglots venaient alors interrompre sa voix; elle s'écriait, comme malgré elle : « Ah! je l'aime « plus que jamais; je sens que j'en mourrai. » Après avoir épuisé près de Gaëtana tous les efforts de la pitié la plus tendre, nous la quittâmes sans pouvoir obtenir d'elle de s'abandonner au soin que nous aurions pris de la distraire de sa douleur, en l'emmenant avec nous. Elle voulait rester seule pour pleurer en liberté : son cœur du moins était soulagé d'un grand poids ; elle savait maintenant que cette rivale qu'elle avait tant redoutée jusqu'alors, loin d'accueillir les vœux de l'infidèle, l'avait toujours traité, et le traiterait toujours avec dédain. Gaëtana avait l'esprit assez juste pour sentir toute la supériorité de Coralie, et c'était beaucoup pour elle que de penser qu'elle n'avait plus à craindre une telle concurrence.

Il était deux heures après midi quand nous sortîmes de chez Gaëtana. Coralie, ni moi, n'étions tentées d'aller nous montrer à la promenade monotone du Cours : nous étions d'ailleurs encore dans un négligé matinal qui ne nous permettait pas d'affronter les regards. Incertaines du parti que nous allions prendre, nous nous regardions en silence, sans rien décider. Enfin l'ordre fut donné de nous conduire au pont *della Madona, strada di Loretta*. Coralie aimait comme moi la campagne. Nous descendîmes, laissant notre voiture nous suivre à quelque distance, tandis que nous marchions en causant le long du ruisseau. Nous arrivâmes ainsi à un petit jardin planté d'arbres fort touffus, et dans lequel de riches parterres offraient la réunion des fleurs les plus variées.

Une haie fort basse le séparait du chemin : « *O Dio! che paradiso!* » s'écria madame Lambertini.

« — *Si, e senza timore del tentatore,* » répondis-je en franchissant la barrière près de laquelle nous venions d'arriver. Coralie imita mon exemple : à chaque pas de nouvelles exclamations trahissaient notre surprise : il était impossible de trouver une plus agréable retraite. Le soin avec lequel ce jardin paraissait cultivé, le goût qui en avait dirigé les dessins, tout semblait annoncer que cet Éden plaisait fort à celui ou à celle qui l'habitait. Entre les arbres on apercevait une jolie maisonnette. Je marchais en avant, et, la première, je vis venir à nous une femme d'environ soixante et dix ans, qui tenait par la main une jolie petite fille. Dans ce moment, j'écartais les branches de quelques arbustes qui obstruaient le passage; je me tournais vers Coralie et je l'engageais du geste à avancer, lorsque tout-à-coup je la vis pâlir, porter la main sur son cœur et chanceler. « Qu'avez-vous, » m'écriai-je en m'élançant vers elle? Coralie ne me répond pas; ses yeux demeurent fixés sur la vieille femme qui arrive bientôt près de nous.

« Vous êtes Vénitienne! » dit Coralie d'une voix émue, et en continuant à la regarder attentivement?

« — Oui, madame.

« — Vous avez servi la famille Vi....ci ?

« — *Santissima Vergine!* Oui, c'est moi, la « pauvre Bétina; et vous, *illustrissima*, ah! c'est « vous, c'est bien vous, je vous reconnais main-« tenant! »

Et Bétina tomba presqu'évanouie aux pieds de madame Lambertini qui respirait à peine. Sans pouvoir proférer un seul mot, elle fait signe à la pauvre vieille de se lever; et, lui prenant affectueusement la main, elle la pressa à plusieurs reprises sur son cœur.

« — Bétina, dit-elle d'une voix entrecoupée, « voudrez-vous bien quitter vos maîtres actuels, « pour venir vivre auprès de moi, et finir dou-« cement vos jours dans ma maison ?

« — Si je le veux! ah! madame, s'écria Bé-« tina transportée de joie; mais, pour accepter « définitivement votre proposition, je suis for-« cée d'attendre le retour de ma maîtresse. Elle « est en voyage avec un général français, et ne « doit revenir que dans six jours. »

Dans le premier moment de cette singulière

reconnaissance, j'avais voulu m'éloigner; mais Coralie s'y était formellement opposée : « Res-
« tez, m'avait-elle dit; restez, je vous en con-
« jure, vous n'êtes pas de trop ici. Quels sou-
« venirs doux et cruels la vue de cette pauvre
« Bétina vient de réveiller en moi! Lorsque je
« l'ai connue jadis, elle appartenait à la mère
« du seul homme que j'aie jamais aimé. Je vous
« dirai tout........ Oui, j'ai besoin de tout vous
« dire : vous, du moins, vous ne me soupçonnez
« pas d'avoir un cœur ambitieux. Vous appren-
« drez combien je fus malheureuse, et vous me
« plaindrez? »

Je restai donc autant pour complaire aux désirs de Coralie que pour satisfaire ma curiosité vivement excitée par l'incident dont je venais d'être le témoin.

Bétina prévint nos questions en nous apprenant qu'elle était au service de la fille d'un jardinier fleuriste de Parme, que le général Le B*** avait logée dans cette petite maison où elle vivait en grande dame, *da signora*, comme elle disait, en haussant légèrement les épaules, et en faisant un signe de croix. C'était nous en dire autant que nous en voulions savoir. Nous entrâmes dans la maison : partout régnait une élégante simplicité. Les murs de chaque chambre étaient tapissés de paysages; des vases remplis des plus belles fleurs ornaient les tables et parfumaient l'air. Dans un joli cabinet de toilette, nous trouvâmes, suspendu à la muraille, un habillement complet de paysanne. Cette vue nous donna meilleure idée de la jeune fille qui, dans son égarement, restait encore fidèle aux souvenirs de son innocence. Elle avait sans doute été chère à sa famille; et cependant elle l'avait abandonnée pour aller chercher la honte et le remords dans les bras d'un ravisseur. Cette pensée m'affligea. Coralie s'était éloignée pour quelques instans avec Bétina. Je me trouvais seule dans un cabinet où quelques lignes que j'avais vues tracées, comme par hasard, sur le papier, m'avaient déjà fait soupçonner que la dame de ce joli manoir avait perdu la paix de l'âme. Je détachai une feuille de mon souvenir, et j'écrivis au crayon, en italien, les phrases suivantes que je traduis ici :

« Si jamais le malheur ou le repentir viennent
« troubler l'âme de mademoiselle Rosa, qu'elle
« vienne sans crainte demander asile à madame
« Moreau, *casa Faguani*, *via San-Pietro*. Elle
« trouvera dans cette maison une amie qui ne

« négligera rien pour la consoler et lui obtenir
« le pardon de son père. »

Je rentrai dans la chambre à coucher, et je glissai furtivement ce billet entre le mur et le bénitier, bien certaine que la main du général Le B*** n'irait pas surprendre jusque là les secrets de sa maîtresse. Tout cela porte, je le sens, une couleur romanesque; et l'on me trouvera peut-être ridicule de travailler aussi ardemment à la conversion d'autrui, moi qui n'avais pas su me préserver de si grandes fautes. Mais souvent, dans le cours de ma vie, j'ai eu de ces inspirations subites auxquelles j'ai toujours obéi sans hésiter; et deux fois j'ai eu le bonheur de sauver deux femmes bien dignes de pitié. Malheureusement je n'ai jamais su pratiquer pour moi-même la morale tant soit peu sévère que j'ai quelquefois prêchée avec succès.

Je rejoignis bientôt madame Lambertini, et nous regagnâmes ensemble notre voiture. « Nous
« allons chez moi, me dit-elle : y consentez-
« vous?

« — Oui, sans doute, j'y consens, répondis-je,
« en fixant les yeux sur ce beau visage altéré
« par la pâleur.

« — Je désire, dès aujourd'hui, reprit-elle, « vous confier un secret dont vous serez seule « dépositaire. »

Nous arrivâmes bientôt chez elle. Après avoir fait défendre sa porte à tout le monde, elle m'emmena dans le boudoir le plus reculé de son vaste appartement : là elle me montra sur la toile une de ces superbes têtes d'homme que l'on trouve encore quelquefois en Italie. C'était une de ces physionomies pleines d'âmes et de génie où les femmes passionnées trouvent *toute une existence d'amour*. Au dessous du portrait étaient gravés ces mots : *era lui* [1]. Immobile, je craignais de prononcer un seul mot; d'une main je tenais le portrait; de l'autre, je pressais celle de Coralie, agitée par des mouvemens convulsifs. Elle n'avait encore rien dit, et cependant je devinais les angoisses qui déchiraient son cœur : « Ma bonne amie, dis-je enfin « à voix basse, et sans détourner mes regards « du portrait; remettons à un autre jour cette « pénible confidence. Ah! je n'ai pas besoin de « vous entendre pour plaindre votre malheur. « Vous l'avez aimé, et il ne vit plus. Ces mots

---

[1] *Ce fut lui*, ou bien, *tel il fut*.

« me disent tout ce que vous pourriez m'ap-
« prendre.

« — Non, ma chère Elzelina; restons au con-
« traire; je suis calme : j'ai l'habitude de souf-
« frir en silence. » Puis, jetant ses bras autour
« de mon col avec cet abandon qui prouve si
« bien la confiance, elle ajouta : « J'ai besoin de
« parler de lui, et aussi de moi. Ma chère El-
« zelina, on a peut-être tenté de vous prévenir
« défavorablement contre moi... Voilà le por-
« trait de celui que j'ai aimé. Sacrifiée par ma
« mère à un homme sans honneur, je fus *vendue*
« par mon époux; et c'est moi qui porte la
« honte de cet infâme marché! On m'accuse de
« l'avoir conclu moi-même. Vous, du moins,
« dont l'estime m'est chère, vous saurez que ja-
« mais je n'ai mérité qu'on me déshonorât.
« Soyez sûre, ma chère Elzelina, que je suis
« bien plus digne de pitié que de mépris.

« Je déteste comme vous l'hypocrisie; je ne
« me targuerai donc point à vos yeux d'un pom-
« peux repentir. Élevée sous les yeux d'une
« mère dont la vie n'était rien moins que pure,
« on ne m'apprit pas qu'une femme eût de vœu
« plus important à former que celui d'être belle,
« et de soin plus précieux que celui de plaire:

« On ne m'enseigna de la religion, que ces pra-
« tiques extérieures et minutieuses qui sont
« plutôt des distractions que des entraves op-
« posées aux passions. J'étais cependant née
« pour le bien ; car, au sein même de la cor-
« ruption où je fus condamnée à vivre, je m'at-
« tachai, de toutes les forces de mon âme, à
« l'homme le plus noble et le plus vertueux.
« Quand je le connus, je n'étais déjà plus maî-
« tresse de mon choix : ma mère m'avait déjà
« sacrifiée à la jalousie que je lui inspirais. »

Une exclamation d'étonnement s'échappa malgré moi de ma bouche. Coralie reprit bientôt en ces termes :

« Oui, dit-elle, ma mère fut ma rivale, ou plutôt, je devins involontairement la sienne. Nous apprîmes en même temps l'une et l'autre que mes charmes effaçaient les siens. Cette découverte éveilla dans son âme la haine, dans la mienne, l'orgueil ; car jusqu'alors j'avais admiré dans ma mère, la plus belle femme qui fût au monde.

« Maîtresse d'une grande fortune, ma mère, veuve, et très jeune encore, jouissait de la plus entière indépendance, et de la considération qui s'attachait à un nom illustre ;

sa maison était le rendez-vous de la plus haute noblesse de la république, et des grands personnages étrangers qui venaient à Venise. Long-temps, tous les hommages s'adressèrent à elle seule. Cependant ma jeunesse commença de m'attirer quelques regards. L'expérience, et ce besoin de plaire, auquel l'âge semblait donner chez ma mère de nouvelles forces, l'éclairèrent bientôt sur les causes de la désertion qui se manifestait parmi ses courtisans. J'étais bien innocente des hommages que m'adressaient quelques personnes : mais déjà ces hommages me rendaient pour toujours odieuse à ma mère. »

Ces mots excitaient dans mon âme un étonnement pénible. Je ne voulais pas interrompre madame Lambertini. J'avais pris sa main ; je la serrais dans les miennes, et je fixais sur elle des yeux humides, comme pour l'inviter à épargner la mémoire de sa mère, et à tempérer l'amertume de ses dernières paroles. Au lieu de trouver dans ses regards l'expression du sentiment que je voulais lui faire partager, je n'y trouvai que la plus singulière surprise.

« Ma chère Elzelina, dit-elle, vous vous méprenez, je le vois, sur le sens de mes paroles.

Je n'ai jamais eu pour ma mère que les sentimens que la nature met dans tous les bons cœurs : loin de moi l'intention de la flétrir à vos yeux, en vous la peignant telle que le monde l'a connue. Une grande beauté, l'élévation de son rang, une fortune qui l'obligeait à ouvrir presqu'indistinctement sa maison à tout le monde, enfin un mariage mal assorti, ne sont-ce pas là des excuses assez fortes pour alléger un peu des torts qu'en Italie on traite d'ailleurs avec assez d'indulgence? Croyez-moi, si je me plains encore de ma mère, ce n'est pas que je garde aucun ressentiment à sa mémoire : j'ai toujours été fille tendre et soumise. Mais je ne puis dissimuler cette rivalité qui devint plus tard la source de tous mes malheurs. »

En prononçant ces mots, madame Lambertini m'attira vers elle de cet air caressant qui est un des premiers charmes des beautés italiennes.

« Ma chère amie, dit-elle, vous voulez me juger d'après votre manière de voir et vos propres sentimens. Cela est impossible : nos deux éducations ont trop différé l'une de l'autre. Dès ma première enfance, les exemples que j'avais sous les yeux me familiarisèrent avec des fautes que vous avez heureusement appris à regarder comme des crimes. Vous avez sucé les principes d'une morale sévère : j'étais déjà arrivée à l'adolescence qu'on ne m'avait point encore donné de notions du bien et du mal. Rien ne me prémunissait contre les piéges de la séduction, et je n'entendais parler autour de moi que du bonheur d'aimer et d'être aimée. Suis-je donc indigne de toute estime à vos yeux pour n'avoir pas su me préserver de fautes dont j'ignorais la gravité?

« — Ah! je n'ai pas le droit d'être sévère en-
« vers vous, m'écriai-je, emportée par un mou-
« vement subit. Coralie! je vous aime et je
« vous plains. »

Elle m'embrassa encore une fois, et reprit ainsi son récit :

« Parmi les hommes que ma mère traitait avec assez de distinction se trouvait le jeune Lorenzo Bran..i. Le premier regard qu'il fixa sur moi apprit à ma mère tout ce qu'elle avait à redouter de la beauté de sa fille et de l'inconstance de Lorenzo. Bientôt elle acquit la preuve de l'impression que j'avais produite sur lui, en le voyant faire la demande de ma main. Cette demande blessa plus encore sa vanité que ses affections. Lorenzo, jeune, riche, issu d'une famille illustre, était un parti très convenable : j'avais accueilli son hommage, et je l'aurais suivi à l'autel sans regrets comme sans joie ; mais loin de consentir à ce mariage, ma mère me réservait un mari fait pour m'inspirer le dégoût et le mépris. Rarement en Italie, surtout dans le rang où je suis née, le mariage est pour les femmes une source de bonheur. J'en ai fait la triste expérience.

« Lambertini avait quarante-trois ans ; j'en avais à peine quatorze. Veuf de deux femmes, et publiquement attaché au char d'une danseuse, il joignait à tous les désagrémens naturels une santé dégradée par de longs excès. Son caractère était faux et perfide : tout à la fois orgueilleux et rampant, prodigue sans générosité, il avait dissipé de grandes richesses. Peu délicat sur le choix des moyens qui pouvaient le mettre à même de soutenir ses folles dépenses, ma dot et ma beauté lui parurent également propres à servir ses projets.

« En me choisissant un tel époux, on se garda bien, comme vous le pensez, de me consulter. Ma mère me dit : « Voici le comte
« Lambertini qui veut bien vous demander en

« mariage : j'ai accueilli sa demande. » Je baissai les yeux en frémissant : mon cœur n'était encore prévenu pour personne ; Lorenzo lui-même m'était indifférent ; mais l'aspect seul du comte justifiait ma répugnance pour lui. J'essayai en vain sur ma mère le pouvoir des prières et des larmes : elle demeura inflexible. Alors je m'emportai jusqu'à déclarer hautement que je n'obéirais pas, et que le comte Lambertini ne serait jamais mon mari. Ma mère était ma tutrice ; elle avait tout pouvoir de disposer de moi ; elle aimait Lorenzo, et me croyait éprise de lui. Lorenzo, de son côté, ne voulait pas renoncer à ses prétentions sur moi. Elle craignait d'être forcée de me donner à lui ; elle sut me contraindre à l'obéissance : je fus traînée mourante à la cérémonie du mariage, et de là au palais Lambertini. Après quelques jours consacrés à des fêtes qui me faisaient horreur, le comte me proposa, suivant l'usage, de prendre *il cavaliere servante*. Je savais que mon choix ne serait point libre, et je ne voulais pas attacher à mes pas un argus chargé d'épier toutes mes démarches et de pénétrer mes plus intimes pensées. Je rejetai la proposition du comte ; mais plus je m'obstinais dans mes refus motivés sur l'aversion que m'inspirait cet usage, plus le comte désirait m'y voir soumise : il ne put rien obtenir.

« A la nouvelle de mon mariage, Lorenzo avait quitté Venise : une fête donnée par ma mère l'y ramena, et je le rencontrai. Ma mère endura l'inexprimable tourment de me voir l'unique objet de son empressement. Chaque jour, mille occasions que je ne cherchais pas semblaient naître pour nous réunir; bientôt il put se flatter d'avoir réussi à me plaire, mais bientôt il apprit qu'un autre pouvait seul m'inspirer un véritable amour. Quant à mon mari, je ne faisais encore que le mépriser; mais ce mépris devait bientôt se changer en une haine méritée.

« — Pauvre Coralie! » dis-je en la regardant avec tristesse. Elle pressa légèrement ma main, et continua son récit.

CHAPITRE XXIII.

Cosimo Vinci. — Enthousiasme du peuple de Venise pour lui. — Perfidie italienne. — Lavinie. — Belle action de Cosimo.

« A cette époque commençait à briller d'un vif éclat le dernier rejeton d'une des plus nobles familles de la république. Cosimo Vinci, à peine âgé de vingt-cinq ans, avait déjà fait ses preuves de courage guerrier, et déployait un grand talent d'orateur. Il méprisait l'orgueil de la haute aristocratie vénitienne. Il se montrait toujours ardent à défendre les droits du peuple.

« Un jour ma camariste favorite accourt vers moi : « Madame, me dit-elle, venez donc voir « un beau spectacle. » Je m'élançai rapidement vers une galerie qui dominait le pont du *Rialto*, et de là je pus voir Cosimo que le peuple ramenait en triomphe à son palais. L'air retentissait des plus vives acclamations ; les enfans et les femmes s'approchaient pour toucher ses habits. Ces cris, cette foule, ces démonstrations de l'enthousiasme populaire me pénétrèrent d'une vive émotion. En passant près de mon balcon, Cosimo leva la tête, nos yeux se rencontrèrent ; mon cœur palpitait si vivement que je fus près de m'évanouir. Oh ! la délicieuse peine qu'un premier amour ! Cet amour a laissé dans mon âme des traces ineffaçables, et la mort même m'a rendu plus cher celui qui en fut l'objet [1]. Lorenzo vint me faire une visite dans la soirée : je fus triste et maussade ; j'aurais voulu parler, et cependant je n'osais prononcer le nom de l'homme qui occupait toutes mes pensées depuis quelques instans. Nous entreprîmes une promenade sur l'eau. Mon gondolier me procura, sans y songer, une jouissance bien vive, celle d'entendre répéter avec l'expression du plus vif enthousiasme ce nom de Cosimo qui m'était déjà si cher.

[1] Bien des années après, j'ai fait moi-même l'expérience de cette triste vérité ; combien ne me suis-je pas répété, en pleurant sur un tombeau, que la mort nous rend encore plus cher l'homme que nous avons aimé d'un véritable amour !

« Assise au fond de la gondole, j'avais voulu que la portière de devant restât ouverte. Le gondolier, jeune homme plein de franchise et de gaieté, s'aperçut du silence qui régnait derrière lui, et il entreprit de le rompre en se retournant : « Votre seigneurie, me dit-il, « a-t-elle vu ce matin le triomphe de notre « Cosimo? C'est qu'il est bien à nous, celui-là ! « Que le ciel le bénisse ! Je lui ai pris la main ; « et quelle bonne grâce il a mise serrer la « mienne, comme s'il eût été l'un de mes ca- « marades ! »

« L'interpellation du gondolier me mettait à même de lui demander des détails, de lui adresser quelques questions ; mais l'instinct de la jalousie est quelquefois bien fin. Lorenzo devina ma pensée. J'avais trouvé moyen de glisser deux sequins dans la main du gondolier. Il exprima hautement sa reconnaissance en me disant : « Grâce à votre seigneurie, je vais « boire à la santé de notre Cosimo; que le ciel « le rende heureux et protége ses amours ! »

« A ces mots, l'indignation se peignit sur le visage de Lorenzo; je sentis que je m'étais trahie, mais l'expression de son sourire dédaigneux me parut insultante pour moi, et je résolus de me venger à la première occasion ; cette occasion ne tarda guère à se présenter. A un grand dîner chez le comte Paoli, où se trouvaient réunis les plus illustres chefs de la noblesse de Venise, et tous les membres de la légation autrichienne, je rencontrai la mère de Cosimo. C'était une de ces femmes rares dans tous les pays du monde, mais surtout en Italie. Elle avait passé sa jeunesse dans la pratique de toutes les vertus, et consacré son âge mûr à l'accomplissement des devoirs d'épouse et de mère. Sa beauté avait été remarquable, et cependant elle était toujours demeurée à l'abri des traits de la médisance. Le chagrin qu'elle avait éprouvé de la mort de son mari avait hâté pour elle les approches de la vieillesse. Sa tendresse maternelle, son attachement exemplaire à ses devoirs, trouvaient alors une douce récompense dans la piété filiale de Cosimo ; et la vénération publique l'entourait en tous lieux de ses hommages.

« A mon entrée dans le salon, la première personne qui s'offrit à mes yeux fut cette noble dame. La certitude que son fils ne pouvait être loin d'elle fit battre plus vivement mon cœur. Un regard sombre que Lorenzo lança vers l'autre extrémité de la salle m'aida bientôt à découvrir celui que je cherchais. Lorenzo voulait s'opposer à ce que Cosimo me fût présenté : je ne répondis à ses remontrances que par une ironie sanglante. Attachant alors sur moi son regard pénétrant et faux, il me dit d'une voix affaiblie par la rage qui le dévorait : « Le héros du peuple est heureux en tout.

« —Oui, répliquai-je trop imprudemment, « le héros du peuple est aussi le mien. »

« Il ne répondit pas ; mais son regard exprima suffisamment tous les sentimens qui se pressaient dans son âme. Dans ce moment même, un parent de ma mère prenait Cosimo par la main, l'amenait près de l'endroit où j'étais assise, avec intention de me le présenter. Les lois de l'étiquette, l'observation des convenances ne sauraient maîtriser l'élan d'une âme passionnée. L'impression que j'éprouvai à la vue de Cosimo fut si vive, qu'un cri m'échappa malgré moi ; ses yeux se fixèrent sur les miens, et nous sentîmes tous deux en même temps que nous nous aimions pour la vie.

« Tout semblait se réunir pour accroître et justifier mon amour. Cosimo, malgré sa jeunesse, était déjà respecté comme un vieillard. J'ai dit combien il était cher au peuple : les nobles le haïssaient, mais les motifs de cette haine, fondée sur ses courageux efforts pour assurer les libertés publiques, me le rendaient plus cher encore.

« Tel était, ma chère Elzelina, tel fut toujours l'homme que j'aimais avec idolâtrie : j'étais aimée de même. Tout entière à ma passion, je ne vivais plus que pour Cosimo. Lorenzo connaissait mes sentimens : je ne les lui avais pas cachés, et il avait paru accepter l'amitié de sœur que je lui avais franchement offerte. Le misérable ! j'avais mis quelque confiance en lui, et il ourdissait en secret contre moi la trahison la plus noire ! N'allez pas croire, ma chère Elzelina, que de tels caractères se rencontrent à chaque pas en Italie ; ce serait juger bien injustement mes compatriotes ; cependant, je dois l'avouer, lorsqu'un Italien se venge, il aime à retourner le poignard dans le sein de la victime.

« — Vous me faites frémir, ma chère Coralie : mais j'aime mieux penser avec vous que de tels caractères sont heureusement rares. »

« — Bétina, reprit Coralie sans me répondre,

avait toute la confiance de Cosimo et la mienne. Cette femme avait vu naître son jeune maître; elle nourrissait pour lui dans son cœur tous les sentimens d'une mère. C'était elle qui me recevait dans les visites que je faisais à une habitation charmante, située sur les rives de la Brenta, et dont Cosimo lui avait remis la garde. Un jour, jour de désespoir! enveloppée d'un voile épais, je descendais avec une entière sécurité dans ma gondole [1]; je me sens tout à coup serrée par deux bras vigoureux, et la voix de Lorenzo vient frapper mon oreille. Je me retourne avec violence, et, en me débattant, j'aperçois ma mère dans le fond auprès de Lambertini: un seul cri sortit de ma bouche, et ce cri fit entendre le nom de Cosimo prononcé avec l'accent du désespoir.

« Infâme! dit ma mère, c'est donc pour « cette vile idole du peuple que tu déshonores « ton nom et ta famille! mais tu n'échapperas « plus à notre vigilance. »

« Elzélina, je ne vous dirai pas ce que je ré-

---

[1] On descend à reculons dans les gondoles.

pondis à ma mère. Emportée par l'excès de la douleur, j'oubliai entièrement le respect que je lui devais. Lambertini se montra plus doux, et ses reproches sans aigreur produisirent plus d'effet sur moi que le langage furieux de ma mère. Quant à Lorenzo, je ne daignai lui adresser ni une parole ni un regard : j'avais pour lui trop de mépris.

« On aborda enfin ; et, lorsqu'en sortant de la gondole je me vis à la porte du couvent de Sainte-Ursule, je m'écriai avec un accent déchirant : *Non ti vedrò mai più* [1]! Ce fut l'abbesse qui nous reçut ; je me mis à genoux devant elle, et je lui demandai, en pleurant, sa bénédiction.

« Lambertini annonça l'intention de venir me visiter de temps en temps. Lorenzo osa parler de l'accompagner. Saisissant alors avec violence la main de ma mère : « Votre fille, lui
« dis-je avec la plus vive indignation, ne pa-
« raîtra plus devant vos yeux, si ce misérable
« ose jamais mettre les pieds au couvent. »

« Je passai deux mois dans cet asyle de la pénitence, seule et éloignée du monde. Pour

---

[1] « Je ne te verrai plus ! »

tromper mon chagrin, je me livrais à mille pratiques de dévotion, sans en être ni soulagée ni consolée. Ah! la religion qui console n'est pas celle qui consiste à observer rigoureusement les jeûnes et les prières commandées par l'église, c'est celle qui parle au cœur, et qui prend sa source dans une pieuse conviction!

« Je croyais que Cosimo s'occupait de chercher un moyen de me sauver.

« Hélas! j'étais loin de soupçonner qu'on fût parvenu à le tromper sur mes sentimens, qu'il devait si bien connaître. Déjà je n'étais plus à ses yeux qu'une femme parjure et infidèle. Neuf ans s'écoulèrent avant que je pusse apprendre quels moyens on avait employés pour m'aliéner son cœur. Lorsque je pénétrai ce mystère d'infamie, les événemens avaient rendu toute explication inutile : Cosimo n'était plus libre; celle qui devint son épouse était la fille du duc d'Orzio. A peine avait-elle atteint l'âge de douze ans, lorsque son père s'occupa, pour la première fois, de lui choisir un époux. Lavinie ne connaissait déjà point d'égales pour la beauté; la candeur de son ame répondait à l'élégance et à la noble régularité de sa taille et de ses traits. L'ambition de son père était de la placer, par un brillant mariage, au premier rang de la noblesse italienne.

« Il voulait que Lavinie devînt l'épouse du prince Luc....ni, alors le plus puissant et le plus riche seigneur de la Toscane. Le duc d'Orzio conduisit sa fille à Pise, où était alors la cour. La beauté de Lavinie attira sur elle les regards de tous les courtisans, et particulièrement ceux de l'homme à qui son père l'avait secrètement destinée. Quoique Luc....ni touchât à la vieillesse, Lavinie aurait sans doute obéi sans répugnance à la volonté du duc. L'éclat d'un titre, l'abondance et la variété des plaisirs que procure une immense fortune, auraient pu suffire au bonheur de son âme innocente et pure; mais cette innocence même devint la cause de sa perte. Victime de la séduction, perdue par la publicité même de son malheur, Lavinie fut ramenée à Venise. Le duc l'enferma dans la partie la plus reculée de son palais, et la livra seule, sans consolations, aux angoisses de la douleur et du repentir. A cette époque, Cosimo était parvenu au plus haut point de sa gloire et de la faveur populaire. Touché du désespoir d'un vieillard qu'il aimait, et dont les efforts avaient souvent secondé les siens, pour le succès de la cause qu'il servait, il alla le trouver, et lui dit : « Mon père, je ne veux « pas vous voir plus long-temps l'objet d'une « insultante pitié. Je veux rendre à votre fille « l'honneur, et à vous le repos. Que Lavinie « devienne mon épouse; qu'à l'abri de mon « nom elle vive désormais paisible et respectée. « Mon père, donnez-moi le droit de la proté- « ger. Je ne puis lui offrir que l'amitié d'un « frère : mon cœur est fermé désormais à l'a- « mour; mais reposez-vous sur moi du soin de « son bonheur; elle sera après ma mère ce que « je chérirai le plus au monde. »

« Le vieillard pressa Cosimo contre son cœur et l'appela son fils. Il le conduisit dans une galerie sombre au delà de laquelle Lavinie n'avait plus le droit de porter ses pas. Là, triste et pensive, elle était assise près d'une fenêtre, et regardait, dans une muette mélancolie, descendre sur la campagne les ombres de la nuit. Au bruit des pas qui se font entendre, elle se lève, se retourne et aperçoit son père. Ses yeux ne distinguent encore que lui seul; elle tombe aux pieds du duc. « Lavinie, dit le vieillard, « tu peux encore devenir l'orgueil et la joie de « mes vieux jours; lève-toi, et écoute ce que je

« vais te dire. » Lavinie aperçoit alors la noble figure de Cosimo : « Vi.....ci, poursuit le duc, « consent à te donner sa main; je l'ai nommé « mon fils, il sera ton époux. Accepte cette « main qu'il t'offre, et jure ici, devant les images « de nos ancêtres, que tu vivras toujours digne « d'eux, de moi et du beau nom que tu es ap- « pelée à porter. »

« Lavinie baisse la tête, tombe encore à genoux, et levant les mains au ciel : « Moi, dit-elle, « je serais l'épouse du noble Cosimo ! Mon père, « je ne suis plus digne de lui. »

« Le duc la relève, la presse contre son sein, et la remet aux bras de Cosimo. Il avait dit à sa mère : « Je veux sauver une femme malheu- « reuse, Lavinie, si digne de pardon et de pitié ! » et sa mère avait répondu : « Lavinie sera ma « fille. » Lavinie prouva depuis, lorsque la proscription et la mort atteignirent Cosimo, qu'elle était digne d'appartenir à un tel époux.

« Tout fut préparé pour célébrer avec pompe cette union dont la nouvelle devait causer un étonnement universel, lorsqu'elle deviendrait publique. Cosimo l'avait bien prévu; il voulait, par cette magnificence et cet éclat, imposer silence aux méchans, et faire douter que Lavinie eût été coupable. En attendant que l'instant fixé pour le mariage fût arrivé, Cosimo allait tous les soirs au palais d'Orzio. Ce n'était point l'amour qui l'y conduisait, non, ma chère Elzelina, Cosimo se croyait en droit de me mépriser, de me maudire, et cependant il m'aima toujours. Lavinie savait qu'elle n'était point *aimée par amour;* mais la tendre amitié, l'estime, les égards qu'il lui témoignait, la rassuraient pleinement sur le sort qui l'attendait auprès de cet homme généreux dont le dévouement lui rendait à la fois son honneur et tous ses droits à la considération publique.

« Cependant, la tourmente politique prenait chaque jour, à Venise, un nouveau caractère de gravité. Cosimo, toujours fidèle à la cause qu'il avait embrassée, redoublait d'efforts pour défendre les droits du peuple contre les prétentions impérieuses de la haute aristocratie. Cette conduite augmentait le nombre de ses ennemis; et ces ennemis étaient d'autant plus dangereux que la plupart couvraient leur complot contre lui du voile de la plus franche amitié. On n'osait pas encore éclater ouvertement contre un homme qui était, depuis si long-temps, adoré du peuple; mais on sut le frapper dans la personne de l'ami qu'il chérissait et qu'il respectait le plus. Obligé de s'absenter de Venise pendant deux mois, Cosimo trouve à son retour le duc d'Orsio dans les fers, et près de succomber sous la fausse accusation d'un crime d'état. De sourdes rumeurs adroitement semées accusaient déjà Cosimo d'être le complice du duc. Les nobles se liguaient ouvertement contre lui : le peuple seul restait encore fidèle à son défenseur ; mais qu'est-ce que le peuple dans un état où ses droits ne sont pas déterminés? où la tyrannie des grands est soutenue par la force qu'ils ont seuls à leur disposition? Le duc d'Orzio fut exilé de Venise, et ses biens furent confisqués. Le prince Luc....ni, celui qu'il avait, peu d'années auparavant, choisi pour gendre, fut un des plus actifs instrumens de sa perte. Il espérait par là s'assurer plus aisément la possession de Lavinie, dont les charmes avaient fait sur son cœur une impression qui ne s'était point effacée ; mais Cosimo veillait sur celle qui devait être son épouse : il l'avait confiée aux tendres soins de sa mère, et lui-même il avait assuré au duc une retraite sûre et digne de lui, dans le fond de la Calabre. Le vieillard partit dans l'espérance de devoir bientôt à son gendre son retour dans sa patrie. Il se flattait de couler paisiblement ses derniers jours à Venise entre Lavinie et Cosimo. Vain espoir! La mort seule devait mettre un terme aux malheurs de cette noble famille, et de celui qui s'était déclaré son soutien.

« Cosimo prouva qu'il se regardait déjà comme l'époux de Lavinie. Il n'alla pas demander raison au prince Luc....ni, de ses lâches complots contre l'honneur et la liberté de Lavinie, mais il lui déclara publiquement que son âge seul le mettait à l'abri d'une juste vengeance, et que, sans ses cheveux blancs, il aurait eu à donner une satisfaction éclatante de l'outrage fait au nom d'Orzio.

« Dix jours s'étaient à peine écoulés depuis cette scène, et déjà Cosimo remplaçait le duc dans les prisons de Saint-Marc.

« Ici, ma chère Elzelina, va commencer une chaîne de malheurs que je n'ai point la force de parcourir aujourd'hui. Demain, près de la tombe où j'ai réuni les cendres de Cosimo et de Lavinie, je vous achèverai ce pénible récit. Y viendrez-vous avec moi? Ah! mon amie, que de larmes amères j'ai répandues sur ce tombeau! je vois les vôtres près de s'échapper de vos yeux; mon Elzelina, puissiez-vous ne connaître jamais de douleurs semblables à celles qui depuis si long-temps ont empoisonné ma vie. »

J'étais trop émue pour pouvoir lui répondre. Coralie ne pleurait pas; mais la pâleur de son beau visage, la sombre expression de ses yeux, le tremblement de ses lèvres, révélaient mieux que des ruisseaux de larmes son émotion terrible et profonde. Nous gardâmes quelque temps le silence. Enfin je me levai; je n'osai la presser de venir passer avec moi le reste de la journée : je sentis que la solitude pouvait seule convenir à la situation de mon amie; je respectai sa douleur. Elle serra doucement la main que je lui tendais, en me disant : « A demain. »

« — A demain, » lui répondis-je, et je partis.

CHAPITRE XXIV.

Quelques réflexions. — M. Richard. — Un dîner d'amis. — Voleurs adroits.

Il était tard quand je quittai madame Lambertini. Pendant le trajet pour revenir chez moi je m'abandonnai tout entière aux reflexions que pouvait faire naître le récit que je venais d'entendre. Que Cosimo et Lavinie me semblaient à plaindre! Mais je plaignais bien plus encore Coralie. Unie à un homme qu'elle détestait, elle avait eu la douleur de survivre à celui pour qui seul elle aurait vécu, si son choix eût été libre. Elle avait été, elle devait être encore bien malheureuse!

A l'émotion que j'éprouvais, succéda bientôt l'inquiétude de savoir comment j'arriverais à obtenir de Moreau l'autorisation de revoir dès le lendemain madame Lambertini. Je savais qu'il nourrissait contre elle, et les dames italiennes en général, les plus fortes préventions; et je ne pouvais me dissimuler à moi-même que ces préventions étaient fondées sous beaucoup de rapports.

A quelques exceptions près, les femmes en Italie sont fort mal élevées : la partie morale de leur éducation est surtout fort négligée. On leur donne quelques talens agréables; mais elles ne doivent leur amabilité qu'à la disposition naturelle de leur esprit, disposition qui s'explique par l'influence du beau ciel sous lequel elles naissent, et des souvenirs que réveillent à chaque pas l'aspect de cette terre, antique berceau du génie et des beaux arts. Dès l'enfance elles contractent des habitudes de mollesse. Des bains journaliers, les soins de leur coiffure ou de leur toilette absorbent les trois quarts de leur vie. Elles dorment une grande partie du jour; et le soir elles courent au bal et à l'opéra pour y faire admirer leurs charmes et leur parure. Du sein des plaisirs mondains elles courent au confessionnal, et du confessionnal elles volent à de nouveaux plaisirs. Il en est bien peu parmi elles qui connaissent la vraie religion, celle du cœur, et presque toutes font consister la piété dans la scrupuleuse observance des pratiques extérieures. Il n'est, pour ainsi dire, pas une seule Italienne, qui, parvenue à l'âge de trente ans, n'ait fait cinq ou six vœux d'expiation et autant de pélerinages. Rien de plus étrange que leurs capitulations de conscience, et que leur manière d'allier les pratiques religieuses avec toutes les *exigences* de l'amour. C'est surtout lors de mon second voyage en Italie que j'ai pu mieux juger la scandaleuse indulgence des confesseurs pour leurs pénitentes, dans toutes les matières qui touchent à la galanterie. Je raconterai plus tard ce qui m'est arrivé à moi-même avec le curé de ma paroisse. L'abondance des aumônes que je répandais sur les pauvres, celle de mes dons quand il s'agissait de grossir les quêtes pour l'ornement des chapelles, surtout le double napoléon dont je m'avisai de payer la bénédiction de ma maison [1], tout avait fait deviner en moi une ardente catholique, qui s'efforçait d'expier de gros péchés par l'œuvre la plus méritoire, celle de la charité.

[1] Tous les ans, à Pâques, on asperge les maisons d'eau bénite, et chacun met son offrande dans la corbeille qui contient les œufs de Pâques, que l'on distribue *gratis*.

Tout le temps que j'ai passé en Italie, je me suis toujours montrée assidue aux offices de ma paroisse, et rarement j'ai manqué d'assister à un service funèbre. C'était ma mère, mon excellente mère qui m'avait habituée, dès l'enfance, à témoigner toujours mon respect pour la religion de mon pays, quoique cette religion ne fût pas la nôtre. Lorsqu'elle me conduisait aux environs de Val-Ombrosa pour porter dans les chaumières des secours et des paroles consolantes, elle me disait : « Ma fille, ces mal-
« heureux qui nous bénissent, reculeraient
« devant nos dons, s'il nous savaient héré-
« tiques. Qui sait même s'ils ne croiraient pas
« voir sous nos falbalas le pied fourchu
« du tentateur. Tels sont les effets de la su-
« perstition et de l'ignorance. Gardons-nous
« donc de laisser connaître la différence de
« notre religion à des hommes qui mettent
« une telle importance dans les rites extérieurs,
« si nous ne voulons pas nous voir enlever le
« plaisir de leur faire du bien. Nous allons à la
« messe; nous contribuons aux frais du culte;
« votre père a fait rétablir, de ses deniers, la
« chapelle de Sainte-Catherine de Sienne que
« le temps avait dégradée; tous nous regardent

« comme de zélés catholiques; laissons-leur
« cette opinion qui ne nous est point nuisible.
« Quitter par intérêt, et sans être convaincu, la
« religion de ses pères, est le fait d'un lâche;
« mais n'en condamner aucune, croire qu'on
« peut se sauver dans toutes lorsqu'on les pro-
« fesse de bonne foi, ne blesser en rien les idées
« d'autrui, voilà, mon enfant, quelle est la
« croyance, quels sont les principes de votre
« père et les miens; et lorsque je vous vois à
« genoux, et les mains jointes, dans une église
« catholique, je prie avec vous et pour vous
« avec la même ferveur que je le ferais dans le
« temple protestant de La Haye. »

J'étais trop jeune alors pour sentir ce qu'il y avait de bon et de vrai dans les paroles de ma mère; mais je lui exprimais mon admiration pour l'architecture des églises italiennes, pour les chefs-d'œuvre dont elles sont ornées, pour la pompe de leurs fêtes et la majesté de leurs processions. Ma mère souriait doucement et ne concevait aucune inquiétude de mon enthousiasme pour les cérémonies du culte catholique.

Le curé de Val-Ombrosa, bon et charitable vieillard, était seul instruit du secret de notre religion : il venait, presque tous les jours, déjeuner ou dîner avec nous; il était l'aumônier de ma mère, en ce sens qu'elle le chargeait presque exclusivement de distribuer ses aumônes. Mais je m'aperçois que je me suis un peu écartée de mon sujet : j'y reviens. Une femme célèbre, de nos jours, madame de Staël, a très bien peint les Italiennes, en disant : Les femmes « italiennes avouent leurs liaisons avec moins « d'embarras que nos femmes n'en auraient en « parlant de leurs époux... Pour peindre vérita- « blement les mœurs générales à cet égard, il « faudrait commencer et finir dans la première « page. » Il y a cependant des exceptions; je me persuadais que madame Lambertini en faisait une, et la constance de son amour pour Cosimo m'en offrait la preuve.

Bien que je fusse née et que j'eusse passé la plus grande partie de mon enfance en Italie, j'avais reçu d'autres principes que ceux qui font la base de l'éducation des jeunes filles italiennes. Je n'en étais que plus coupable, sans doute; mais au moins, je ne l'étais pas sans remords. *C'est le dernier degré de l'opprobre, de perdre, avec l'innocence, le sentiment qui la faisait aimer*[1]. Ce sentiment, je l'avais encore, je ne l'ai jamais entièrement perdu. Il a souvent fait le supplice de ma vie; et par une étrange bizarrerie, il me consolait, il me relevait à mes propres yeux, alors même que je me regardais comme bien coupable.

Je savais que Moreau ne résisterait point à mes instances, et qu'il me laisserait la liberté de voir madame Lambertini, en dépit de ses préventions contre elle. Mais la certitude même de mon pouvoir m'empêchait d'en abuser. Plus j'avais pour lui d'affection et d'estime, plus je devais être attentive à ne rien faire qui pût le blesser. Je me trouvais si heureuse de contribuer, pour quelque chose, à son bonheur, de payer par des soins tendres et délicats, les bontés dont il me comblait, la considération dont je jouissais par lui seul !

J'arrivai à Casa-Faguani, sans avoir pu concilier encore mon désir de cultiver l'amitié de Coralie avec celui de ne pas contrarier Moreau. Je descendis de voiture dans une disposition d'esprit assez mélancolique. Ursule, ma femme de chambre, m'attendait au haut du grand es-

[1] J.-J. Rousseau.

calier. Du plus loin qu'elle m'aperçut, elle se mit à crier en italien : «'Ah! madame, de grâce, « dépêchez-vous de venir. M. Richard vous at- « tend depuis trois heures. Il joue de la guitare, « il fait les gestes les plus risibles ; je crois « qu'il improvise des chansons françaises ; venez « donc vite. »

Au seul nom de Richard, le sourire était revenu sur mes lèvres : je ne connaissais personne de plus amusant et de plus franchement gai que cet ami de Moreau. Richard n'était ni jeune, ni bien fait ; cependant, quoiqu'il eût un œil de moins, on regardait sans déplaisir cette figure qu'animait une bonté spirituelle.

« — Comment! dis-je à Ursule en traversant « les galeries qui conduisaient au jardin, M. Ri- « chard est ici depuis près de trois heures!

« — Oui, madame! c'est un bon vivant que « M. Richard! il est bien plaisant quand il parle « italien : alors il ouvre une bouche à faire mou- « rir de rire, ou reculer de peur.

« — Ursule, prenez un ton plus convenable.

« — Excusez-moi, madame : Dieu me pré- « serve de parler mal de M. Richard ; tout le « monde ici l'aime et le respecte ; et il vous aime, « de son côté, comme si vous étiez sa fille.

« — Il dit cela !

« — Oui, madame, repartit Ursule avec une « mine tout italienne ; mais cela n'empêche « pas qu'il m'ait donné un sequin, et qu'il m'en « ait encore promis un autre, si je veux le laisser « entrer demain dans la chambre de madame, « pendant qu'elle y sera.

« — Eh bien ! Ursule, vous pouvez gagner « votre second sequin. Non seulement je vous « permets de laisser entrer M. Richard chez « moi, mais encore je vous autorise à l'y intro- « duire avant l'heure de mon lever.

« — En vérité, madame !

« — Certainement, répondis-je en riant; et « bien plus, je vous engage à le dire à l'oreille « du général; cela vous vaudra quelque nou- « velle gratification. »

Tout en parlant, je continuais à marcher très vite; j'eus bientôt rejoint Richard au bosquet de Pétrarque[1]. Je le trouvai occupé de

---

[1] Derrière les grands hôtels, qu'on appelle des palais en Italie, on trouve ordinairement de vastes ombrages plantés sans aucune symétrie. Ces bosquets touffus et garnis de fleurs prennent le nom du dieu, du demi-dieu ou du personnage illustre dont ils renferment le buste ou la statue. Celui que je préférais à la casa Faguani eût été digne d'ins-

suspendre aux arbres des rubans et des guirlandes de fleurs. Il se réjouissait tout seul de l'agréable surprise que je ne pouvais manquer d'éprouver en trouvant mon bosquet favori aussi richement orné.

Ursule avait raison : M. Richard était *veramente curioso a veder*. Dès qu'il m'aperçut, il abandonna tous ses préparatifs, accourut vers moi, mit un genou en terre, et me fit l'offre de son servage en termes si emphatiques et si plaisans, que je ne pus m'empêcher d'éclater de rire. Parodiant la *Dotta Camilla*, de Goldoni, je l'acceptai pour mon cavalier servant, et je lui promis une écharpe à mes couleurs, brodée de mes mains.

« Ah ! s'écria-t-il, d'un ton tragi-comique :

> Languirò sventuráto
> Gran tempo, giache i dotti
> Della donna di miei pensieri
> Certamente non son gli oscuri
> Domestici lavor [1].

pirer l'amant de Laure; mais je n'étais pas Laure, et Richard n'était pas Pétrarque.

[1] « Ah ! malheureux que je suis, j'aurai long-temps à languir; car le mérite de la dame de mes pensées ne brille pas dans les travaux domestiques. »

« — Il paraît, lui dis-je, monsieur, que vous
« savez bien débiter des impertinences en ita-
« lien. Croyez-vous donc qu'une femme qui a
« noué dans sa vie tant d'écharpes aux trois
« couleurs, ne soit pas assez habile pour en
« broder une de ses mains? Il n'y a pas besoin
« d'être Pénélope pour savoir broder au métier.

« — Que ne puis-je le croire! » reprit-il avec
l'accent d'un désespoir tout-à-fait comique.

Moreau nous avait aperçus de la fenêtre de
son cabinet; il vint bientôt partager la gaieté
de notre entretien : « Puisque nous nous trou-
« vons si bien tous les trois ensemble, pourquoi
« ne dînerions-nous pas ici en petit comité? »

J'accueillis cette idée avec transport : ma
porte fut fermée pour tout le monde, et nous
dînâmes dans le bosquet de Pétrarque. Moreau
qui ne pouvait ni passer la soirée avec nous à
la maison, ni me conduire au spectacle, voulut
du moins que Richard me donnât la main pour
aller à l'Opéra, afin de lui faire commencer,
dès ce soir même, ses fonctions de *cavaliere
servante*. Je quittai donc la table au dessert, et
une demi-heure après, je reparus en grande
parure. Moreau donna beaucoup d'éloges à ma
promptitude, et prétendit qu'il fallait attribuer

l'élégance de ma toilette au désir que j'avais de plaire à mon cavalier servant.

Je puis dire que jamais je n'ai abusé de l'extrême prévention de Moreau en ma faveur; mais cette prévention me donnait un véritable orgueil. D'autres que lui m'ont inspiré un amour plus ardent; mais personne ne m'a jamais inspiré plus d'estime et de respect. Il était si bon, si plein de naturel dans l'intimité! la simplicité de ses manières offrait un tel contraste avec la grandeur de ses actions et de ses pensées, qu'on était forcé de l'admirer, malgré qu'on en eût.

Il m'arriva, le soir, en sortant de l'Opéra, un petit malheur qui me fit payer cher les éloges que Moreau avait prodigués à la richesse de ma parure. J'étais habituée, quand je paraissais dans une assemblée publique, à voir tous les yeux se tourner vers moi; souvent j'entendais des voix confuses murmurer à mon aspect : *Ecco la bella sposa del general Moreau.* Quelquefois même on m'entourait. Ce soir là il y avait au spectacle une foule immense. Les issues du théâtre *della Scala* sont les plus étroites et les plus incommodes qu'on puisse imaginer. Au bas de l'escalier, au moment d'entrer sous le péristyle, trois ou quatre de ceux qui m'avaient le plus examinée, passent tout près de moi, de façon à me séparer d'un groupe d'officiers qui me suivait, et qui cherchait à me garantir des flots de la foule. Je me trouve poussée assez vivement contre Richard dont je tenais le bras : je sens quelque chose de froid sur mon col; j'y porte la main, mais il était trop tard, mes trois rangs de perles avaient disparu.

« Fiez-vous donc aux suggestions de l'amour-
« propre, dis-je tout bas à Richard. Je croyais
« ne devoir qu'à ma beauté la grande attention
« dont m'honoraient ces messieurs.

« — Mais, très-certainement, interrompit-il;
« en douteriez-vous?

« — Je n'en doute pas; mais je suis sûre qu'ils
« n'étaient pas moins sensibles à la beauté de
« mes perles. Ils ont voulu s'assurer qu'elles
« n'étaient pas de fabrique romaine [1], et, pour
« mieux en juger, ils s'en sont emparés. »

Le premier mouvement de Richard fut de faire appeler la garde pour la mettre sur les traces des voleurs : je m'y opposai. La foule

---

[1] On fabrique à Rome de fausses perles qui imitent parfaitement les perles fines.

s'étant bientôt dissipée, nous montâmes en voiture, et nous arrivâmes à la *casa Faguani*. Moreau nous attendait, non sans inquiétude, au bas de l'escalier. Comme le théâtre *della Scala* était voisin de notre demeure, quelqu'un était venu apprendre officieusement au général que j'avais été volée, et que les voleurs avaient failli m'étrangler en m'arrachant mon collier.

« Ah! vous voilà! qu'est-il donc arrivé? » dit Moreau, en s'élançant vers nous, et en m'enlevant, pour ainsi dire, de la voiture.

«—Rien, mon ami, rien, sinon qu'on m'a
« volé mon collier.

«—Mais on a manqué de vous tuer, en
« vous l'arrachant!

«—Pas du tout: on me l'a enlevé le plus
« doucement du monde; j'ai eu affaire à des
« voleurs de bonne compagnie.

«—Vous n'avez eu aucun mal?

«—Aucun, pas même le mal de la peur. En
« vérité, ces messieurs s'y sont pris avec beau-
« coup d'adresse; ce sont, je vous assure, de
« fort habiles gens.

«—Dieu merci! me voilà tranquille. »

Nous finissions à peine ce premier entretien, quand les aides-de-camp du général revinrent avec quelques officiers de l'état-major. On n'avait pu retrouver les traces des voleurs ; tous ces messieurs étaient d'avis de porter plainte à l'autorité : déjà ils avaient donné l'éveil à la police ; mais, avec le consentement de Moreau, je fis cesser toutes les poursuites.

Le souper fut assez gai ; Richard était un peu maussade : il ne pouvait se pardonner sa négligence à porter des regards autour de nous ; négligence qui, disait-il, avait été certainement cause du vol dont je venais d'être la victime. Quant à moi, quoique je n'eusse témoigné ni mécontentement, ni frayeur, je sentais un malaise qui m'aurait décidée à me retirer plus tôt, si je n'eusse craint de causer à Moreau quelque inquiétude. Pendant tout le repas je fus l'objet des attentions les plus délicates de sa part ; il semblait que le danger auquel il avait pu me croire exposée pendant quelques minutes redoublât sa tendresse pour moi ; enfin le souper s'acheva, et je pus me livrer au repos dont j'avais grand besoin.

CHAPITRE XXV.

Conversation au sujet de Coralie. — Je la vois du consentement de Moreau. — Le proscrit. — Dévouement de Lavinie.

Après avoir successivement adopté et rejeté vingt moyens différens qui s'offraient à mon esprit pour obtenir de Moreau la permission que je lui demandais de cultiver l'amitié de madame Lambertini, je résolus de m'expliquer avec lui sans détour, et de lui parler le langage de la plus entière franchise. Je mis cependant d'abord en œuvre une petite ruse que je savais très propre à me le rendre favorable.

Il était toujours charmé, lorsque le matin, entre six et sept heures, je lui envoyais dire par ma femme de chambre que j'étais éveillée, et que je le priais de venir un moment dans ma chambre. Ce moment était toujours celui de la causerie intime qui a tant de charmes pour deux âmes qui s'entendent bien. Alors nous nous parlions à cœur ouvert, et il n'y avait point de secrets entre nous. Dès qu'il m'abordait, le nuage qui obscurcissait son front commençait à s'éclaircir, et bientôt se dissipait entièrement ; éprouvait-il quelque contrariété un peu grave, ma gaieté naturelle ne tardait pas à lui rendre ce calme d'esprit dont il ne sortait pas habituellement ; son âme était-elle irritée par l'attente ou la nouvelle d'une injustice du Directoire, j'effaçais bientôt cette impression pénible en réveillant ses souvenirs de gloire. Je lui parlais de ses hauts faits d'armes, des services qu'il avait rendus à son pays, et le sourire revenait bientôt sur ses lèvres. Tel était mon ascendant sur lui, qu'un regard, un mot de ma bouche suffisait pour lui faire oublier ses inquiétudes ou ses chagrins.

Moreau ce jour-là fut le premier à amener l'entretien sur Coralie. « Eh bien ! me dit-il, « vous ne me parlez pas de votre nouvelle « amie ; vous avez cependant passé avec elle « une grande partie de la journée d'hier. La « trouvez-vous toujours également digne d'in-« térêt ?

« —Plus digne que jamais, m'écriai-je vive-

« ment : avant peu j'espère vous voir partager
« mon amitié pour elle. Je n'ai entendu encore
« que le récit d'une partie de ses malheurs.

« — Vous voulez rire, ma chère amie. Ses
« malheurs? dites-vous. Elle, des malheurs! elle,
« la maîtresse d'un prince ! sans doute elle pour-
« rait vous raconter ceux qu'elle a causés, mais
« sa franchise italienne n'ira point jusque là.

« — Vous êtes bien injuste pour madame Lam-
« bertini, et cependant je ne connais personne
« qui soit plus à plaindre qu'elle sous bien des
« rapports. Objet de la haine d'une mère dès
« sa première enfance, plus tard elle a perdu
« l'homme à qui elle avait voué un invio-
« lable amour; sont-ce bien là des malheurs
« réels ? »

En parlant, j'avais pris la main de Moreau;
mes regards plaidaient la cause de Coralie:
« Suspendez encore votre jugement, lui dis-je,
« jusqu'à ce que vous ayez entendu tout ce que
« j'ai à vous dire; me le promettez-vous ? » Un
sourire d'incrédulité fut sa seule réponse ; mais
enhardie par la douce expression de ses yeux,
je lui demandai si je n'aurais pas la liberté de
passer, ce jour-là même, une partie de la matinée
avec madame Lambertini. A l'instant la phy-

sionomie de Moreau prit une teinte plus sombre ; il porta sur moi un regard pénétrant :
« Elzelina, me dit-il, vous savez combien est
« grande ma confiance en vous. Le moindre
« doute sur votre sincérité me tuerait... Assurez-
« moi que madame Lambertini ne vous a point
« parlé de moi, qu'elle ne vous a fait aucune
« question sur mon compte.

« — Je vous le jure, mon cher ami, repris-je
« avec chaleur : ma bouche seule a prononcé
« votre nom. C'est toujours un besoin pressant
« pour mon cœur que d'apprendre à tous ceux
« qui m'approchent combien vous me rendez
« heureuse. Mais pourquoi craindre les ques-
« tions de Coralie ? Pourquoi lui attribuer des
« intentions qui pourraient vous être nuisibles?
« Elle est vraiment bonne, pleine de franchise,
« et toute dévouée au parti français. Sûre que
« ses secrets ne peuvent être mieux confiés à
« qui que ce soit qu'à vous-même, je vais
« vous redire les confidences qu'elle m'a faites.
« Croyez-le, mon ami ; je ne voudrais pas con-
« tracter une liaison qui vous déplût ; mais il
« me serait bien pénible de rompre tout com-
« merce d'amitié avec Coralie. » Je pus lire sur
sa figure le plaisir que lui causait mon langage,

et, sans hésiter davantage, je commençai mon récit.

Il faut en convenir, je brodai un peu l'histoire, et je glissai adroitement sur tout ce qui pouvait déplaire à mon auditeur. Il ne fallait pas l'effrayer; et je sentais que j'aurais besoin de plus d'indulgence quand il faudrait plus tard en venir à la liaison de madame Lambertini avec l'archiduc, à ce contrat d'opprobre et de scandale, comme l'appelait Moreau. J'appuyai donc sur tout ce qui pouvait justifier Coralie d'une vile cupidité. Je cherchai ensuite à convaincre le général qu'il avait tort de redouter les vues politiques de Coralie sur moi, et je terminai en m'engageant à rompre sur-le-champ toute liaison avec elle si jamais il lui arrivait de me faire la moindre ouverture qui justifiât les soupçons de Moreau.

Il me parut moins touché et moins convaincu que je ne l'avais espéré. Afin de couper court à toutes réflexions fâcheuses de sa part, je lui dis gaiement : « Voici mon exorde, en attendant
« ma péroraison ; la suite à demain, comme
« disent les journaux, ou, si vous l'aimez mieux,
« à ce soir. Vous allez me trouver bien peu faite
« pour garder un secret, ajoutai-je sans atten-

« dre sa réponse. Voilà pourtant le danger de
« prendre une confidente comme moi. Si j'avais
« des secrets pour ma part, je ne voudrais les
« confier qu'à un être qui fût entièrement isolé
« du monde, et dont le cœur fût libre de
« toute-affection tendre. »

Il me serra la main de la façon la plus expressive. Afin de lui complaire, je résolus de différer jusqu'au lendemain la nouvelle visite que j'avais promise à Coralie. Je lui fis agréer mes excuses dans un petit billet que je lui adressai, en lui rappelant que nous étions toutes deux, ce jour-là même, d'un grand dîner chez le comte Luosi, et que je m'estimerais bien heureuse de l'y rencontrer. A mon arrivée, madame Lambertini eut peine à contenir le désir violent qu'elle avait de me parler. Je lui expliquai, en peu de mots, les motifs du retard de ma visite. Elle eut lieu d'être très satisfaite des égards que lui témoigna le général Moreau pendant le reste de la soirée. Une simple marque de déférence de sa part devenait un titre aux attentions les plus empressées de tous les Français qui se trouvaient alors à Milan. Combien je sus gré à Moreau de cette nouvelle preuve de bonté !

Le lendemain, et du consentement de Moreau, je me rendis chez Coralie : elle avait espéré que nous passerions toute la journée ensemble ; je ne pouvais au contraire lui donner que quelques heures. Il fallut donc renoncer au projet que nous avions formé l'avant-veille, d'aller visiter ensemble le tombeau de Cosimo et de Lavinie. Ce fut dans le même cabinet où déja elle avait, devant moi, répandu tant de pleurs, qu'elle acheva le récit des malheurs de sa jeunesse :

« Ma chère amie, dit-elle, je vous ai promis de dérouler à vos yeux le tableau de grandes infortunes. Vous allez voir si je vous ai trompée :

« Ce fut Odoardo Albergati qui parvint à faire évader Cosimo de la prison où le tenaient renfermé ses ennemis et ceux du duc d'Orzio. Ses persécuteurs ne comptaient l'en faire sortir que pour le conduire à la mort. Albergati entraîna son ami dans une maison située sur les bords de la Brenta, et qui lui appartenait en propre. Là, il était facile de prendre en secret toutes les mesures qui pouvaient garantir la sûreté de Cosimo. Mais il fallait d'abord chercher un asyle sur une terre étrangère : Cosimo ne le voulut pas ; Albergati employa d'abord tout l'ascendant de l'amitié, puis il lui fallut recourir à l'autorité plus imposante de la mère de Cosimo, pour empêcher son imprudent ami d'aller livrer sa tête à la haine de ses persécuteurs. Cosimo ne put résister aux prières, aux larmes, au désespoir de sa mère : il promit enfin de vivre et de fuir, si la fuite seule pouvait assurer ses jours.

« Cependant, Venise voyait chaque jour ses oppresseurs immoler de nouvelles victimes. L'oncle maternel d'Albergati, Capello, venait lui-même de succomber. La mère de Cosimo, en le quittant vers le milieu de la nuit, était retournée à Venise. Elle arrive à son palais où la jeune Lavinie avait trouvé un asyle : Lavinie avait disparu. Informée des dangers qui menaçaient Cosimo, elle était partie, après avoir écrit quelques lignes à sa mère adoptive pour l'informer de sa détermination. Les voici, ces lignes, ma chère Elzelina, dit Coralie, en tirant un papier de son sein : ce fut Albergati qui me remit plus tard cette lettre adressée à la mère de Cosimo :

«O vous, qui avez daigné m'ouvrir vos bras,
« qui avez bien voulu voir en moi l'épouse de

« votre fils, ô ma mère! je vais remplir mon
« devoir, je vais suivre mon époux. Ne trem-
« blez plus pour lui; mon amour veillera sur
« cette tête si chère; ma présence, je l'espère,
« adoucira pour lui les rigueurs de l'exil, et je
« partagerai tous les maux qui pourraient l'at-
« teindre encore. Priez pour vos deux enfans,
« ô ma noble mère! mère de Cosimo, bénissez-
« nous : mon père aussi nous a bénis au jour de
« sa proscription. Je suis bien jeune encore,
« mais je sais déjà souffrir : mère de Cosimo,
« priez pour nous.
                    « LAVINIE D'ORZIO. »

« La comtesse restait seule au milieu de son vaste palais. Cette solitude ne tarda pas à lui devenir insupportable, et elle ne tarda pas à se retirer dans le couvent de Sainte-Ursule qui m'avait d'abord servi de prison, et d'où l'on venait de me faire sortir pour me traîner à la cour de Milan. A peine la comtesse fut-elle arrivée dans cette retraite de son choix, que l'ordre fut donné de l'y garder prisonnière.

« Albergati cacha soigneusement à Cosimo ce nouveau malheur. Mais il pouvait encore le déterminer à fuir, et, d'un autre côté, il ne pouvait le retenir dans l'asyle qui seul le garantissait encore, qu'en le flattant de la chute prochaine de ses persécuteurs. Il se chargeait des lettres que Cosimo adressait à ceux de ses partisans dont il connaissait mieux la fidélité et l'énergie : mais, au lieu de faire parvenir ces lettres qui auraient pu trahir le secret de la retraite de Cosimo, il les livrait aux flammes. Cosimo était proscrit; s'il reparaissait, sa tête devait tomber sur-le-champ. Il ne l'ignorait pas, et cependant il s'obstinait à ne point s'éloigner de Venise. Bientôt il apprit l'indigne traitement qu'on faisait subir à sa mère, et la disparition de Lavinie. Il ne pouvait échapper à l'officieuse surveillance d'Albergati; mais il roulait dans son esprit mille projets de vengeance qu'il lui tardait de mettre enfin à exécution.

« Ce n'était jamais que pendant la nuit qu'il errait dans les vastes jardins de la *Villa*. Une nuit donc, il alla s'asseoir, suivant sa coutume, sous un arbre qu'il avait appelé l'*Orme du souvenir*. C'était là que se donnaient toujours rendez-vous les deux amis dans leur première jeunesse. Agité par ses pensées sinistres, Cosimo se lève bientôt, et commence à marcher d'un pas tantôt lent, tantôt rapide. Soudain une figure blanche se dessine à quelque distance; elle semble glisser sur le gazon. Une femme s'élance enfin dans les bras de Cosimo, en s'écriant: « *Con te vivere, con te morire.* »

« C'était Lavinie; sa voix, son langage si laconique et cependant si expressif, portèrent dans l'ame de Cosimo une joie si vive, lui inspirèrent une reconnaissance si passionnée que pendant quelques minutes elle put se croire aimée.

« La présence de Lavinie, les tendres soins qu'elle prodiguait à Cosimo répandaient sur sa solitude un charme qu'il n'avait pas connu jusqu'alors. Elle aimait Cosimo de toutes les forces de son ame; long-temps elle s'aveugla sur la nature du sentiment qu'il éprouvait pour elle. Cosimo sentait tout le prix de la tendresse dont il était l'objet; mais il ne pouvait la payer d'un parfait amour. S'apercevait-il combien Lavinie se méprenait sur les témoignages de sa reconnaissance et de son affection, alors il devenait froid, quelquefois même injuste. Lavinie supportait en silence des bizarreries et des caprices qu'elle expliquait par les inquiétudes toujours croissantes de Cosimo, et redoublait de tendresse pour le consoler. Mais ces preuves d'un amour si peu mérité sous quelques rapports devenaient chaque jour plus pénibles pour le malheureux qui m'aimait encore. Sa tristesse prenait une teinte plus sombre. Albergati, qui le croyait épris de Lavinie, ne concevait rien à l'état de son âme.

« Un soir ils étaient tous deux assis l'un près de l'autre; Cosimo, après avoir gardé long-temps un morne silence, ouvrit enfin son cœur à Albergati, et lui déclara son intention de partir sans délai : « Je suis proscrit, dit-il; dans ma
« position je ne puis me lier par aucun acte pu-
« blic : mon mariage avec Lavinie doit donc
« être encore retardé. C'est à toi, mon ami, que
« je la confierai. Tu veilleras sur elle, tandis
« que moi j'irai rejoindre le comte de Saluces.
« Si je ne parviens pas à délivrer Venise, je
« mourrai du moins pour la cause que j'ai tou-
« jours défendue. »

« Albergati chercha vainement à combattre cette résolution; en vain il tenta d'émouvoir Cosimo par le tableau du désespoir auquel il allait livrer sa malheureuse compagne. « Je ne

« puis l'aimer d'amour, répondit Cosimo. Rester
« près d'elle, la laisser s'enivrer d'une funeste
« erreur, voilà ce qui me devient à chaque in-
« stant plus pénible. Je n'ai que trop long-temps
« soutenu ce rôle indigne de moi : je ne puis le
« soutenir davantage; je veux partir sans retard. »

« A ces mots, il se jeta dans les bras d'Albergati, et celui-ci, vaincu enfin, jura de devenir
le protecteur de Lavinie. Ils regagnèrent par
de longs détours la grotte obscure où Cosimo se
dérobait pendant le jour à tous les yeux, et
que l'amitié d'Albergati avait su rendre habi-
table. Ils n'y trouvèrent pas Lavinie; alors ils
entrèrent dans un sentier détourné qu'elle aimait à parcourir. Ils ne l'y rencontrèrent pas
davantage. Ils courent aussitôt sur le rivage,
consument près d'une heure en inutiles recherches, puis reviennent encore vers la grotte,
bourrelés d'inquiétude, mais conservant encore l'espérance de voir reparaître Lavinie. Elle
n'y était pas : un papier posé sur une table,
auprès de la lampe, frappe soudain la vue de
Cosimo. Il le saisit, et parcourt avidement les
premières lignes tracées d'une main tremblante.

« Ah! je suis son bourreau, s'écrie-t-il dou-
« loureusement; il faut la retrouver ou mou-

« rir; » et aussitôt il s'élance hors de la grotte. Albergati, qu'une ancienne blessure à la jambe mettait dans l'impossibilité de courir sur ses pas, le perd bientôt de vue dans l'obscurité : il l'appelle en vain. Relevant alors la lettre que Cosimo avait jetée loin de lui, il y cherche quelques renseignemens sur les motifs de la disparition inattendue de Lavinie. Voici cette lettre, ma chère Elzelina : elle a depuis long-temps passé dans mes mains : lisez-en vous-même le contenu. »

J'obéis; et je lus avec une émotion profonde les lignes que je transcris ici :

« Tout est fini pour moi, Cosimo. J'étais ca-
« chée à quelques pas derrière vous tout à
« l'heure, et j'ai entendu la révélation que tu as
« faite à Albergati de tes sentimens les plus se-
« crets : c'est t'en dire assez; mais avant de nous
« séparer pour jamais, il faut que tu connaisses le
« cœur de la pauvre Lavinie. Tu ne peux l'aimer
« *d'amour!* Ah! Cosimo, devais-tu donc alors
« lui témoigner d'autres sentimens que ceux
« d'un frère ? Les hommes ne savent pas qu'une
« femme qui aime seule commence déjà à être
« heureuse. Pourquoi m'avoir si long-temps

« permis d'espérer un bonheur plus grand en-
« core? Ah! pardonne-moi ce reproche; il n'est
« point sorti de ce cœur qui te dut quelques
« instans de félicité, et que la mort seule pour-
« rait empêcher de battre pour toi. Vous ne
« pouvez m'aimer d'amour! L'image d'une autre
« vous suivait près de moi! Lorsque vos yeux
« se fixaient sur les miens, lorsque votre bouche
« souriait à mes caresses, c'était elle, et non
« pas moi, qui occupait votre pensée. Vous
« étiez parjure envers elle, Cosimo, et vous
« trahissiez la confiance que je mettais en vous!
« Cosimo, c'est toi qui me donnes la mort! Mais
« non, je vivrai pour que tu ne sois pas tour-
« menté du remords d'avoir causé ma perte. Je
« pars; j'emporte l'affreuse certitude de n'a-
« voir rien pu faire pour ton bonheur, d'avoir
« même, par ma présence, ajouté à tes maux,
« lorsque le sacrifice de ma vie m'eût coûté si
« peu pour les adoucir! Je pars, je vais traîner
« ma vie dans une de ces chaumières situées
« au milieu des campagnes où ma famille fut si
« long-temps puissante et honorée. Je subis la
« malédiction de ma mère dans toute son af-
« freuse étendue; mais les paysans qui m'ont
« connue plus heureuse ne refuseront pas du

« pain et un abri à la fille de leur noble pro-
« tecteur. Adieu, Cosimo; je n'emporte pas votre
« portrait; gardez-le, il ne doit appartenir qu'à
« une femme plus heureuse que moi. Adieu. »

« — Quel amour! dis-je à Coralie.
« — Oui, me répondit-elle; mais moi, croyez-
« vous que je l'aimasse moins? Et cependant je
« ne pus le sauver! »

Elle pâlit, détourna la tête, et, d'une voix
plus basse, elle continua son récit.

CHAPITRE XXVI.

Mort de Cosimo. — Dernier trait de dévouement de Lavinie. — Désespoir de Coralie. — Interruption inattendue.

« Soudain l'oreille d'Albergati est frappée d'une bruyante rumeur. Des flambeaux allumés viennent frapper ses yeux; des hommes armés se montrent entre les arbres, et s'avancent en tumulte vers lui. Au milieu d'eux, il aperçoit Cosimo étroitement garrotté : ses vêtemens déchirés et couverts de sang annoncent assez qu'il ne s'est pas rendu sans résistance. Derrière lui, Lavinie, le sein ouvert par une profonde blessure, reste comme privée de vie dans les bras des paysans, qui soutiennent ce corps déjà insensible et décoloré. Albergati, malgré les soldats qui entourent Cosimo, parvient jusqu'à lui, et le serre dans ses bras.

« Je l'ai tuée, » dit Cosimo, en jetant un regard sombre sur la malheureuse Lavinie.

« On le contraint d'avancer, ainsi qu'Albergati ; on entre dans la maison. Tandis qu'on envoie chercher des secours pour les blessés, l'officier qui commande la troupe déclare à Albergati qu'il est son prisonnier. « — Votre pri« sonnier ? — Oui ; vous aviez donné asyle à un « condamné. — Mais ce condamné était mon « ami. — La loi ne connaît pas ces distinc« tions, et j'exécute les ordres dont je suis « porteur. »

« Albergati est, à son tour, lié ignominieusement, et placé près de Cosimo. Tandis qu'on procède aux formalités légales de l'arrestation, il adresse pour la première fois à son ami quelques questions. Cosimo répond par mots entrecoupés. Égaré par l'idée du désespoir de Lavinie, il courait le long du rivage en l'appelant à grands cris. Tout à coup il la découvre au milieu d'une troupe de gondoliers ; il s'élance vers elle : alors plusieurs voix s'écrient : « C'est « Vi...ci l'exilé. » Et mille voix répètent aussitôt ce nom. A l'instant des soldats bien armés se précipitent au milieu de la foule que ce nom a rassemblée en quelques minutes : « *Alla Ma-*

« dona ! Alla Madona ! » s'écrie le peuple en cherchant à faire échapper Cosimo; mais il est enveloppé avant même d'avoir pu chercher à fuir. Transporté de fureur, il saisit le poignard qui ne l'abandonnait jamais : « Jette les armes, « lui crient les soldats. — Venez les prendre ! « répond-il; » et le courage d'un seul homme fait pâlir la troupe tout entière. Cependant la fureur du peuple commence à éclater : une grêle de pierres vient fondre sur les sbires; ils redoublent d'efforts pour s'emparer de Cosimo; un d'eux s'apprête à le frapper par derrière d'un coup mortel, mais Lavinie s'est élancée; elle reçoit au milieu du sein le coup destiné à Cosimo, pousse un cri perçant, et tombe à ses pieds. Le premier mouvement de Cosimo est de jeter son poignard, de relever et de serrer dans ses bras le corps sanglant de la jeune fille; les soldats profitent de ce moment pour le saisir; on lui enlève Lavinie, et on le charge de fers.

---

[1] Il y a dans les villages, comme dans les grandes villes d'Italie, des chapelles privilégiées. Dans ces lieux consacrés par la vénération des peuples, le criminel trouve un asile inviolable contre les agens de l'autorité et les ministres de la loi.

Désormais insensible à tous les outrages dont on l'accable, il se laisse traîner vers la *villa*, dans laquelle les sbires avaient encore une proie à saisir.

Sans avoir pu obtenir la triste consolation de voir encore une fois Lavinie, qu'Albergati recommanda aux soins de ses serviteurs, les deux amis furent conduits à la prison; ils étaient suivis d'une foule immense. L'indignation du peuple se manisfestait par des gémissemens, et ne semblait contenue que par la terreur que lui inspirait l'appareil militaire dont on environnait les prisonniers.

Le sort de Cosimo était fixé sans retour; il le savait, et son courage n'en était point ébranlé. Mais ce courage mollissait à l'idée du sort de Lavinie, à l'aspect d'Albergati condamné à supporter des fers qu'il n'avait point mérités. Cosimo fit pour Lavinie et pour son ami ce qu'il n'avait pas voulu faire pour préserver ses jours.

A cette époque, Lambertini, mon indigne époux, avait enfin atteint son but. Son opprobre et le mien étaient la source des faveurs et des grâces qui tombaient journellement sur lui et sur sa famille. Mon crédit sans bornes sur l'esprit de l'archiduc n'était ignoré de personne. Ce fut à moi que Cosimo s'adressa pour sauver les deux êtres qui lui étaient chers, à tant de titres. Voici la lettre que je reçus de lui; aurai-je la force de vous la lire?

Du cachot de la Tour, le 5 juin 17.., à minuit.

« Je vais mourir, Coralie! pour que mon sou-
« venir ne se présente pas désormais avec hor-
« reur à ton esprit, exauce ma dernière prière;
« c'est la seule que puisse désormais t'adresser
« ce Cosimo, sur le cœur de qui tu n'as jamais
« cessé de régner, malgré ta trahison. Sans doute
« un ennemi des tyrans doit être criminel à tes
« yeux, ce n'est donc pas pour moi que je t'im-
« plore; mais si je suis coupable d'avoir trop
« aimé mon pays, Albergati l'est-il pour avoir
« obéi aux saintes inspirations de l'amitié? Co-
« ralie, sauve ses jours; tu le peux. Autrefois
« je t'ai vue te complaire à faire le bien : tu ne
« peux avoir changé entièrement.

« Il est au monde un être mille fois plus à
« plaindre encore; et c'est encore à toi que je
« lègue le soin de le secourir. La jeune et mal-
« heureuse fille du duc d'Orzio est à la *villa del*

« *Borgo*, abandonnée à la froide pitié de quel-
« ques domestiques. Coralie, le fer qui lui perça
« le sein devait me donner la mort : elle a reçu
« le coup qui m'était destiné ; elle m'aime de-
« puis long-temps, et je n'ai pu lui rendre
« amour pour amour. L'image de Coralie per-
« fide, mais toujours adorée, se plaçait sans
« cesse entre elle et moi. Je remets Lavinie dans
« tes mains ; c'est la plus grande preuve de con-
« fiance que je puisse te donner à mon heure
« dernière. »

« Cette lettre, dit Coralie avec l'expression
d'une douleur profonde, fit sur moi l'effet d'un
coup de foudre. Eperdue, je vole chez le sé-
nateur Lapi. « Ce que vous me demandez est
« impossible, » me répondit-il froidement. —
« Eh ! c'est justement l'impossible que je veux, »
m'écriai-je toute hors de moi. J'obtiens enfin
la promesse d'un sursis, et une lettre pour le
grand-juge Barberimio ; ce chef d'un tribunal de
sang, redoutant l'effet de mon crédit, promit
tout ce que je voulus.

Le soir, je me présente à six heures aux
portes de la prison : j'avais un ordre pour voir
Cosimo. Les geôliers paraissent étonnés, et j'ap-

prends qu'il y a déjà trois heures qu'on l'a trainé à Trévise pour y subir sa sentence. Accablée par ce coup affreux, je reste un instant immobile; puis, m'élançant dans ma gondole, j'ordonne qu'on me conduise rapidement au palais de Landro. Ma raison était presque égarée : plus d'une fois je fus tentée de me précipiter dans les flots, comme si, en nageant, j'eusse pu franchir plus rapidement les distances, que dans cette gondole où j'étouffais. J'arrive enfin; je traverse les cours, les antichambres remplies de monde, et je m'élance dans le cabinet de celui qui n'avait rien à me refuser.

« La grâce de Vi...ci! un sursis à l'exécution « du jugement, ou je meurs à vos pieds, » m'écriai-je en tombant à genoux. Le sursis est signé; je pars..... Ah! combien j'eus à regretter l'heure d'angoisse qui venait de s'écouler! ces angoisses du moins étaient encore mêlées d'espérances... Je me jette sur la rive, sans donner, à mes conducteurs, le temps d'amarrer ma gondole. J'avance en criant : « Grâce pour « Vi...ci. » Une troupe de pénitens blancs couvre le rivage. La voix lugubre de quelques uns me répond qu'il n'est plus temps. Leurs rangs s'ouvrent; j'aperçois un linceul ensanglanté, que couvre à peine un drap mortuaire ; mes yeux se ferment; mes genoux se dérobent sous moi, et je tombe à terre sans mouvement et sans vie. »

A ces mots, je ne pus retenir mes larmes; nous nous jetâmes dans les bras l'une de l'autre, et nos sanglots se confondirent. Mais Coralie, se dégageant bientôt, essuya ses joues et ses yeux, et, de ce ton bref qui est l'indice certain d'une émotion violente et comprimée, elle reprit : « Après quarante jours de fièvre et de délire, je revis Albergati ; il avait été mis en liberté le lendemain même de la mort de son ami. Aussi avide que moi des moindres détails, il avait interrogé tous ceux qui purent approcher Cosimo à ses derniers momens. Les précautions mêmes qu'on avait prises pour le conduire à trévise trahissaient la crainte qu'éprouvaient ses bourreaux de se voir arracher leur proie. Dans le sombre corridor où on le fit attendre avant de le traîner au supplice, il eut encore la force de graver avec ses fers, sur la muraille, les mots suivans : *Temono ancora il Vi.....ci proscritto. I vili ! son vendicato abbastanza !* [1] »

---

[1] « *Ils redoutent encore Vi.....ci le proscrit. Les lâches ! j'en*

« En entrant dans la gondole qui l'attendait, Cosimo vit d'abord six pénitens en costume; et, dès-lors, il ne douta plus qu'on le conduisît au supplice. L'un de ces pénitens se fit reconnaître à lui pour le confesseur de sa mère. Cosimo en éprouva la plus vive joie. Ce prêtre vertueux avait voulu adoucir l'amertume des derniers momens d'un homme qu'il avait, depuis long-temps, appris à estimer et à chérir. On délivra, pour quelques instans, le malheureux Cosimo des fers qui chargeaient ses mains, et il s'élança librement dans les bras du vieillard. « O mon père, s'écria-t-il, tant de félicité
« m'était-il encore réservé? Je pourrai donc par-
« ler de ma mère à un homme digne d'appré-
« cier ma tendresse pour elle! Je pourrai donc
« confier à un ami le soin de calmer son dés-
« espoir! O mon père, parlez-moi d'elle! son
« nom sera le dernier mot que mes lèvres pro-
« nonceront

« Le vénérable prêtre lui prodigua toutes les consolations de la charité chrétienne; puis il le bénit au nom de cette mère qu'il venait d'invoquer.

suis assez vengé! » Cette inscription subsistait encore en 1798.

« Le ciel réservait encore une dernière douleur à l'âme de Cosimo. Il arrive à l'endroit choisi pour l'appareil funèbre. Une troupe nombreuse de pénitens[1] entoure l'échafaud. Cosimo s'avance avec fermeté : un des frères s'élance, saisit sa main d'une main brûlante, et écartant le masque qui couvre son visage lui montre les traits décolorés de Lavinie :

« Mon père, sauvez-la! » s'écrie Cosimo en la jetant dans les bras du vieillard; et il monte rapidement sur l'échafaud. « Je mourrai avec « toi, » s'écrie à son tour Lavinie, en se perçant le sein à l'instant même où la main du bourreau frappait Cosimo d'un coup mortel.

Coralie se couvrit la figure de ses deux mains, et resta immobile et muette : je l'en-

---

[1] Les confréries de pénitens sont chargées d'assister les criminels au moment du supplice, et de transporter leurs restes à la sépulture désignée. Les meurtriers même ont droit à leur pieuse assistance. La devise des pénitens est celle-ci : *Al fine del umano poter principia l' omnipotente misericordia di Dio.* « Là où finit le pouvoir humain commence la toute-puissante miséricorde de Dieu. » Les frères de ces congrégations ont la figure couverte d'un morceau de toile ayant trois ouvertures, deux devant les yeux et une devant la bouche.

tourai de mes bras, et je la tins étroitement serrée pendant quelques minutes. Elle semblait insensible à mes caresses; ses larmes avaient cessé de couler ; un tremblement universel s'était emparé de tout son corps.....

« Et sa mère? » dis-je presque malgré moi au milieu des sanglots.

« — Sa mère! » répéta Coralie sortant tout à coup de la stupeur profonde dans laquelle elle était plongée; sa mère, après une année tout entière d'angoisses, apprit enfin qu'elle n'avait plus de fils. La funeste nouvelle lui avait été apportée à six heures du soir. A minuit, on la trouva sans vie sur les marches de l'autel, pressant encore sur son cœur le portrait de Cosimo.

Un profond silence suivit pendant assez longtemps ces dernières paroles.

« Avec quelle facilité vous pleurez ! » dit tout à coup Coralie, d'un ton qui me sembla respirer l'amertume. « Je n'ai plus, moi, le don des larmes. Celles que je verse encore quelquefois sont rares, brûlantes, et ne me soulagent pas. »

Je ne pus lui répondre qu'en la regardant avec la plus tendre compassion, et en pressant sa main sur mon cœur. Elle comprit ce langage muet, et un sourire bien triste reparut sur ses lèvres. « Bonne Elzelina, me dit-elle, vous viendrez avec moi visiter la tombe de Cosimo et de Lavinie; vous y viendrez, n'est-il pas vrai? »

« — Oui, sans doute, répondis-je avec feu.

« Cette *villa del Borgo*, reprit Coralie, ce séjour où il vécut malheureux et proscrit est devenu ma propriété; et la résistance que j'ai opposée à ceux qui voulaient m'en dépouiller a été la source des plus odieuses calomnies qu'on ait répandues contre moi. On a osé m'accuser d'injustice et d'ingratitude envers l'époux qui m'avait volontairement livrée aux dédains de la société; envers l'homme qui n'avait pas craint de sacrifier à son ambition, à sa basse cupidité, mon honneur et le sien. Après avoir dévoré les dons immenses qui furent le prix de ma honte, il voulait encore me ravir la seule de mes possessions qui me fût précieuse; il m'aurait réduite à la misère, je n'ai pas voulu le souffrir.

Chère Elzelina, souvent dans le silence des nuits, assise près du tombeau de Cosimo et de Lavinie, j'ai cru entendre l'écho murmurer doucement leurs noms ; j'ai cru voir leurs ombres glisser légèrement sur ces parterres dont Lavinie aimait à cueillir les fleurs pour en orner la grotte de Cosimo..... *Con te vivere, con te morire*, tel était son serment habituel, et ce serment elle ne l'a point trahi.

« J'habitais ces lieux funèbres en 1792, lorsqu'Albergati m'apprit que la liberté triomphait dans une contrée voisine de la nôtre. Je jurai, par les mânes de Cosimo, de servir, si j'en trouvais jamais l'occasion, une cause pour laquelle Cosimo avait donné sa vie. Les Français peuvent dire si j'ai tenu parole : Dieu me préserve de tout sentiment d'orgueil à cet égard, mais mon dévouement à la cause française était devenu pour moi un devoir ; il m'est doux de penser que je l'ai bien rempli. »

L'imagination exaltée par ces paroles, je me jetai de nouveau au col de Coralie ; je lui prodiguai les noms les plus doux, les caresses les plus tendres ; elle me rendit ces caresses, et, bientôt après, le calme sembla renaître dans son cœur et sur les traits de son visage.

« Votre amitié me fait du bien, me dit-elle d'un ton plus tranquille ; vous du moins, vous ne m'accuserez pas d'insensibilité.

« — Je ferai mieux, répondis-je ; je vous dé-
« fendrai contre d'indignes calomnies.

« — Ce serait, ma bonne amie, prendre une
« peine inutile. J'ai porté pendant trop d'années
« le titre de *favorite*; aujourd'hui je suis jugée
« sans appel, et je confesse l'équité de ce juge-
« ment, quelque sévère qu'il puisse être. On
« regarderait comme autant de fables tous les
« faits que vous pourriez invoquer en ma fa-
« veur. Personne ne voudrait croire au désin-
« téressement et à la sensibilité d'une femme
« que tant de gens ont regardée ou regardent
« encore comme une courtisane.

« — Que vous êtes sévère envers vous-même,
« ma chère Coralie !

« — Et vous, ma bonne Elzelina, combien
« sont fortes vos préventions en ma faveur !

« — Mais vous me permettrez du moins de
« plaider votre cause auprès du général Moreau.

« — J'y consens, si vous le voulez; mais il
« ne sera pas moins incrédule que les autres.
« Essayez cependant; il me serait bien doux de
« savoir qu'il m'accorde quelque estime. »

Nous entendîmes en ce moment une discussion assez vive dans la galerie qui conduisait au
boudoir au fond duquel nous nous étions re-

tirées. Coralie se leva, ouvrit la porte, et nous fûmes alors témoins de l'altercation qui venait de s'engager entre la camariste de madame Lambertini, et Joseph, le domestique affidé du général Moreau.

« — J'ai forcé la consigne, madame, me cria
« Joseph dès qu'il m'aperçut. Il y a une heure
« que cette fille me baragouine que vous n'y
« êtes pas, ni la *signora* non plus. J'ai voulu le
« savoir au juste.

« — Allons, Joseph, retirez-vous; et cessez
« de nous interrompre.

« — Le général désire vous voir, madame :
« excusez-moi, mais cette fille ne parle point
« un langage clair. Je commençais à concevoir
« des soupçons...., vous comprenez : dans un
« pays comme celui-ci, la femme de notre gé-
« néral serait un otage précieux. »

Coralie avait compris tout d'abord la pensée de Joseph : elle lui dit avec une douceur enchanteresse : « Dans cette maison, mon ami,
« tout le monde a le cœur français, et votre
« maîtresse n'y court aucun danger : demandez-
« lui plutôt à elle-même ce qu'elle en pense.

« — C'est bien, Joseph, repris-je à mon tour ;
« allez m'attendre en bas, et je vous suis.

« — Je cours à la maison, dit-il, pour avertir
« que madame est retrouvée, et qu'on va la re-
« voir dans un instant; » et il partit comme un
trait.

J'étais affligée des propos de Joseph; et je
n'osais cependant en parler, dans la crainte
d'ajouter à l'impression désagréable qu'ils
avaient dû produire. Coralie m'embrassa en
souriant, et je lui promis de venir la voir le surlendemain.

J'avais éprouvé, dans la matinée qui venait
de s'écouler, des émotions si vives, que mon
imagination et mon cœur semblaient avoir acquis une nouvelle activité, une nouvelle énergie. Il me tardait d'arriver à l'hôtel pour faire
partager à Moreau l'opinion de plus en plus
avantageuse que j'avais conçue de Coralie, et
qui me paraissait désormais assise sur les bases
les plus raisonnables. Mais, à peine eus-je jeté
un regard sur la figure du général, que tous
mes rêves et tous mes projets s'évanouirent.
Cette physionomie, d'ordinaire si bienveillante, portait l'empreinte d'un sombre mécontentement.

« Mon Dieu! m'écriai-je, quel sujet inconnu
« peut vous troubler ainsi? Ma longue visite à

« madame Lambertini vous aurait-elle déplu? ou
« bien avez-vous contre moi quelque grief que
« j'ignore? » et, sans attendre sa réponse à mes
questions, je l'entraînai malgré lui hors de
son cabinet de travail, et je l'obligeai à me
suivre dans le salon.

« Eh bien! me voilà, continuai-je sur le
« même ton : ne m'aviez-vous pas permis de la
« voir ? Ne fallait-il pas écouter la suite de cette
« histoire si longue et si intéressante ? Mais par-
« lez : avez-vous quelques chagrins que vous
« ne veuilliez pas me confier ?

« — Oui, je l'avoue, j'ai des chagrins très
« graves; et dans la disposition d'esprit où je me
« trouve, votre absence prolongée m'a donné
« de l'humeur. »

Je répondis avec modération; mais mes excuses étaient si bonnes, et je mis peu à peu tant
de gaieté dans mes réponses, que je réussis enfin
à dérider un peu le front du général. Je ne parvins cependant pas à dissiper entièrement l'inquiétude qui se peignait sur son visage. Cette
inquiétude tenait à une cause bien plus sérieuse
que je ne le pensais. Moreau venait d'apprendre
les revers qu'éprouvait, dans une portion de
l'Italie, l'armée française, grâce à l'impéritie

du général Schérer. Je connus dans la soirée les nouvelles qui affligeaient si profondément le cœur de Moreau. Son chagrin l'honorait, et l'élevait encore à mes yeux. Richard se trouvait avec nous lorsque Moreau reçut une dépêche que lui apportait un courrier venu de Paris : « Général, lui dit-il, si cette dépêche ne con-
« tient pas votre nomination par le Directoire,
« au commandement en chef de l'armée d'Italie,
« laissez-vous proclamer par les soldats qui vous
« demandent à grands cris ; surtout ne tardez
« pas d'une minute, ou nous sommes perdus
« pour toujours dans ce pays-ci. »

Moreau nous quitta d'un air préoccupé. Je voulais rester à la maison, mais Richard m'objecta que ma présence pourrait au moins interrompre les travaux sérieux auxquels se livrait en ce moment le général. J'acceptai donc le bras qu'il m'offrait, et je me décidai à faire avec lui une promenade au Cours.

CHAPITRE XXVII.

Moreau persiste dans ses préventions contre madame Lambertini. — Nouvelle discussion à ce sujet. — Machinations de Lhermite contre Moreau. — Caractère irrésolu du général.

L'opinion beaucoup trop avantageuse que le général Moreau avait de moi le rendait sévère jusqu'à l'excès, et souvent même injuste envers les autres femmes. Malgré tout ce que j'avais pû lui dire en faveur de Coralie, il continuait à la voir du plus mauvais œil. J'en étais péniblement affectée, et cette injustice me blessait au point de donner souvent de l'aigreur aux conversations que j'avais à ce sujet avec Moreau. Dès mon enfance j'ai été crédule pour les malheureux, et je me suis toujours rangée de leur parti. Moreau, par suite de sa faiblesse pour moi, ne voulait pas s'opposer ouvertement à ce que j'entretinsse des relations amicales avec une femme dont le commerce me paraissait si doux : mais il ne perdait point une occasion de me faire sentir combien il regrettait de m'avoir laissé former une pareille liaison, et toujours il employait pour désigner Coralie les expressions les moins ménagées.

« En vérité, lui dis-je un jour avec impa-
« tience, les hommes sont si naturellement in-
« justes, qu'il leur arrive même souvent de
« l'être dans leur propre cause. Vous trouvez
« Coralie méprisable pour avoir été la maîtresse
« d'un prince. Et que suis-je donc, moi, pour
« vous paraître moins digne de mépris?

« — Elzelina, répondit-il avec l'accent du
« mécontentement le plus vif, qui voudrait ad-
« mettre une telle comparaison?

« — La comparaison est juste, repris-je à
« mon tour avec un calme que je ne réussis-
« sais pas toujours à conserver; je ne cherche
« point à excuser Coralie, mais je vous prie de
« vous souvenir qu'en l'accablant vous m'ac-
« cablez moi-même. Pourquoi ne croirais-je pas
« que, selon la rigueur de vos principes, il est
« honteux pour moi de vous aimer et de vous
« appartenir? »

Il parut on ne peut plus choqué de cette ré-

ponse : jamais je ne l'avais encore vu aussi visiblement contrarié; j'étais au fond vraiment fâché de lui déplaire, mais son injustice me révoltait. Je lui laissai donc voir clairement que je me regardais comme bien plus coupable que Coralie. Elle, du moins, pouvait trouver une sorte d'excuse dans les exemples que lui avait de bonne heure donnés sa mère, dans la bassesse de l'époux auquel sa famille avait confié son sort ; et moi, élevée dans les principes les plus purs, unie à un homme digne de toute mon estime et de toute ma tendresse, j'avais manqué volontairement à des devoirs sacrés dont on m'avait appris à connaître l'étendue : placée dans la situation la plus honorable et la plus heureuse, je m'étais préparé un long avenir d'opprobre et de remords. « Je crois assez
« connaître Coralie, dis-je à Moreau en termi-
« nant, pour être sûre qu'à ma place et avec
« mon éducation, elle fût restée vertueuse et
« pure.

« — Cessez, Elzelina, reprit Moreau, cessez
« de vous comparer à une femme que l'opinion
« publique juge bien plus sévèrement que vous.
« Souvenez-vous des droits que vous avez à
« votre propre estime et à celle de tous les gens

« qui vous connaisent bien : voyez de quel prix
« madame Lambertini a payé son opulence, et
« n'oubliez pas ce qu'il y aurait d'honorable dans
« la médiocrité à laquelle vous vous êtes si vo-
« lontairement réduite. Je n'exige pas que vous
« rompiez, pour me complaire, une liaison qui
« paraît avoir tant de charmes pour vous : mais
« soyez prudente. Votre nouvelle amie est de-
« puis long-temps savante dans tous les genres
« d'intrigues; défiez-vous de cette habileté qui
« pourrait nous devenir funeste. Je n'ai point
« de foi à l'attachement qu'elle affiche pour
« notre cause. Ses amis d'autrefois et ceux qu'elle
« conserve encore aujourd'hui sont nos enne-
« mis pour la plupart; et c'est là surtout ce qui
« me rend suspect son empressement à vous
« rechercher. »

Je ne voulus pas chercher à défendre sérieusement Coralie : mieux que personne je savais
combien les préventions de Moreau contre elle
étaient peu fondées; mais je le voyais mal disposé à écouter un plaidoyer en faveur de madame Lambertini : je terminai donc la conversation par quelques plaisanteries dont la gaieté
était presque toujours du goût de Moreau. Plus
tard il eut la preuve de la sincérité avec laquelle

Coralie s'était dévouée au parti français. Deux fois elle m'avertit des menées qu'elle avait découvertes contre le général; et il fallut bien alors convenir que son amitié pour moi n'avait rien de perfide ou de dangereux.

M. Lhermite, que j'avais vu quelquefois à Paris, chez madame Tallien, se trouvait alors à Milan, chargé d'une mission près le Directoire cisalpin. C'était un des plus grands ennemis du général Moreau; il recherchait, avec une ardeur toujours nouvelle, tous les moyens, toutes les occasions de le perdre. Ce misérable avait osé, peu de temps avant mon départ pour l'Italie, m'offrir une somme considérable pour lui découvrir des secrets qui ne m'appartenaient pas et dont je n'avais d'ailleurs aucune connaissance. Il tenait surtout à obtenir, par mon indiscrétion, la découverte de certains projets de conspiration qui n'existèrent jamais. De concert avec un autre honnête espion, il revint deux fois à la charge pour obtenir, à prix d'or, l'aveu écrit de ma main. Il aurait voulu me faire du moins avouer qu'à Bois-le-Duc et dans toute la Hollande, on était bien profondément convaincu de l'accord parfait qui existait secrètement entre Moreau et Pichegru. Selon lui, le désir qu'avait Moreau de sauver son illustre compagnon d'armes avait retardé de deux mois les révélations qu'il avait enfin faites au Directoire. Je laisse à penser avec quel mépris je repoussai de telles propositions.

J'ai dit tout à l'heure que, par deux fois, j'eus l'occasion de communiquer à Moreau les utiles découvertes que j'avais faites, grâce à l'entremise de madame Lambertini. Il consentait à lui savoir quelque gré de l'intention ; mais il n'accueillait mes confidences que comme de vaines rumeurs qui ne méritaient point une attention sérieuse, parce qu'elles ne reposaient sur aucune base raisonnable. Par un étrange contraste, l'obstination ou l'entêtement s'alliait naturellement chez lui à l'irrésolution la plus complète qu'il fût possible de concevoir ; ce sont les seules taches que j'aie jamais aperçues dans ce grand et noble caractère. Malheureusement l'irrésolution n'est jamais sans danger pour un général, pour un homme d'état ; elle compromet tôt ou tard son bonheur ou sa gloire.

Nous étions arrivés au moment où l'incapacité bien éprouvée du général Schérer allait enfin replacer Moreau au rang qui lui appartenait à tant de titres. Les affaires prenaient chaque jour un aspect de plus en plus sombre; et des dépêches, des courriers nouveaux arrivaient à chaque instant de Paris. Le général, sans m'initier jamais aux graves secrets de la politique, ne manquait pas de venir s'affliger ou se réjouir près de moi, suivant que les nouvelles qu'il recevait étaient bonnes ou mauvaises. Je me contentais des petites confidences qu'il jugeait à propos de me faire, sans me permettre de lui adresser jamais aucune question.

Un soir pourtant je le vis si inquiet et si agité, que je me hasardai à lui demander le motif de son inquiétude : « Vous ne pouvez, lui dis-je,
« attribuer ma question à une vaine curiosité;
« mais je ne saurais m'empêcher de prendre
« part à vos chagrins.

« — Je suis plus irrité qu'inquiet, me répon-
« dit-il..... Non, rien ne saurait me décider à
« accepter les honteux arrangemens qu'on ose
« me proposer.... et cependant je ne puis m'op-
« poser à de tels contrats. Les misérables !.... au
« sein de leur opulence, acquise aux dépens de
« l'État, ils voient, d'un œil insensible les be-
« soins du soldat qui meurt pour le pays.... et

« cependant on blâme ma sévérité envers les
« fournisseurs ! »

Ces derniers mots me firent deviner la pensée du général. Je n'hésitai point à lui donner le conseil de n'agir que d'après sa conscience, sans s'inquiéter des décrets de l'aréopage du Luxembourg. Je lui proposai l'exemple de Hoche, dont la rigueur toute militaire n'attendait jamais l'avis des représentans, des comités, ou même du Directoire.

Pendant que je parlais avec ma vivacité ordinaire, je voyais Moreau comme entraîné par la chaleur de mon langage, et prêt à ouvrir la bouche pour me confier ses plus secrètes pensées. Déjà il déployait un papier et semblait disposé à m'en faire connaître le contenu ; je l'arrêtai :
« Mon ami, lui dis-je, votre intention est peut-
« être de me mettre de moitié dans vos secrets ;
« si de telles confidences n'avaient été contraires
« à votre devoir, vous me les eussiez faites plus
« d'une fois ; j'en ai la conviction. Mais votre
« hésitation même me prouve que je ne dois
« point connaître le sujet qui vous afflige. Je
« suis femme, et tout aussi curieuse qu'une
« autre ; mais je ne voudrais point avoir à me
« reprocher de vous faire manquer aux lois que

« votre conscience et votre raison vous im-
« posent. »

Moreau sentait avec une facilité merveilleuse tout ce qu'on pouvait dire ou faire de bien. Il me remercia de ma réserve, et me prodigua tous les témoignages de la plus vive tendresse. Le lendemain il me prévint qu'accablé de travail, il ne pourrait m'accompagner au dîner que donnait l'ambassadeur d'Espagne. En déplorant devant lui la pompe des cérémonies, et le faste d'étiquette auquel je me trouvais asservie à Milan, mes pensées se tournèrent naturellement vers la France, et j'en vins à lui dire que je m'étais trouvée bien plus heureuse naguère dans mon hermitage de Passy.

« — Peut-être, hélas! me dit-il, serez-vous
« bientôt forcée d'y retourner seule. Si la cam-
« pagne s'ouvre, ma chère Elzelina, il y a un
« ordre de renvoyer toutes les femmes de l'ar-
« mée, et je serai forcé de donner l'exemple.

« — Que dites-vous? m'écriai-je : m'éloigner,
« lorsque vous commencerez à courir des pé-
« rils! Je suis Italienne; les dictateurs du Luxem-
« bourg ne peuvent m'exiler de ma patrie; je res-
« terai donc en dépit d'eux et de vous, qui vous
« montrez si empressé d'obéir à leurs décrets.

« — Que dites-vous ? reprit à l'instant Moreau ;
« moi, trouver du plaisir à notre séparation !

« — Peut-être ai-je tort de le croire ; mais je
« veux me fâcher pour ne pas m'attendrir. Ce
« qu'il y a de certain, c'est que je ne partirai
« pas. »

Moreau mit tout en œuvre pour me calmer :
il n'y réussit pas d'abord : plus tard il parvint à
me consoler un peu, et j'oubliai, pour quelques instans de moins, la nouvelle qui venait
de m'affliger si vivement. Le général me demanda la permission de s'installer pour la soirée dans mon appartement. Mon absence, disait-il, lui semblerait plus courte, lorsqu'il se
verrait dans l'endroit même que j'habitais ordinairement. Il fit donc transporter dans ma
chambre ses livres, ses cartes et ses papiers.
Alors je m'occupai de ma toilette. C'était le bon
Richard qui devait me donner la main pour me
conduire au grand dîner chez le comte d'Oros***,
ambassadeur d'Espagne. Je ne me flattais pas
de m'amuser beaucoup à cette fête ; mais elle
fut pour moi beaucoup plus gaie que je ne l'avais espéré.

CHAPITRE XVIII.

Une scène du grand monde. — Le général Lebel. — Son aide-de-camp. — Rosetta.

Dès ma plus tendre enfance j'avais été accoutumée à m'entendre dire que j'étais belle. Je le croyais de très bonne foi, sans toutefois me prévaloir de cet avantage dans le monde : plaire était trop peu pour moi; je voulais être aimée. Mes excellens parens m'en avaient fait un besoin, et j'avais près d'eux contracté la douce habitude de me voir l'objet de l'affection plus ou moins vive de tout ce qui m'entourait. Cette habitude avait pris avec l'âge de profondes racines : et presque partout j'avais rencontré une bienveillance et une amitié que je devais aux bonnes qualités de mon cœur. On me pardonnera ce petit accès d'un amour-propre bien entendu, en faveur de ma franchise.

Les hommages qu'on adressait à ma beauté, les louanges, fort exagérées sans doute, qu'on voulut bien donner à mon esprit, m'inspiraient quelque fierté; mais cette fierté n'avait rien de choquant pour les femmes : il fallait toujours que je fusse offensée d'abord, pour leur faire sentir la supériorité que tant de gens m'accordaient sur elles. C'est ce qui arriva précisément au dîner que nous donnait M. l'ambassadeur d'Espagne.

Madame l'ambassadrice était fort laide; mais elle ne manquait pas d'esprit, et elle avait surtout un grand usage du monde. C'était une bonne femme, dans l'acception rigoureuse du mot, lorsque ses passions n'étaient point irritées. Elle était même véritablement aimable, toutes les fois qu'elle ne se mettait pas en tête que la femme d'un grand d'Espagne devait avoir la science infuse.

J'avais souvent eu l'occasion d'entendre madame la comtesse d'Orosco étaler devant moi ses prétentions littéraires. Monti, Guisti, et un neveu du comte de Saluce, tous favoris des Muses, et que les dames de Milan ne traitaient pas avec plus de rigueur, vantèrent devant elle les agrémens de mon esprit, et le charme de ma conversation. Madame d'Orosco se piqua d'honneur : malheureusement ses connaissances étaient loin de répondre à ses prétentions : elle avait trop d'esprit pour ne pas se l'avouer à elle-même, et trop d'orgueil pour me pardonner d'avoir sur elle un genre quelconque de supériorité. Sa politesse envers moi n'était pas sans une sorte d'aigreur; nous ne nous voyions que dans les grandes occasions, et toujours en cérémonie.

M. l'ambassadeur s'était au contraire pris d'une belle passion pour moi. C'était bien le plus gros, le plus épais, et le plus petit grand d'Espagne qu'il fût possible de rencontrer. Si madame la comtesse n'avait eu à me reprocher que de m'attirer les hommages de M. le comte, j'eusse sans doute trouvé en elle une ennemie beaucoup moins implacable. Mais malheureusement, à ce dîner d'aprarat, je devins l'objet de toutes les attentions du général Le B** qu'on m'avait donné pour voisin; je causai en outre beaucoup avec son aide-de-camp, le lieutenant Van-Koë***. Or, la chronique scandaleuse publiait une foule de méchancetés que je me garderai bien de rapporter ici, mais qui suffisaient pour expliquer le dépit et la mauvaise humeur dont l'ambassadrice donnait à chaque instant de nouvelles preuves. Le général Le B** passait pour le plus bel homme de l'armée ; mais les avantages physiques ne suffisent pas toujours pour dompter les cœurs. L'aide-de-camp n'était pas à beaucoup près aussi beau que le général : il n'était remarquable que par une taille bien prise, un regard expressif et spirituel. Il obtenait cependant un plus universel succès, parce que sa conversation tenait amplement toutes les promesses de son heureuse physionomie.

Bien que Moreau n'eût point et surtout ne méritât point la réputation d'un jaloux, sa présence presque continuelle auprès de moi, la satisfaction toute bourgeoise que nous montrions de nous trouver partout ensemble, effarouchaient les brillans papillons qui auraient voulu voltiger autour de moi. Par une exception fort rare, je me trouvais ce jour-là chez l'ambassadeur d'Espagne, hors de la surveillance de mon *argus*, comme disaient mes adorateurs. Le B**, dont la première vertu n'était pas la constance, n'hésita point à se rendre coupable vis-à-vis de la dame dont il occupait exclusivement toutes les pensées :

sous prétexte de me parler du général Moreau, il s'attacha obstinément à mes pas, en dépit des regards furieux que lui lançait madame l'ambassadrice. Il avait doublement tort de manquer à la foi qu'il lui avait jurée; car je ne lui savais, pour ma part, aucun gré de son parjure. Je ne savais comment me délivrer de ses hommages; et je ne trouvai pas d'autre moyen de lui échapper que d'affecter un vif plaisir à causer avec le jeune aide-de-camp. Koë*** avait servi comme simple soldat dans cette fameuse colonne qu'un prince français[1], digne appréciateur de la valeur guerrière, avait appelée le *bataillon de Jemmapes*. Il parlait avec beaucoup de feu de la France, de la gloire des armes françaises et des combats auxquels il avait pris part. Il nommait ses anciens camarades, et dans ces noms j'en reconnaissais plusieurs que j'avais vus briller du plus vif éclat. Koë*** me parla de cet illustre Ney, sous les ordres duquel il avait servi, de ce Ney, que je connaissais à peine encore, et dont le nom m'était déjà cher. Koë*** avait servi sous lui en 1796 à Forsheim, où, après les plus beaux faits d'armes, il

---

[1] Le duc de Chartres, aujourd'hui Mgr le duc d'Orléans.

fut promu sur le champ de bataille au grade de général de brigade.

Notre conversation dura long-temps : les deux interlocuteurs paraissaient également satisfaits, et cette satisfaction n'échappa point aux regards curieux qui restaient constamment attachés sur nous, pendant les premières contredanses que je dansai avec Koë***. Il y avait dans l'assemblée trois personnes que l'assiduité de mon cavalier contrariait également : c'était l'ambassadeur, l'ambassadrice et le général Le B***. Le général se chargea de la vengeance commune, et il voulut punir son aide-de-camp d'avoir osé paraître plus aimable que lui. Deux ou trois fois, dans la soirée, il avait quitté le bal, avec les apparences d'un dépit mal déguisé, il reparut au moment du souper; mais usant alors du droit qu'il avait de donner des ordres à son aide-de-camp, il l'appela, sous prétexte de je ne sais quels besoins du service. Le pauvre lieutenant revint bientôt m'annoncer d'un air triste, qu'obligé d'aller faire exécuter les ordres de son général à l'autre bout de la ville, il renonçait bien malgré lui au plaisir qu'il s'était promis de me servir à table. Je devinai la ruse du général, et pour le piquer au vif, je témoignai assez hautement ma mauvaise humeur et mes regrets de voir partir mon chevalier. Je l'engageai à venir me voir le lendemain, et je lui dis que je voulais avoir moi-même le plaisir de le présenter au général Moreau.

Après le départ de Koë***, le général Le B*** s'approcha de moi : j'étais fort mécontente de lui, et ses prétentions à me plaire me le rendaient en ce moment plus insupportable encore. Il n'avait guère de remarquable que la figure : du reste, on pouvait lui reprocher le peu d'habitude qu'il avait du monde, et la fatuité que lui avaient inspirée ses succès auprès de certaines femmes. Il savait, comme la plupart des officiers de l'armée, que mon union avec Moreau n'avait rien de légitime, et il se flattait sans doute que je ne respecterais pas plus les droits de mon amant que je n'avais respecté ceux de mon époux. Il se trompait; car jamais mon attachement pour Moreau n'avait été plus vif qu'à cette époque : il se trompait encore en me supposant de tendres dispositions pour Van-Koë***. Je fus d'abord tentée de prendre avec lui le ton sérieux; mais je trouvai plus commode de le persifler. Je le tourmentai sans pitié, comme il le disait lui-même. J'aurais voulu que madame d'Orosco pût l'entendre parler tant sur son compte que sur celui de quelques autres femmes qu'il avait antérieurement enchaînées à son char. Les Moncades de l'ancien régime n'étaient rien près de ce moderne *chevalier à la mode*. Je souriais de pitié en l'écoutant, et je m'étonnais en moi-même qu'une fatuité aussi impertinente ne désabusât pas tant de dupes. J'allais le quitter, lorsqu'un mot qui lui échappa vint tout d'un coup retracer à mon esprit le souvenir de cette jolie créature dont Coralie et moi nous avions récemment découvert la demeure près du pont de Notre-Dame de Lorette. Mon intérêt pour elle se réveilla tout d'abord, et je demandai sans détour au général s'il l'avait ramenée à Milan.

Le B** ne parut pas médiocrement surpris de cette question; puis, après m'avoir regardée fixement : « Tout est expliqué maintenant, me
« dit-il : c'est vous, madame, qui avez visité
« l'habitation de Rosetta, en son absence. C'est
« vous qui lui avez écrit un billet dont elle m'a
» laissé une copie en partant; mais après en
« avoir soigneusement retranché tout ce qui
« aurait pu vous faire reconnaître.

« — En partant ! répondis-je : elle est donc
« partie ?

« — Oui, madame, et depuis peu de jours.

« — Qu'est-elle devenue, cette malheureuse
« jeune fille ? elle n'a point paru chez moi. En
« avez-vous quelques nouvelles ?

« — Malheureuse ! et de quels malheurs si
« grands aurait-elle donc à gémir ?

« — Quels malheurs ? et pensez-vous donc
« qu'elle n'ait pas souvent regretté d'avoir perdu
« ses droits à l'amour de son vieux père ? Ai-je
« eu le bonheur de contribuer pour quelque
« chose à la détermination qu'elle a prise ? Pen-
« sez-vous, général, qu'elle soit retournée à
« Parme ?

« — En vérité, madame, je ne reviens pas de
« ma surprise : j'ai tout lieu de croire qu'elle
« est retournée à Parme : c'est bien vous qui
« avez eu l'honneur de lui faire prendre ce beau
« parti : elle s'est donné la peine de me l'écrire.
« C'est bien la tête la plus singulière !...... de la
« passion, et des remords ! Franchement je
« commençais à me fatiguer de ses doléances.
« Elle consumait à pleurer tout le temps que je
« ne passais pas à côté d'elle; et si je l'emme-
« nais dans mes courses, pour la distraire, cha-

« que aspect nouveau qui s'offrait à ses yeux
« devenait la source de nouvelles larmes et de
« nouveaux remords. Il y a déjà trois mois que
« j'aurais voulu être à même de lui assurer par
« mes bienfaits et loin de moi une existence à
« l'abri de toute inquiétude.

« — Quittons ce sujet, lui dis-je, général : il
« a réveillé dans mon âme d'assez tristes émo-
« tions. Contentez-vous désormais des conquêtes
« de salons ; elles vous conviennent mieux, car
« elles donnent à l'amour-propre des jouissances
« plus vives; et ces jouissances sont rarement
« empoisonnées par les larmes et le repentir.

« Je crois que vous avez raison, répondit-il
« en riant. »

Au moment où il me proposait la main pour danser, madame d'Orosco lui rappela en passant les engagemens qu'il avait pris avec elle pour la prochaine contredanse. Le général allait manquer à tous les égards; mais je prévins son impolitesse en disant que Richard et moi nous devions figurer au même quadrille. Richard s'approchait de moi par bonheur en ce moment : je lui fis un signe d'intelligence qu'il comprit tout d'abord. Nous prîmes notre place vis-à-vis du général et de l'ambassadrice, et nous nous égayâmes beaucoup des airs impertinens du danseur et du dépit mal déguisé de la danseuse. Le bal se termina peu après, et nous reprîmes enfin le chemin du logis.

CHAPITRE XXIX.

Aventure nocturne. — Geronimo. — Sa mère. — Un moine italien.

En retournant à Casa Faguani, je racontais à Richard l'histoire de Rosetta et la conversation que je venais d'avoir avec son séducteur. Tout à coup, au moment même où notre voiture atteignait l'extrémité du pont de *Casa Cerbelloni*[1], je fus interrompue par un effroyable cri. Je tirai violemment le cordon; mais le cocher, au lieu d'arrêter ses chevaux, les excitait du fouet et de la voix. Je baisse la glace de devant, et le saisissant avec violence par son habit, je le fais tomber à la renverse entre le siége et la voiture; il enlève les guides dans sa chute, et les chevaux s'arrêtent tout court. Ce cocher,

---

[1] Ce fut dans ce palais que logèrent Napoléon et Joséphine, lors de leur voyage à Milan.

milanais de naissance, remplaçait celui du général qui était malade depuis quelques jours.

« Sainte Vierge! dit-il en se relevant; nous « sommes perdus: j'ai vu un homme luttant « seul contre trois assassins. »

Richard cependant s'efforçait d'ouvrir la portière, sans pouvoir en venir à bout. Nous n'avions point avec nous d'autres domestiques que le cocher: la nuit était profonde, et nous n'apercevions pas au loin une seule lanterne qui pût nous guider dans l'obscurité. Richard détache, sans hésiter, une des lanternes de la voiture, et nous revenons aussitôt sur nos pas en nous dirigeant vers le lieu d'où était parti le cri qui nous avait effrayés. Déjà nous étions arrivés au bord du canal, à l'endroit où se trouve la grille du palais Cerbelloni. Nous trouvâmes d'abord à terre un mouchoir, puis un gant ensanglanté. Plus nous avancions vers le pont, plus les traces de sang devenaient nombreuses et sensibles. Je marchais courbée, tenant la main de Richard. Notre silence était celui qu'excite toujours l'attente d'un spectacle effrayant; et cette attente ne fut que trop complétement remplie. Près du parapet, nous trouvâmes le corps ensanglanté d'un homme dont les mains étaient encore fortement cramponnées aux pierres saillantes, et dont toute l'attitude annonçait avec quelle vigueur il avait résisté aux assassins qui avaient sans doute cherché à le précipiter dans le canal.

Richard me repoussa doucement, puis s'avançant seul, il voulut s'assurer si le malheureux vivait encore. Tout était fini. Il laissa retomber la main inanimée qu'il avait saisie, et il se hâta de m'entraîner loin de ce lieu d'horreur.

Le désir d'arriver à temps, l'espérance d'arracher une victime à des meurtriers avaient, dans les premiers instans, éloigné de notre esprit toute idée du danger que nous pouvions courir. Mais à présent que notre espoir s'était évanoui, nous commencions à craindre pour nous mêmes. Au milieu de la nuit, dans un endroit solitaire, à une époque où il ne se passait pas un seul jour sans que la faction anti-française n'exerçât secrètement quelques vengeances, sur le théâtre même d'un attentat horrible dont nous avions été, pour ainsi dire, les témoins, notre inquiétude n'était pas à beaucoup près sans fondemens. Je tremblais de tout mon corps ; cependant j'engageai Richard à appeler hautement notre cocher. Richard qui voyait ma frayeur me serrait la main avec toute l'affection d'un père : « N'ajoutez pas, me dit-il, à l'inquiétude « que me cause votre présence ici. Marchons « sans retard; et soyez sûre qu'en aucun cas on « ne pourrait vous atteindre qu'après m'avoir « ôté la vie. »

Je suis naturellement si téméraire que je repris toute ma résolution, dès que l'impression produite d'abord sur mes sens par l'aspect d'un cadavre se fut un peu affaiblie.

Tout en échangeant quelques paroles, nous avions passé le pont, et perdu notre chemin. Heureusement une lumière vint s'offrir à nos yeux; c'était celle d'une lanterne placée devant une Madone. A la lueur de cette lanterne, je reconnus la porte de l'hôtel où logeait le général César Berthier.

« Frappons ici, dis-je à Richard, il est pro- « bable que notre valeureux cocher sera re- « tourné en arrière avec la voiture. »

On nous fit attendre quelque temps à la porte. Berthier était encore au bal, et ceux de ses gens qui ne l'avaient pas suivi, étaient ensevelis dans un profond sommeil. Une vieille femme nous ouvrit enfin, et recula d'abord à la vue des taches de sang qui souillaient quelques parties des vêtemens de Richard. Mes forces étaient épuisées, et dans le premier moment, je ne pus que me jeter dans un fauteuil, sans prononcer un seul mot. Richard nous fit enfin reconnaître. Aussitôt toute la maison fut sur pied, et je devins l'objet des soins les plus actifs. On courut chez le magistrat du quartier, qui se transporta aussitôt sur le lieu où avait été commis l'assassinat : on y retrouva le corps de la victime. Richard avait voulu présider aux recherches : lorsqu'il revint, Berthier était également revenu chez lui ; il voulut repartir sur-le-champ et nous escorter lui-même jusqu'au palais Faguani.

En route nous rencontrâmes Moreau qui arrivait tout hors de lui-même, et bien accompagné, pour me chercher. Ainsi que je l'avais présumé, le cocher était revenu en toute hâte au palais : il avait raconté comment Richard et moi nous nous étions subitement élancés de la voiture pour secourir un malheureux qu'on assassinait : il avait à peu près indiqué le lieu, et malgré lui, il avait été choisi pour guide par le général.

Richard essuya d'abord quelques reproches

dont il ne lui fut pas difficile de se justifier. Moreau ne songea plus qu'au plaisir qu'il trouvait à me revoir. Richard passa la nuit au palais Faguani. On peut juger si d'après de telles émotions nous goutâmes un sommeil paisible. Chacun fut sur pied le lendemain de bonne heure, sans avoir presque fermé l'œil. Au lieu de faire un déjeuner splendide que nous avions projeté la veille, nous passâmes toute la matinée à signer les déclarations et les procès-verbaux propres à constater le crime, et à faire découvrir ses auteurs.

On apprit bientôt que le malheureux jeune homme qui avait péri se nommait Géronimo. Il était employé dans les bureaux du directoire cisalpin, et consacrait le faible produit de sa place à soutenir une mère infirme et âgée.

« Elzelina, me dit Moreau, voilà pour vous
« une visite à faire, Richard vous accompa-
« gnera : je ratifie d'avance tous les arrangemens
« que vous jugerez à propos de prendre pour
« soulager l'infortune de cette pauvre mère. »

Je le remerciai bien vivement de cette nouvelle preuve de son excessive bonté, et je me rendis avec Richard au domicile de cette malheureuse femme. Nous la trouvâmes entourée d'un bon nombre de voisines. Il y avait encore près d'elle un moine dont l'attitude était sombre et silencieuse. Tous lui recommandaient à l'envi la patience, la résignation aux décrets du ciel; mais personne, avant notre arrivée, ne s'était avisé de songer aux besoins pressans qu'elle ne pouvait manquer d'éprouver bientôt. J'avais songé à prendre sur moi une somme plus que suffisante pour assurer, pendant quelque temps du moins, l'existence de la mère de Geronimo. Je n'hésitai donc pas à manifester tout haut le désir qu'on nous laissât seuls avec elle et son confesseur. Les voisines se retirèrent.

Cette malheureuse mère avait un extérieur et des manières propres à inspirer d'abord sur son compte les préventions les plus favorables. Je lui demandai avec les plus grands ménagemens, et du ton le plus affectueux, comment je pourrais lui être utile, si elle désirait quitter une ville qui ne pouvait lui retracer désormais que d'affreux souvenirs, et quel lieu elle avait choisi pour sa résidence.

«—Oui, madame, répondit-elle d'une voix
« entrecoupée de sanglots, je veux aller mourir
« loin d'ici. J'ai une sœur à Parme; c'est elle que
« je veux prendre pour confidente de mes dou-

« leurs : elle saura les partager. Mais comment
« trouver les moyens de l'aller rejoindre ?

« — Je vous les fournirai, ma mère, répondis-
« je à mon tour : soyez sans inquiétude sur ce
« point. Dès ce soir, si vous voulez, vous pour-
« rez vous mettre en route; mais votre sœur
« est-elle assez riche pour pourvoir tout en-
« semble à ses propres besoins et aux vôtres ?

« — Non, madame, mais elle a une aisance
« médiocre; et si je puis contribuer pour quel-
« que chose à alléger la dépense du ménage,
« elle trouvera moyen de me rendre aussi doux
« que possible le petit nombre de jours qui me
« restent encore à vivre : ma sœur a toujours
« été bien bonne pour moi : elle aimait mon
« pauvre Geronimo comme son propre fils. »

Un torrent de larmes s'échappa encore
de ses yeux : j'allais l'exhorter à ne point se
laisser accabler par la douleur; mais je sentis
que de froides consolations devaient échouer
contre un chagrin aussi profond et aussi juste;
je ne pus moi-même retenir mes larmes. Richard n'était pas moins vivement ému : « Bonne
« dame, dit-il, vos amis, madame, moi-même,
« nous chercherons à vous consoler.

« — Ah! qui me rendra mon Geronimo! Non,

« jamais personne ne me tiendra lieu de mon
« cher fils; la mère de Dieu ne le remplacerait
« pas dans mon cœur. »

Le moine, fronçant le sourcil, allait commencer un discours dont la sévérité s'annonçait assez dans ses regards. Mais je posai sur la table une bourse qui contenait trente sequins, en disant : « Vous avez raison, bonne mère : per-
« sonne au monde ne saurait remplacer près de
« vous un si bon fils. Mais permettez-moi de
« vous être aussi utile qu'il est en mon pouvoir.
« Voici d'abord de quoi subvenir à vos premiers
« besoins. Quant aux frais du voyage, et aux
« moyens de voyager, reposez-vous encore sur
« moi du soin de vous les fournir. A l'heure
« que vous me désignerez, une bonne voiture
« viendra vous prendre et vous conduire sû-
« rement et commodément jusqu'à Parme. »

Elle fixa sur l'or que je venais de lui offrir un regard à la fois douloureux et satisfait, et joignant les mains, elle s'écria : « Mon pauvre
« Geronimo, je vais donc être à même de faire
« prier pour le repos de ton âme ! »

Ces paroles me firent craindre que la bourse tout entière ne passât à l'instant même dans les mains du moine, qui paraissait la regarder d'un œil cupide ; je résolus de satisfaire son avidité, pour qu'il ne dépouillât point la pauvre femme.

« Mon père, lui dis-je, comme j'ai fort à
« cœur de voir promptement remplies les pieuses
« intentions de madame, je vous prie de vouloir
« bien nous accompagner. J'aurai soin qu'on
« vous compte sans retard la somme nécessaire
« pour subvenir aux frais d'une première messe,
« et de dix autres qui seront dites ensuite, le jour
« que je jugerai à propos de vous indiquer. »

A ces mots, la pauvre mère se précipita à mes pieds, et me prit les mains qu'elle arrosait de ses larmes : nous eûmes beaucoup de peine à lui faire quitter cette position : « Madame, dit-
« elle enfin du ton le plus touchant, je n'ai plus
« qu'une grâce à vous demander ; mais ne re-
« fusez pas de l'ajouter à tant de bienfaits. Il ne
« me reste que peu de temps à vivre : per-
« mettez-moi de consoler mes derniers jours
« en contemplant les traits de l'ange tutélaire
« qui vient m'arracher à la misère et au déses-
« poir. Je joindrai votre portrait à celui de mon
« Geronimo : tenez, madame, voici quel était
« mon fils à l'âge de dix-neuf ans. »

Elle me remit le portrait, et se couvrit les

yeux avec les deux mains. La figure de Geronimo avait dû être charmante, et méritait tous les éloges que lui prodiguait sa mère. Il possédait surtout ce charme du *long regard*, qu'aima plus tard en moi l'un des hommes les plus aimables et les plus spirituels de France [1]. Richard et moi, par notre admiration pour la belle physionomie de Geronimo, nous flattâmes l'orgueil de sa pauvre mère. Je lui adressai quelques questions sur le talent assez distingué avec lequel elle paraissait manier le pinceau.

« — Ces pinceaux me furent autrefois bien
« chers, répondit-elle; ils me servirent à donner
« une bonne éducation à mon fils bien aimé.
« Devais-je donc le voir périr par un lâche as-
« sassinat!..... Et de quel crime pouvaient l'ac-
« cuser ses assassins, si ce n'est de préférer les
« Français qui nous délivrent, aux Autrichiens
« qui nous opprimaient?

« — Ma fille, dit le moine, retenez un peu

---

[1] M. le prince de Talleyrand-Périgord : j'aurai plus tard l'occasion de parler longuement de cet homme illustre. Je puis me flatter de l'avoir assez connu pour faire dire à tous ceux qui liront ces Mémoires, que je l'ai peint d'après nature.

« vos paroles; on ne peut savoir à qui le ciel
« peut vouloir nous soumettre un jour.

« — Non, sans doute, repliquai-je vivement;
« mais il est permis, j'espère, à une Italienne
« d'aimer les Français qui viennent en amis bri-
« ser le joug de l'Italie.

« — *Illustrissima*, répondit le moine d'un
« ton beaucoup plus humble, puisque vous
« êtes Italienne, vous devez compatir et par-
« donner aux terreurs des vaincus.

« — Faisons trêve, mon père, aux discussions
« politiques. Venez demain me trouver à la
« *casa Faguani,* et surtout ayez soin d'apporter
« avec vous la liste des pauvres de votre pa-
« roisse. Au nom de leurs bienfaiteurs je vous
« promets d'ajouter celui du général Moreau.
« Je me flatte que personne en Italie ne mé-
« connaît sa générosité et sa grandeur d'âme.
« Peut-être ses libéralités bienfaisantes contri-
« bueront-elles à vous réconcilier avec les Fran-
« çais. »

Le moine baissa les yeux, croisa les mains
sur sa poitrine, et s'informa, en s'inclinant, de
l'heure à laquelle il devait se présenter le lendemain à la *casa Faguani.*

J'étais prête à lui demander pardon de l'espèce de hauteur avec laquelle je venais de le traiter. Mais sa contenance hypocrite me révolta, et je conservai tout l'avantage que je venais de prendre. Je sortis donc avec Richard, sans lui adresser une seule parole de plus. Je me contentai de prendre encore une fois la main de la pauvre Julia, et je lui promis de ne pas oublier les promesses que je venais de lui faire.

Le moine n'eut garde de manquer à venir le lendemain au palais Faguani. Dans l'intervalle d'un jour à l'autre j'avais fait prendre quelques informations sur son compte. J'appris avec certitude qu'il était un des ennemis les plus ardens que les Français conservassent encore à Milan, et qu'il profitait de l'influence de son ministère pour semer la discorde, et entretenir les fureurs de l'esprit de parti. La réception qu'on lui fit fut telle cependant que l'exigeait son caractère sacré. Il écouta d'un air soumis les représentations très modérées que lui adressa Moreau, sur l'abus qu'il faisait de son pouvoir sur quelques esprits peu éclairés, pour entretenir la haine contre les Français. L'aumône abondante qu'il reçut pour les pauvres de son quartier, surtout l'argent qu'on lui remit pour assurer le repos d'une âme qui ne pouvait manquer d'être plus tranquille que la sienne, adoucirent encore pour lui des reproches qu'il avait si bien mérités.

Dans la crainte de retarder le départ de la bonne Julia, je n'avais pas voulu consentir à ce qu'elle fît mon portrait. Lorsqu'elle vit que je persistais dans mes refus, elle fixa ce départ au lendemain même du jour où j'avais été la visiter. Richard voulut se charger seul des préparatifs de son voyage; je ne la laissai pas partir cependant sans aller lui dire encore une fois adieu. Moreau avait approuvé sans examen tout ce que j'avais cru devoir faire pour cette malheureuse mère. Les éloges qu'il m'adressa dans cette circonstance ne contribuèrent pas peu à m'inspirer cette fierté légitime qui naît toujours d'une bonne action.

FIN DU PREMIER VOLUME.

TABLE

DU PREMIER VOLUME.

                                                           Pages.

AVANT-PROPOS................................ 5

CHAPITRE Ier. Mon père. — Sa famille. — Sa jeunesse. — Son mariage. — Ma naissance. — Mon éducation. — Mort de mon père.................... 11

CHAP. II. Première rencontre avec M. Van-M***. — Son amour. — Ma fuite. — Mon mariage........ 29

CHAP. III. Opinions politiques de mon mari. — Il m'amène à les partager. — Le duc d'Yorck en Hollande. — Mon mari captif dans sa propre maison. — Je le délivre............................. 46

CHAP. IV. Mon enlèvement. — Mes libérateurs. — Une famille d'émigrés français. — Je rejoins mon mari. — Départ pour Bruxelles................ 59

CHAP. V. Départ pour Lille. — Notre séjour dans cette ville.................................. 72

CHAP. VI. Marie. — Van-M*** rentre en Hollande avec les Français. — Projet d'une fête républicaine au *Doelen* d'Amsterdam. — Difficultés qu'élèvent les dames de la ville pour se dispenser d'y assister. 88

CHAP. VII. Le général Grouchy. — Nouvelles imprudences. — Lettre de ma mère. — Aveuglement de mon mari................................. 101

Chap. VIII. Une journée de plaisir. — Deux émigrés français implorent ma protection. — Je parviens à les sauver. — Départ pour Bois-le-Duc........ 114

Chap. IX. Arrivée à Bois-le-Duc. — Ma cousine Maria. — Le général Moreau. — Leurs amours. — Générosité de Moreau. — Son départ............ 130

Chap. X. Le général Pichegru. — Double méprise. — Lettre du général Moreau. — Nouvelle preuve de son humanité. — Son désintéressement....... 143

Chap. XI. Nomination de Ney au grade d'adjudant-général sous les ordres de Kléber. — Il inspire un enthousiasme général. — Bruits absurdes répandus par les partisans du stadhouwer.............. 154

Chap. XII. Un aveu. — Excès d'indulgence de Van-M***. — Sentimens que cette indulgence fait naître en moi. — Résolution qui en est la suite.......... 165

Chap. XIII. Noomz, poëte hollandais. — J'exécute mon projet de fuite. — Mes lettres à Van-M*** et à ma mère................................ 177

Chap. XIV. Arrivée à Utrecht. — Les parens de ma mère. — Persécutions auxquelles je me vois exposée. — Je vais me placer sous la protection du général Moreau.............................. 191

Chap. XV. Départ de Menin. — Rencontre sur la route. — Humanité de Moreau. — Kehl. — Je me rends à Paris. — Talma...................... 205

Chap. XVI. Lettre du général Moreau. — Le secrétaire de la légation hollandaise. — Nouvelles qu'il me donne de Van-M*** et de sa famille. — J'écris à l'ambassadeur et à Van-M***............... 216

TABLE.

Pages.

Chap. XVII. Henri. — Projet d'adoption. — Soins maternels.. 227

Chap. XVIII. Visite de l'ambassadeur hollandais. — Arrivée du général Moreau. — Il se retire à Chaillot avec le général Kléber. — Je vais habiter Passy.. 237

Chap. XIX. Conséquences inévitables de mes folies. — L'opéra du *Prisonnier*. — Madame Tallien. — Préventions de Moreau contre sa société. — Ces préventions sont bientôt justifiées............. 251

Chap. XX. Départ pour Milan. — Nouveaux témoignages de la tendresse de Moreau pour moi. — Nos deux guides savoyards. — Établissement dans la *Casa Faguani*. — Le général Moreau me présente partout comme sa femme................ 270

Chap. XXI. Les fournisseurs. — Solié. — Double méprise. — Le collier de camées. — César Berthier. — Coralie Lambertini....................... 283

Chap. XXII. Visite chez Gaëtana. — *Il Paradiso*. — Une mère jalouse et rivale de sa fille. — Mœurs des Italiennes. — Un mariage forcé............. 296

Chap. XXIII. Cosimo Vinci. — Enthousiasme du peuple de Venise pour lui. — Perfidie italienne. — Lavinie. — Belle action de Cosimo............... 313

Chap. XXIV. Quelques réflexions. — M. Richard. — Un dîner d'amis. — Voleurs adroits............. 329

Chap. XXV. Conversation au sujet de Coralie. — Je la vois, du consentement de Moreau. — Le proscrit. — Dévouement de Lavinie.................. 344

Chap. XXVI. Mort de Cosimo. — Dernier trait de

dévouement de Lavinie. — Désespoir de Coralie. Interruption inattendue...................... 360

Chap. XXVII. Moreau persiste dans ses préventions contre madame Lambertini. — Nouvelle discussion à ce sujet. — Machinations de Lhermite contre Moreau. — Caractère irrésolu du général........ 378

Chap. XXVIII. Une scène du grand monde. — Le général Lebel. — Son aide-de-camp. — Rosetta.. 388

Chap. XXIX. Aventure nocturne. — Geronimo. — Sa mère. — Un moine italien.................. 399

FIN DE LA TABLE DU PREMIER VOLUME.

www.ingramcontent.com/pod-product-compliance
Lightning Source LLC
Chambersburg PA
CBHW052121230426
43671CB00009B/1068